儿童教育哲学

编著◎娄立志

华东师范大学出版社
·上海·

图书在版编目（CIP）数据

儿童教育哲学/娄立志编著.—上海：华东师范大学
出版社,2013.12
ISBN 978-7-5675-1477-5

Ⅰ.①儿…　Ⅱ.①娄…　Ⅲ.①儿童教育－教育哲学
Ⅳ.①G61-02

中国版本图书馆 CIP 数据核字(2013)第 289551 号

儿童教育哲学

编　　著　娄立志
责任编辑　朱建宝
审读编辑　莫　迪
责任校对　王　卫
封面设计　卢晓红

出版发行　华东师范大学出版社
社　　址　上海市中山北路 3663 号　邮编 200062
网　　址　www.ecnupress.com.cn
电　　话　021-60821666　行政传真 021-62572105
客服电话　021-62865537　门市(邮购)电话 021-62869887
地　　址　上海市中山北路 3663 号华东师范大学校内先锋路口
网　　店　http://hdsdcbs.tmall.com/

印 刷 者　常熟市文化印刷有限公司
开　　本　787 毫米×1092 毫米　1/16
印　　张　13.25
字　　数　308 千字
版　　次　2014 年 7 月第一版
印　　次　2024 年 7 月第十一次
书　　号　ISBN 978-7-5675-1477-5/G·7037
定　　价　28.00 元

出 版 人　王　焰

(如发现本版图书有印订质量问题,请寄回本社客服中心调换或电话 021-62865537 联系)

前　言

2011年10月，教育部出台《关于大力推进教师教育课程改革的意见》（下称《意见》），并发布《教师教育课程标准（试行）》（下称《标准》），表明我国教师教育课程改革已有明确的标准可依。根据《意见》精神，按照《标准》规定的学习领域、建议模块和学分要求，制定有针对性的幼儿园、小学和中学教师教育课程方案，保证新入职教师基本适应基础教育新课程的要求。其中，在《标准》所涉及的"课程设置"中，确立了"教育哲学"作为幼儿、小学和中学教师教育的教育基础课程地位。为此，受华东师范大学出版社邀请，我们撰写了《儿童教育哲学》一书。

依据《标准》，教师教育课程应体现以儿童为本的理念，"应引导未来教师树立正确的儿童观、学生观、教师观与教育观，掌握必备的教育知识与能力，参与教育实践，丰富专业体验；引导未来教师因材施教，关心和帮助每个幼儿、中小学学生逐步树立正确的世界观、人生观、价值观，培养社会责任感、创新精神和实践能力"。鉴于此，本书确立了以下逻辑思路：在厘清儿童教育哲学的基本范畴以及儿童教育哲学的发展历程基础上，根据"儿童"、"教育"、"哲学"基本框架的需要，选取与儿童哲学密切相关的诸如儿童生活世界、儿童认知、儿童自由、儿童权利、儿童德性和儿童审美等领域，解读教育与它们之间的关系。

本书共分八章。第一章主要阐述什么是儿童教育哲学，以及为什么要学习儿童教育哲学和怎么样学习儿童教育哲学等问题；第二章介绍了中西方儿童教育哲学的发展历程，并比较分析了相关的儿童教育哲学观等问题；第三至第八章分别阐述了儿童生活世界、儿童认知、儿童自由、儿童权利、儿童德性和儿童审美，以及它们与教育的关系。编写过程中，我们力图体现以下特点：第一，通识性。即在观点的阐释、语言的运用，以及编写体例等方面，努力做到通俗易懂。第二，应用性。本书选取目前我国儿童教育中普遍关注的六大问题作为研究对象，分别探讨它们与教育的关系，具有重要的启发价值。第三，研究性。即通过对教育问题的剖析，着眼于提高学习者的教育科学研究能力。本书既可以作为高等院校教师教育的本专科教材，也可以作为教育理论研究者的参考资料，以及中小学教师基础教育培训的通识读物。

党的二十大报告指出，要坚持以人民为中心发展教育，加快建设高质量教育体系，培养高素质教师队伍。百年大计、教育为本。教师是立教之本、兴教之源，承担着让每个孩子健康成长、办好人民满意教育的重任。教师教育课程的建设对高素质教师队伍的培养具有重要意义。希望未来的教师们能够通过对这本课程的学习，更好地走近儿童、了解儿童，从教育实践中生成自己的教育智慧，成长为"有理想信念、有道德情操、有扎实学识、有仁爱之心"的新时代"四有好老师"。

本书是笔者近年从事教育哲学教学与研究成果,在这个过程中,历经发现问题、分析问题与解决问题的困惑和感悟。本书是集体智慧的结晶,从整体结构、框架,到每章的内容和逻辑结构,再到每章的编写与修改,各位编者倾注了大量心血。本书参编者依次为:宋灵青、张鲁宁、张宏杰、王娟、孙伟花、靳艳艳、马天香、张玉、丁召娜、吴欣娟。全书由娄立志统筹并定稿。

本书能够出版,真诚感谢各位编者,感谢鲁东大学教育科学学院,感谢华东师范大学出版社的大力支持,特别感谢张济洲博士和张鲁宁博士,他们在书稿的构思和问题的选择方面给予了独到的建议。编写过程中,引用和借鉴了诸多同行专家的研究成果,在此致以深切的谢意,尽管我们力求做到注明出处,但肯定存在疏漏之处,对此表示歉意。

由于编者水平有限,书中肯定存在不足之处,恳请同行和广大读者批评指正。

娄立志

2023 年 7 月

目录

儿童教育哲学

第一章　什么是儿童教育哲学

本章主要阐述四个问题——儿童观的演变、对儿童教育的认识、学习儿童教育哲学的意义和如何学习儿童教育哲学。儿童观是人们在哲学层面上对于儿童的总的看法和基本观点，对儿童认识的不同直接决定了儿童教育目的、方法、内容选择的不同。在教育史上，不同的教育家对儿童会有不同的观点，这些儿童观会存在时代、文化和认识的局限，而寻求对于儿童的正当认识则是本章研究的一个基本问题。不同的儿童观会带来不同的儿童教育观，每一位伟大的儿童教育家对于儿童教育都会有深刻而真诚的认识和实践，而呈现这些儿童教育家的思想则是本章的另外一个基本问题。此外，本章还将结合一线教师的教育实践，探讨教师学习儿童教育哲学的意义和如何学习儿童教育哲学这两个问题。

第一节　什么是儿童教育哲学

什么是儿童教育哲学？这是任何一本儿童教育哲学著作首先需要面对和回答的问题。在本书中，我们把儿童教育哲学界定为：用哲学的观点与方法分析和研究儿童教育中的根本理论问题的一门学科。儿童教育哲学是教育哲学的一个分支学科。

为了理解教育哲学的概念，我们需要阐释清楚儿童、儿童教育、儿童教育的基本内容等几个问题。

一、儿童观和儿童教育的演变

不同的教育家对儿童会有不同的认识，不同的历史时期也会呈现出不同的儿童观，因此，我们无法找到一个公认的对于儿童的解释。但是，我们也会发现，任何一种对儿童的正当的认识，都会从一个侧面揭示出儿童的本质，都是对儿童认识科学化的一种贡献和努力。同样，儿童教育也是如此。因此，在下文，我们将通过对儿童观和儿童教育作思想史的梳理，来认识儿童和儿童教育的基本特征。

（一）西方的儿童观与儿童教育

相对于成人教育，人们对于儿童和儿童教育的认识比较晚。古典时期，著名的哲学家柏拉图（Platon）曾在其著作《理想国》中提出过有关儿童教育的问题，但是柏拉图对于儿童教育的认识仅仅是其成人教育思想的一个组成部分。亚里士多德（Aristotle）则是第一个对儿童提出年龄分期的西方哲学家，他认为0—5岁的儿童应当从事游戏活动，对5—7岁的儿童应当开始进行习惯的培养。

在中世纪的欧洲，教会认为人人有"原罪"，儿童的不当行为更是"原罪"的体现。因此，认为儿童天生有罪，要用规训的方式对待儿童，成为这个时期对儿童的认识。当然，这个时期也出现了一些提倡给儿童自由、给儿童爱的学者。

文艺复兴时期是倡导人性、反对神性、提倡人的尊严的时期，这个时期的思想家不再持有"原罪"的儿童观，而是坚信应给予儿童自由，以及认识到儿童与成人的不同。但是，这个时期的思想家并没有从儿童本身来看待儿童的价值，也没有反对儿童应该绝对尊重权威的观点。因此，这个时期，对儿童的鞭笞现象依然普遍存在。

文艺复兴后期，诞生了一位伟大的捷克教育学家夸美纽斯（J. A. Comenius）。夸美纽斯是近代教育学的奠基者，同样也是儿童教育学的奠基者。夸美纽斯开启了近代对儿童和儿童教育认识的革命。在其出版的幼儿教育著作《母育学校》一书中，夸美纽斯提出，自然界中事物的发展是按照一定的秩序运行的，就像鸟儿在春天繁殖、园丁在春天播种一样。作为自然的一部分，人的发展也需要遵循自然的普遍法则。从教育应当适应自然的原则出发，夸美纽斯认为，应当依据人的自然本性进行教育。他把儿童比作植物的种子和嫩芽："任何人在幼年时代播下什么样的种子，那他老年就要收获那样的果实。"①因此，夸美纽斯认为，儿童生而具有知识、道德和信仰的种子，父母们要肩负起培养孩子的责任，通过教育培养儿童的心智，对儿童施以虔诚、德行、知识和体育的全面训练。

洛克（J. Locke）是启蒙时代英国著名的哲学家。在认识论上，洛克提出了著名的"白板说"，认为人生下来时的心灵像白纸一样，没有任何天赋观念，当然，也就没有"原罪"。人的一切认识都是从经验中得来的，凡是存在于理智中的，没有不是先存在于感觉中的。也正是因为主张"白板说"，在儿童教育的问题上，洛克强调环境对儿童发展的重要性。他指出，生活中人们所见到的人与人之间的千差万别，均是由于教育之故。在教育目的上，洛克从他的政治和哲学认识出发，提出教育的目的在于培养"有德行、有用、能干"的绅士，因此，他的教育理论也被称为"绅士教育理论"。在其著作《教育漫话》中，洛克详细阐述了儿童的体育、德育和智育等教育活动。

卢梭（J. J. Rousseau）是儿童教育思想史上一位具有划时代意义的人物，他在接受前人影响的基础上，完成了儿童中心论的革命。卢梭的儿童教育思想继承了夸美纽斯的思想，再次提出了教育中的自然适应性原则。在卢梭看来，教育中的自然原则就在于保持儿童的天性。卢梭认为，儿童在其生长发展过程中，有其节律性和阶段性，教育的自然适应性即要求教育应遵循儿童发展的自然进程，考虑其年龄特征，依照其本性来进行教育。卢梭认为，自然教育的目的即培养"自然人"。自然人是不受传统束缚而率性发展的人；是具有自身价值的独立实体，是非等级、非阶级、非固定职业的人；是体脑发达、身心健康的人。总之，自然教育就是要遵循自然的发展规律，考虑人的发展的自然进程，并将此作为确定教育目的、原则、内容和方法的基础。卢梭强调说："这是我的第一个基本原理。只要把这个原理应用于儿童，就可源得出各种教育的法则。"

裴斯泰洛齐（J. H. Pestalozzi）是教育心理学化的最早倡导者，其思想深刻地影响了后来的儿童教育研究者。裴斯泰洛齐受到德国哲学家莱布尼兹（G. W. Leibniz）的影响，认为每个儿童

① 夸美纽斯著，任宝祥等译：《夸美纽斯教育论著选》，人民教育出版社，2005 年，第 22 页。

儿童教育哲学

生来就蕴含着各种以暧昧状态存在于人体内的结合为统一体的各种能力的萌芽,它们具有从不活动状态到充分发展状态的变化倾向。教育的目的就在于"促进人的一切天赋能力和力量的全面、和谐的发展","使人尽其才,能在社会上达到他应有的地位"。裴斯泰洛齐提出的教育心理学化的思想,主张教育应以儿童的心理特点和人性规律为依据,注重个别差异,区别对待素质不同的儿童。

福禄倍尔(F. W. A. Fröbel)受到卢梭、裴斯泰洛齐思想的影响,认为人的天性是善良的,并认为人的天性表现为四种本能,即活动、创造、艺术和宗教。福禄倍尔对每一种本能都作了宗教主义的解释,把它们都归结为神的本源的体现。在这四种本能中,福禄倍尔特别重视儿童的活动本能。在儿童教育方面,福禄倍尔认为,教育是由内因决定的进化过程,如果让儿童顺其自然地发展,神的精神就会在儿童的活动中显示出来,因此,福禄倍尔认为,遵循自然的要求来引导儿童成长是教师和家长的责任。同时,福禄倍尔也认为,"人类不是完全成熟的,也不是已经凝结和确定的;相反,人类在永远不断地形成,永远活动着向前进,由一个发展和形成的阶段,趋向另一个高一级的发展和形成的阶段"。

资源链接 1－1:

适应自然的教育

我们给幼小的植物和动物提供空间和时间,因为我们知道,这样,它们将按照在它们及每一个体之中所发生作用的规律良好地发育成长,人们给幼小的动物和植物提供安宁的环境,并力求避免用暴力干扰它们,因为人们知道,相反地去做会妨碍它们完美地发育和健康地成长。但是,年幼的人使人觉得是一块蜡和一团泥,可以用来任意地捏成一样什么东西。漫游花园和田野、草地和森林的人啊,为何不打开你们的心扉听听大自然以无声的语言教诲你们的一切。看看被你们称为杂草的、在压力和强制中成长的、几乎捉摸不到其内在规律性的植物吧,在大自然中,在田野和花圃中看看它吧,看看它显示出何等的有规律性,以及在一切方面和一切外表上协调一致的纯洁的内在的生命吧,这生命犹如从大地上升起的灿烂的太阳,闪闪的星星。那么,父母们,你们的孩子,在你们违反他们的本性,把你们以前的形式和使命强加于他们,以致他们病态地、不自然地跟随你们行动的情况下,也能够成为完美地成长和全面地发展的生物吗?

按上帝精神的作用和从人的完美性和本性的健全性来看,一切专断的、指示性的、绝对的和干预性的训练、教育和教学,必然地起着毁灭的、阻碍的、破坏的作用。因此,为进一步接受大自然的教训,葡萄藤应当被修剪。但修剪本身不会给葡萄藤带来葡萄,相反地,不管出自多么良好的意图,如果园丁在工作中不是十分耐心地、小心地顺应植物本性的话,葡萄藤可能由于修剪而彻底毁灭,至少是它的肥力和结果能力被破坏。在对待自然物方面,我们的做法常常是正确的,而在对待人的问题上,却会走上完全错误的道路,虽然在两者中起作用的力量出自同一来源,服从于同一条法则。因此,从这一观点出发,对于人来说,重视自然和观察自然也是十分重要的。

资料来源:[德]福禄倍尔著,孙祖复译:《人的教育》,人民教育出版社,2001年,第9－10页。

19世纪80年代以前，人们对于儿童的实证研究相对较少，在此之后，以实证方法研究儿童的思想家逐渐增多，人们也渐渐地认同这种方法。这个时期，比较著名的著作包括1882年德国生理学家和实验心理学家普莱尔（W. T. Preyer）的《儿童的精神》、1883年美国教育心理学家霍尔（G. S. Hall）的《儿童心理的内容》和《儿童研究》等。上述著作的出现，标志着儿童运动的开端。

1899年，瑞典儿童教育家爱伦·凯（Ellen Key）出版《儿童的世纪》，预言20世纪将是儿童的世纪。爱伦·凯生活的年代，正是儿童中心思潮在欧洲蓬勃发展的时期，爱伦·凯深受卢梭自然主义教育思想及尼采（Nietzsche）"超人"思想的影响，对传统的儿童教育进行了批判，认为旧教育干涉和压制了儿童，让儿童屈服于成人的意志，这些做法限制了儿童的兴趣和本能的发展。爱伦·凯（E. Key）强调教育的理想就在于造就"新人"，即身心健全、自由独立、能够创造新文化的人，教育的宗旨就在于发展儿童的特性，尊重儿童的人格，自然地促进儿童在智力、道德、创造力方面的充分发展。在教育过程中，爱伦·凯特别强调自由教育的作用，希望建立以儿童为中心的学校。爱伦·凯的教育思想推动了儿童中心教育思潮的发展。

杜威（J. Dewey）是20世纪影响最大的教育家，他提出了儿童中心论的观点。杜威认为，传统教育的最大弊端就是把学科作为教育的中心，从外部把教材强加给儿童，而消除这种弊端的方法就是把教育的中心从学科转移到儿童身上。在对儿童的认识上，杜威反对历史上沿袭下来的把婴幼儿看作无知、无能的未成熟状态的观点，而是认为婴幼儿自身蕴藏着学习和成长的"能量"和"潜力"。"可以把能量理解为一种能力，把潜力理解为势力"，幼儿的未成熟状态"不是指现在没有能力，到后来才会有"，而是"表示现在就有一种确实存在的势力——即发展的能力"。① 杜威认为，儿童教育应以儿童的本能和能力为起点，应当让儿童充分地表现自己的潜能，儿童的教育就是儿童自身经验的不断改组和改造，而儿童的生长、发展和经验的改组、改造就是儿童的社会生活。因此，杜威认为，教育即生长，教育即生活，教育即经验的改组、改造。

蒙台梭利（M. Montessori）是福禄倍尔之后又一位具有世界声誉的幼儿教育学家。蒙台梭利的儿童教育思想受到医学、生物学、哲学和心理学的影响。蒙台梭利认为，人有两个胚胎期，一个是母体内完成的"生理胚胎期"，一个是母体内尚未完成的"精神胚胎期"。"精神胚胎"有一种下意识的感受能力和鉴别能力，称为"吸收心理"，也就是说，儿童会不自觉地与周围环境中的人与物进行交互作用，从而获得各种经验和文化印象，这也就意味着儿童有一种自动成长的冲动。受荷兰生物学家德弗里斯（H. de Vries）的影响，蒙台梭利认为儿童的心理发展也有敏感期，在发展过程中也经过不同的阶段，每个阶段都有某种心理的倾向性和可能性显示出来，过了特定的时期，其敏感性则会消失。正是基于对于儿童的这些认识，蒙台梭利反对传统教育中将教育任务与儿童的兴趣对立起来的做法，而是精心为儿童提供一种"有准备的环境"，充分尊重儿童成长的本能需要，充分发挥儿童活动的自由性和学习的主动性。蒙台梭利所谓的"有准备的环境"就是一个符合儿童需要的真实环境，是一个能提供给儿童身心发展所需的

---

① 杜威著，王承绪译：《民主主义与教育》，人民教育出版社，2001年，第45页。

活动和联系的环境,是一个充满自由、爱、营养、快乐和便利的环境,儿童只有处在这样有准备的环境中,才能按照自己内部发展的需要来成长。

皮亚杰(J. P. Piaget)的儿童教育观点是以其儿童心理学的理论作为基础的。皮亚杰儿童心理学的理论核心是发生认识论,它是关于儿童认知发展结构的理论,所要探讨的是儿童出生以后,认识是如何形成、发展的,认知发展受哪些因素的制约,其内在结构是什么。皮亚杰以及其他的儿童心理学家,用心理学的研究方法揭示了儿童心理的内部机制和发展规律,为科学认识儿童的心理作出了贡献。

20世纪设立的国际儿童组织,以及通过的《儿童权利法案》和《儿童权利公约》,都对现在和未来的儿童教育产生了深远的影响。

(二)中国的儿童观与儿童教育

在中国传统社会,并没有形成西方式的对于儿童的独特认识,中国古代对儿童的认识并不独立于对成人的认识。当然,在中国漫长的古代历史中,也出现了一些对主流儿童观产生怀疑的思想家、教育家,比如颜之推、王阳明等,但是他们也一直没有摆脱传统观念对于儿童认识的束缚。

近代以来,在西方儿童观和儿童教育理念的影响下,一些教育家、思想家开始重新思考如何认识儿童和如何进行儿童教育等问题。鲁迅在《二十四孝图》、《我们现在怎样做父亲》、《我们怎样教育儿童的》等著作中,抨击了封建的儿童观和儿童教育,发出了"救救孩子"的呼声,主张"一切设施,都应该以孩子为本位"的观点。蔡元培受西方教育思想的影响,在儿童教育问题上提出了"尚自然"、"展个性"的观点,指出幼儿教育应从胎儿期开始,依次在胎教院、育婴院和幼稚园进行公育。陶行知是我国近代著名的教育家,他深信儿童是具有潜能和创造力的,认为应当根据儿童好动、爱游戏、好奇等特点启发和引导儿童。陶行知提出教育要解放儿童的手、口、脑、眼、时间和空间,培养儿童的创造力。陈鹤琴是我国近现代著名的儿童心理学家和幼儿教育专家。陈鹤琴从1920年起,以自己的孩子为研究对象,就儿童的动作、能力、情绪、语言、游戏、学习、美感等方面的发展,进行了观察和实验,后写成《儿童心理之研究》一书,阐述了儿童心理发展的一般规律和年龄特征,并揭示了儿童好动、好模仿、易受暗示、好奇、好游戏、喜欢成功、喜欢合群、喜欢野外生活等特征。另外,陈鹤琴在吸收杜威实用主义教育的基础上,结合中国国情,创立了"活教育"理论,成为我国幼儿课程论的奠基人。

(三)儿童观和儿童教育的认识

对于儿童观的历史演变,我国儿童教育学者刘晓东曾作如下总结。[①] (1)从把儿童看成"小大人"即没有儿童概念到卢梭所处的时代产生儿童概念,从有简单的儿童概念到儿童概念越来越丰富。(2)从成人中心到成人认识到儿童期概念的产生,再到杜威提出以儿童为中心的主张。杜威提出儿童中心论并不是以儿童概念否认成人概念,以儿童的世界消解和替代成人的世界,而是对成人中心论的一次致命的剿灭。杜威的儿童中心论提醒成人尊重儿童的世界,尊重儿童的发展规律。(3)古人把儿童看作小大人,所以儿童在成人过程中基本

---

① 刘晓东著:《儿童教育新论》,江苏教育出版社,2008年,第18页。

上是由成人盲目对待的。夸美纽斯把儿童的成长比作种子的发育,从而开创了尊重儿童内在发展的理论,此后的历史特别是在教育史上,出现了许多把儿童比作种子、把教师喻为园丁的教育家,这种观念是儿童中心论的直接渊源。另外,人们往往误认为"儿童中心论"就是贬低教师的作用,而它实际上对教师提出了更高的要求。儿童中心论是现代儿童教育理论体系的内核。

在对儿童教育的认识上,也存在如下一些普遍的特征。(1)在儿童教育思想史上,夸美纽斯、裴斯泰洛齐、福禄倍尔等都把儿童比作种子、花木、庄稼,把教师比作园丁,这就是著名的园丁说。园丁说将教育活动类比为种植活动,它认为,如同树木的成长在于树木本身一样,教育者需要寻找的就是儿童的成长特点和规律,为儿童创造好的成长环境。另外,园丁说也认为,教育的目的应当立根于儿童自己的世界,教育的方法应当顺应儿童成长的特点和规律,这样才能有效地引导儿童发展。[①](2)在园丁说之外,还有一种著名的儿童教育思想,就是以卢梭为代表的自然主义教育思想。卢梭指出:"出自造物主之手的东西都是好的,而一到了人的手里,就变坏了。"因此,教育的关键就在于保护儿童先天的善良本性。自然主义教育并不是指对儿童的放任,而是希望儿童在成长为成人以前要像儿童一样,而不以成人的思想来教育儿童,让儿童成为早熟的果实。自然主义教育思想强调,教育应该遵循儿童自然成长的天性,在这个意义上,我们也看到了自然主义教育思想与园丁说的共同之处。

二、儿童教育哲学的基本问题

关于儿童教育哲学著作的研究范围和研究内容,通常有如下几种观点。(1)简述哲学与儿童教育之间的关系,比如阐述伦理学、美学、神学、知识论和儿童教育的关系。这种研究儿童教育哲学问题的方式,能够依托哲学发展的严密性和深刻性扩展儿童教育研究。但是,这种研究方式是从哲学的分类来研究儿童教育问题,会把儿童教育哲学演变成哲学的应用学科,从而掩盖了儿童教育哲学研究的特殊性。(2)梳理各哲学流派中的儿童教育哲学。非常多的哲学家和哲学流派都会研究儿童教育问题,比如柏拉图、康德等,这些哲学家和哲学流派都会依据其哲学思想阐述其对儿童教育的认识,也形成了许多有价值的理论。这种研究的缺点在于,哲学史上研究儿童教育的思想家众多,无法一一阐述,另外,许多的教育学家并不能归为哲学家行列,这也就决定了这样的研究方式一定是不完备的。(3)讲述各教育哲学流派的儿童教育哲学,比如古典主义的儿童教育哲学、自然主义的儿童教育哲学、实验主义的儿童教育哲学、进步主义的儿童教育哲学等,详细论述各流派儿童教育哲学产生的历史背景、代表人物、主要观点、影响等。这种研究方式是儿童教育哲学研究中的一种较为常用的方式,它可以让读者比较系统地了解不同儿童教育哲学的思想,并能够对不同流派的思想进行对比研究。这种研究的缺点在于,儿童教育哲学流派众多、观点复杂,阅读者难以完全掌握。(4)研究具体的儿童教育哲学问题。这种研究的做法主要是,提出儿童教育哲学中的基本理论问题,分类别对问题进行研究,比如儿童自由与教育、儿童道德与教育等。这种研究方式能够贴近教育现实,对现实

---

① 刘晓东著:《儿童教育新论》,江苏教育出版社,2008年,第113-114页。

的儿童教育问题进行哲学的思考和分析,同时也能培养学生的思考能力。这种研究的不足在于,由于不能体现出不同的儿童教育哲学流派的观点,也就很难让学生系统地掌握儿童教育哲学的流派和思想。(5)讲述某位教育家或流派的儿童教育哲学思想,比如杜威、蒙台梭利的教育哲学等。这样的写作方式能够系统和深入地阐述某位教育家的儿童教育哲学思想,缺点在于会局限学生的思维。

基于对以上几种儿童教育哲学著作的写作方式的比较和本书写作目的的考虑,本书采用研究具体的儿童教育哲学问题的方式写作儿童教育哲学。儿童教育哲学研究的是儿童教育领域中的基础性问题,这些问题既是哲学的研究对象,也是教育学研究的问题,对这些问题的思考和回答将构成"好"的儿童教育哲学和"坏"的儿童教育哲学的区别。儿童教育哲学的研究在于引领儿童走向"正当"的方向,引导儿童教育走向更正确的方式。基于这些考虑,依据前人的儿童教育哲学研究和我国儿童教育现状,本书选取以下问题。

(一)儿童生活世界与教育

儿童的生活世界是怎样的?有的研究者认为,儿童的世界是游戏的世界,对于儿童来讲游戏就是生活本身。一个拿扫帚当作马骑的儿童,在当时的生活空间中,并没有作什么现实和想象、真与假的区分,儿童的游戏就是儿童的存在方式,一旦儿童进入游戏,儿童的情感、认知也就参与了进来,儿童会因为游戏而伤心或高兴,在这个意义上,我们会说,儿童是非常严肃地对待游戏的,就像严肃地对待生活一样。儿童的游戏又是创造性的,儿童会在游戏中发展自己的感受性、想象力,还能培养同伴之间合作的品质。因此,理解儿童游戏的本质,理解儿童游戏与教育的关联是本书的一个主要内容。与父母、教师、同伴间的交往,构成了儿童生活世界的另一个重要维度。交往的过程是习得人与人之间规则的过程,是儿童从自然人转变为社会人的一个过程,同样,在交往过程中,儿童会逐渐摆脱自我中心主义,能够从他人的角度来理解和看待自己的生活世界,这个过程可能会有痛苦与不理解,但是这是人的生存的基本特征。另外,在交往的过程中,儿童会认识到人与人之间的差异,而这个差异正是个人存在的表现方式,在交往中关心他人、倾听他人、理解他人、与他人交流,都是儿童成长的方式,因此,如何引导儿童合理的和正当的交往成为本书的一个研究主题。

(二)儿童认知与教育

认识这个世界是人的一种基本能力,但是,儿童认识世界的方式不同于成人。儿童认识世界的最显著特征就是惊奇。哲学家说,惊奇会产生智慧,因此,对这个世界提出问题、探索这些问题,就成了儿童认识这个世界的基本特征,同时在这样一个过程中也培养了儿童的认知。在生活中,我们经常会发现儿童追问"人从哪儿来,天空为什么会下雨,鸟儿为什么会飞"之类的问题,当儿童开始问"为什么"时,就开始在进行哲学性的推理了。推理属于人认识世界的一个重要成分,推理帮助儿童发现事物之间的关系,辨别事物与事物之间的差异,培养儿童的洞察力。因此,怎样创造一个鼓励儿童推理的环境,成为本书需要研究的一个问题。同样,认知也包含想象与创造力,而如何让逻辑训练与想象、创造结合起来,也是儿童教育哲学需要研究的问题。当然,儿童的认知发展也会促进儿童语言能力的发展。

儿童的好奇心

儿童在生活中无时无刻不遇到他们觉得奇异不解的事情，就说一个刚刚醒来的小女孩吧，也许她发现，妈妈正在生她的气，而她却茫茫然不知妈妈何故如此，于是她感到了困惑。上学的路上她可能会遇到更多令她不解的事情：消防队的旗子挂在旗杆的中间；垃圾筒在街上滚动；有些她认识的孩子不是朝着学校走去，而是从学校出来；一处街角泛溢着水；一个商人正在开店门上的一连串的锁，等等。如果有一个成年人做伴，而且又愿意花时间去回答由这些小事所引起的问题，这个孩子就会从对问题的零星认识中逐渐获得对事物的较为完整的认识。如果教育的目的在于使儿童获得对事物的比较完整的认识，最好的方法就是让他们永远保持强烈的好奇心。

一般而论，难以解释的事情总显得十分奇妙。比如魔术师的纸牌游戏，毛虫变蝴蝶，或者舒伯特的三重奏，又如外层空间的类星体或是显微镜下病毒的活动。不管是什么，只要难以解释，我们常常冠以奇妙二字，并且渴望有所了解。

如果我们感到世界真奇妙，这大概是因为我们常常面临许多似乎不可思议、神奇莫测的事情。或许你对遗传学已有所研究，但当你站在镜前，面对你自己的面容时，遗传学却帮不了多大忙。这简直就是个谜！人的面孔从何处来？又是怎么变成这个样子的？你对它的形成有无影响？像这样一些问题你肯定会经常遇到。

儿童也会不断遇到类似的问题。儿童不但想知道自己，还想了解世界。世界从何而来？它是怎么变成现在这样的？我们对它有什么影响？如果不是我们，又是谁？

儿童望着自己的指甲，不知道这指甲从何而来。像指甲这样的东西是怎样从人体中长出来的？身体的每个部分似乎都会让他们着迷。

同样，蜗牛、泥水坑、或者月球表面上的黑点都会吸引他们。只要他们的心灵不发生"锈蚀"，好奇心就会永远伴随他们。

资料来源：[美]李普曼著，张爱琳、张爱维编译：《教室里的哲学》，山西教育出版社，1997年，第36-37页。

（三）儿童自由与教育

在儿童教育思想史上，近代教育学家们最为重视的概念就是儿童的自由，因为不管在古代社会还是在西方的中世纪，儿童都无自由可言。卢梭被认为是近代以来儿童自由论最重要的倡导者。卢梭指出，自由是人的自然权利，儿童当然也有自由，儿童的自由意味着儿童能做自己喜欢的事情，能够发挥自己的积极主动性，这个过程也就是儿童成长的过程。因此，卢梭指出，他的自然教育理论就是建立在儿童自由的基础上的。蒙台梭利认为，儿童的自由活动就是儿童生命潜力的冲动，但蒙台梭利也同样指出，儿童的自由应该与儿童的纪律统一起来。本书将从思想史的角度考察儿童自由的发展历程，指出儿童的基本自由应该包括哪些方面，儿童自由的限度应该在哪里。在另一个方面，本书还会提出关于儿童自由保障的问题，在现实的教育中,教师往往会把儿童的自由看作儿童的为所欲为,这是不正确的。因此,如何既能够保证儿童的自由,又能够让儿童的自由得到正确的彰显,也就成为本书需要解决的另外一个问题。

(四)儿童权利与教育

儿童的权利是与儿童的自由联系在一起的,但是人们对儿童权利的认识却远远晚于对儿童自由的探讨。从 18 世纪末开始,欧洲建立了第一批幼儿学校及幼儿园等幼教机构,这是对儿童受教育权利研究的开端。从 19 世纪下半叶开始,随着各国初等义务教育的普及,公共幼儿教育逐渐取代社会幼儿教育,成为幼儿教育的主流,各国纷纷以立法的形式确立公共幼儿教育的地位,儿童的权利得到进一步保证。20 世纪后,随着儿童中心主义思潮的兴起,儿童的发展开始受到各国政府的重视。1924 年,各国签订了《日内瓦儿童权利宣言》,以法律的形式强调了儿童的权利问题。第二次世界大战期间成立的"联合国儿童基金会"是各国重视儿童发展的标志。1959 年,联合国 14 届全体会议通过了《儿童权利宣言》,特别强调了对于儿童权利的承认和保护。1989 年,第 44 届联合国大会第 25 号决议通过的《儿童权利公约》则旨在保护儿童的权益、为世界各国儿童创建良好的成长环境。本书将结合儿童权利的发展历程,解释儿童应该受到保障的哲学依据,并在此基础上探讨如何在教育中保障儿童的权利等问题。

(五)儿童道德与教育

对于儿童的道德,我们往往有着相互矛盾的观点,比如,一方面我们会把儿童看作天性善良、具有高尚动机的天使,一方面,我们还会把儿童看作需要不断被教化的、依靠本能生活的人。其实,较为合理的观点应该是,儿童天生具有无数不同的发展倾向,在儿童的发展中,应该抑制那些不利于成长的行为方式,鼓励那些积极的行为方式。儿童道德教育的要点就在于追问如何抑制不好的行为方式,如何鼓励能促进儿童道德的行为方式。皮亚杰、科尔伯格等道德哲学家都曾对儿童道德发展作过深刻的分析,如何吸取他们的研究成果、思考儿童道德教育,是本书需要研究的一个重要问题。当然,让儿童熟悉社会期望的行为方式,仅仅是儿童道德教育的一部分,儿童道德发展中更重要的内容在于培养儿童的独立思考能力,让儿童使用逻辑性的推理帮助其解决道德问题,并形成儿童的伦理关怀。当然,在这个过程中,如何协调儿童和社会之间的关系,设计出能够培养儿童的思考能力的教育过程,也成为本书研究的一个重要内容。

(六)儿童审美与教育

每一个儿童都是艺术家,即使没有纸、笔、颜料,孩子们也会用石子、树枝,在墙壁、路面、沙滩上绘出自己的欢乐或忧伤。儿童用艺术表达的是儿童的精神世界,儿童的感受、情感、认知、想象都会借助艺术表现出来,儿童的艺术性是儿童的一种生活方式,也是儿童理解和把握这个世界的方式。儿童的艺术并不完全等同于成人的艺术,或者说,儿童的艺术更多的是儿童对世界和自我的直接把握,不会因为规则和功利的束缚而改变。因此,儿童的艺术更为纯洁、自由。理解儿童的艺术,不仅仅需要我们理解美的一般原理,更要理解儿童的发展与审美之间的关联,审美是不是儿童的天性,儿童在艺术创造中是怎样理解自己和外部世界的,这些都是本书需要研究的基本问题。艺术活动在儿童的发展中起到怎样的作用,审美能力与儿童认知能力之间存在怎样的关系,也是本书需要研究的问题。本书研究的第三个主要问题则是如何对儿童进行审美教育。当前,很多的艺术教育并不是在培养儿童的艺术性,而是在限制儿童对美的艺术的创造,过多的规则和限制已经把美学教育转变成技术教育。因此,如何保护儿童的艺术天性、寻找合适的美学教育方式,是儿童审美教育的一个重要内容。

第二节　教师与儿童教育哲学

长期以来,教育哲学总被等同于抽象的思考和逻辑,这也就意味着教育哲学是远离教育实践的,教育哲学对于一线教师来讲是没有任何用处的。人们的这种认识不仅仅出现在教育哲学学科上,也同样出现在儿童教育哲学学科上。当然,也有的教师认为儿童教育哲学是必要的,但是由于哲学的研究太过晦涩、深奥,以至于认为自己无法学好儿童教育哲学。实际上,以上两种看法都是错误的,儿童教育哲学对于教师来讲是必要,也是必须要学好的。那么,为什么儿童教育哲学对于教师来讲是必要的呢? 儿童教育哲学的价值是什么? 应该如何学习儿童教育哲学? 这是本节需要解决的问题。

一、教师学习儿童教育哲学的价值

从事教育活动不能离开哲学,因为任何教育活动的背后都蕴含着哲学问题。儿童教育哲学的学习能让教师从哲学的视角重新审视自己和他人的教育实践,能让教师从应然的角度去追问教育的价值,总的来讲,儿童教育哲学的学习会让教师的教育工作变得更具有智慧,能让一名教师变成更优秀的教师。教师学习儿童教育哲学的价值,具体阐述如下。

(一) 帮助教师了解儿童的精神世界

儿童的精神世界不同于成人的精神世界。当成人依照自己对世界的理解去理解儿童的精神世界的时候,就可能会错误地理解儿童,而对儿童精神世界的不了解或者错误理解,则都会造成对儿童的伤害。在当前的教育中,家长和教师更多关注的是儿童生理、智力的发展,而很少从哲学的视角去认识儿童,当然也不会从哲学的视角去理解儿童,这也就意味着我们无法理解儿童的精神世界,同样也就无法理解儿童成长中所面临的哲学问题,比如儿童的自然本性与环境的关系、自由与纪律的关系等问题。如果家长和教师无法理解儿童,那么也就无法为儿童创造好的成长环境。因此,从哲学的视角去理解儿童的精神世界是每名教师应该学习和做到的。而从哲学的视角研究儿童的精神世界则是儿童教育哲学的一个重要研究领域,也是当前教育界最系统地研究儿童精神世界的学科,因此,家长和教师都非常有必要学习儿童教育哲学。

(二) 引导教师反思自己的教育实践

从表面上看,教师从事的教育活动是实践性的,而儿童教育哲学是反思性的,儿童教育哲学与教师实践之间的关系并不大。并且,一线的教师可能会认为,即使没有儿童教育哲学作为教育的依据和指导,教师也可以很好地从事教育实践。但是,当我们从教育实践中冷静下来,反思教育实践的时候,我们就会发现,任何教育实践的背后都存在着教育哲学的追问与假设,比如,儿童应该学习什么样的知识,儿童是如何习得道德的,等等。而对这些问题的追问和反思,就是儿童教育哲学研究的领域。因此,作为教师,摆脱不了对于儿童教育哲学问题的追问,也必须去追问儿童教育哲学问题。当然,我们也会反问说,即使教师去追问儿童教育哲学问题,也往往会因为自己知识和思考方式的局限,不能很好地认识这些问题,这也就要求我们的教师能够认真地学习儿童教育哲学的知识。因此,儿童教育哲学能够将教师从程序性的教育实践中解放出来,激励教师去反思自己的工作,审查自己教育实践中的问题,检验自己教育行为的价值。也就是说,儿童教育哲学会引导教师反思自己的教育实践。

(三) 明确儿童教育的价值和方向

教师需要学习儿童教育哲学,还因为儿童教育需要儿童教育哲学的指导。教育是一种教人向善的活动,教师必须对教育活动中的问题作出哲学的追问,比如,教师要追问:什么是好的教育?应当把儿童培养成为什么样的人?儿童的基本权利应该是什么?这些问题都涉及价值判断,涉及教师应该选择什么样的教育价值,排斥什么样的教育价值,而儿童教育哲学则是对这些问题的研究和回答。因此,学习儿童教育哲学,会为教师明确儿童教育的价值和方向。

(四) 儿童教育哲学能帮助教师产生教育智慧

虽然儿童教育哲学必须关注教育实践,但是从本质上讲,儿童教育哲学是以理论为研究对象的,真正的儿童教育哲学必然不会为迎合现实的儿童教育实践而改变自己的研究目的和准则,这也就意味着儿童教育哲学必然是纯粹的和深刻的。深刻的理论研究能帮助教师产生反思和批判的智慧,能够引导教师进行教育价值的追问,让教师生成教育智慧。虽然,儿童教育哲学并不能彻底地回答儿童教育中的所有问题,但是,儿童教育哲学却能够引导我们思考和追问儿童教育问题,而在这个过程中,也就唤起了追问者的智慧。

二、教师怎样学习儿童教育哲学

教师学习儿童教育哲学,既有自己的长处,也有自己的短处。长处在于教师可以通过自己的教育实践来理解、验证和反思儿童教育哲学的理论,短处则在于大部分的一线教师缺少必要的哲学素养。正是基于这个现状,我们认为学习儿童教育哲学,教师应该做到以下几点。

(一) 走进教育实践,反思教育实践

儿童教育哲学研究的是儿童教育领域中的基本理论问题,儿童教育领域中的基本理论问题是以现实的教育实践为基础的,这也就意味着儿童教育哲学研究不是在现实的教育生活之外提出一套抽象的哲学原则和方法,而是依据教育生活本身去追问好的儿童教育的可能性,追问当下儿童教育的知识和价值基础。因此,我们说教育哲学是实践的,同时也是立足于实践的。但是,如果仅仅把立足于教育实践等同于对于实践的观察和描述,那么就错误地认识了儿童教育哲学。儿童教育哲学不仅仅需要参与到教育实践中来,更需要的是超越现实的教育实践,因为儿童教育哲学需要追问更好的儿童教育的问题,而更好的儿童教育在现实的教育实践中往往是不存在的,是要靠研究者反思得到的。因此,学习儿童教育哲学就需要教育者能够进入教育实践本身,在教育实践中发现问题和思考问题,同时还要求学习者能够超越教育实践。

(二) 不断提高自己的哲学素养

儿童教育哲学是从哲学的角度研究儿童教育问题,因此,研究者的哲学素养会直接影响研

究者对儿童教育哲学问题研究的深度。纵观国内外优秀的儿童教育哲学著作,研究者们都有较高的哲学素养,因为只有具有良好的哲学素养,才能帮助研究者去发现和审视教育问题,否则,儿童教育哲学研究就会演变成儿童教育经验与规律的集合。哲学的素养需要提升,但是,哲学素养的提升并不是记住教条的哲学理论,或者教条地运用哲学理论。提升哲学素养更重要的是能够运用哲学的方式和方法去分析和思考问题。一般来讲,哲学素养的训练方式主要有如下几种。(1)学习哲学教科书。哲学教科书是关于哲学基本知识、基本研究领域、哲学研究方法的书籍,是学习哲学的入门书籍。(2)学习哲学史。通过哲学史的学习可以较好地理解哲学的发展历程,了解哲学研究主题的演变。(3)研究某一流派的哲学。学习自己认可或者感兴趣的哲学流派,阅读这个哲学流派的著作,可以更深入地了解某个哲学流派的基本观点。(4)研究具体的哲学问题。对不同的哲学问题,不同的哲学家会有不同的观点,阅读和分析这些观点是哲学研究的一个重要方式。以上这些方法,都有助于教师提升自己的哲学素养。

(三)学习儿童教育哲学名著

历史上存在很多的教育哲学著作,而大部分的儿童教育哲学思想都存在于这些教育哲学著作中。因此,阅读教育哲学名著,也就意味着在接受儿童教育哲学的训练。那么,选择优秀的教育哲学著作就成为学习儿童教育哲学思想的基础。教育哲学名著一定不是对前人教育哲学观点的简单总结。一般来讲,优秀的教育哲学著作有如下特点。[①] (1)不是简单的教育经验的描述和事实反映,教育哲学名著一定开辟了新的研究思路,一定开启了人们对于教育问题的重新思考和认识。(2)教育哲学名著一定在一定的范围内对教育实践产生了深刻的影响,比如杜威的著作,而这种影响在某种程度上会改变人们对教育理论和教育实践的认识,这样的著作也是任何后人都必须认真对待的。因此,认真阅读教育哲学名著,是每一个学习者的必经之路。

思 考 题

1. 认识西方儿童观的演变过程。

2. 了解儿童教育哲学研究的基本问题。

3. 了解学习儿童教育哲学的意义。

---

① 石中英著:《教育哲学》,北京师范大学出版社,2007年,第43页。

第二章　儿童教育哲学的发展历程

要了解什么是儿童教育哲学,最好的办法是研究儿童教育哲学史。教育哲学作为一门独立的学科,其历史不过百余年,但从思想渊源上讲,它却有一个漫长的历史。因为儿童教育哲学是教育哲学的一个分支,所以研究其发展历程同样具有重要的价值。本章主要对儿童教育哲学的发展演变历程作简单梳理。从西汉和古希腊开始,许多思想就蕴含着丰富的儿童教育哲学意味,其后,随着教育理论的发展,又诞生了诸多儿童教育思想家,他们在儿童教育哲学的发展中作出了重要贡献,如杜威、赫尔巴特、卢梭、福禄倍尔、陈鹤琴、陶行知等。

第一节　儿童教育哲学在中国的发展

中国的教育哲学思想有着悠久的历史,但是作为一门完整的学科体系,中国教育哲学是在学习西方教育哲学思想的基础上起步的。作为教育哲学的一个重要分支,儿童教育哲学更是一门年轻的学科。本节将对中国儿童教育哲学的思想渊源和近现代的发展历程作一梳理。

一、中国儿童教育哲学的思想渊源

在众多中国古代教育家中,专门论述儿童教育的教育家包括贾谊、颜之推、王守仁等,他们有关儿童教育的思想为中国儿童教育哲学的产生和发展提供了思想基础。

(一)贾谊的儿童教育思想

贾谊(前200—前168),西汉初年杰出的文学家、政治评论家,他在总结前人丰富思想和经验的基础上,率先主张教育应从胎教开始,并对早期教育给予特别关注。

1. 论胎教

贾谊认为,胎儿是人生之初、生命之始,是个体发育的开端。因此,胎儿的发育状况将对其未来的发展前途产生深远的影响。对如何才能保证胎儿的正常发育,贾谊主要论述了两方面的内容:一是婚娶双方的选择。贾谊认为上一代的遗传素质与品德会对子女产生直接的影响,正如俗话所说:凤凰生而有仁义之意,虎狼生而有贪戾之心,两者不等,各以其母。这明显指出生育孩童的父母对他们天性的影响。所以为了后代素质与品德的质量,婚娶对象应尽量选择"孝悌世世有行义者"[1]。这里明显可以看出,贾谊通过自身的经验,已然直观地认识到上一辈的心理特征和个性品格在后代身上的反映。另一方面是要给胎儿创设一个优良的成长环境。

---

[1] 贾谊撰,阎振益等校注:《新编诸子集成:新书校注——胎教》,中华书局,2000年,第390页。

这里的环境,贾谊强调既包括孕妇自身的内在环境,也包括孕妇生活周遭的一切。根据经验认识,贾谊对怀孕的妇女提出严格的要求:立而不跛,坐而不差,笑而不喧,独处不倨,虽怒不骂①。此外他还主张给孕妇提供单独而特殊的居室,以便与外界嘈杂的生活相隔绝。而且孕妇不宜听怪诞的音乐,不宜吃刺激性的食品。这些要求需要靠孕妇自身的意志努力和周围人的辅助来完成。

2. 论早期教育

贾谊认为,早期教育之所以重要,是由于幼年时期形成的道德品行根深蒂固、难以磨灭,这对幼儿之后的发展影响深远,古代获得卓越成绩的君主也都是"自为赤子,而教固已行矣"②。贾谊一方面赞同孔子"少成若天性,习惯如自然"的思想,但另一方面他更指出要将幼儿智力发展的水平和教育紧密结合起来。教育要遵循幼儿身心发展的阶段性,在智力发展每一方面的关键期对幼儿适时传授适当的教育内容。由于儿童尚未涉足纷繁复杂的社会,心地还很单纯,既易于形成良好的道德观念,也易于感染不良的习气,因而应当尽早培养儿童对是非善恶的分辨能力,所谓"心未滥而先谕教,则化易成也"③。

除了以上条件,贾谊还指出,早期教育能否奏效,还决定于教育者是否能够根据幼儿不同的身心发展特征恰当地转换教育方法。由于幼儿身心脆弱,必须养护结合,不仅要傅之德义、道之教训,更重要的是保证其身体的健康发育。儿童"既冠成人"后,身心已经长大成熟,左右和克制自己行为的能力也已具备,应该对其进行善意的劝勉,有时则只需作适当的提示。

(二) 颜之推的儿童教育思想

颜之推(531—约595),字介,魏晋南北朝时北齐人,祖籍琅琊临沂。颜之推从士族地主的立场出发,为保持自己家族的传统与地位写了《颜氏家训》。《颜氏家训》是他一生关于士大夫立身、治家、处事、为学的经验总结,在我国家庭教育发展史上有重要影响。后人研究颜之推的教育思想主要以此为依据。

1. 儿童教育的重要性

颜之推认为,幼年时期在一个人的整个发展过程中是最重要的阶段,教育者应该抓住儿童发展的关键时期,尽早对幼儿实施恰当的教育。帝王将相之家有优越的条件,可以从胎教开始,一般寻常人家亦当从婴幼儿期就开始教育。颜之推之所以推崇早期教育,原因有二:其一是所谓"少成若天性,习惯如自然",幼儿的可塑性最强,心灵单一纯净,任何思想观念都还没有形成,在儿童"白板"般的心理基础上促成思想观念的形成是最合适的;其二是儿童幼年是记忆力最强的时期,受外界环境的干扰少,精神也易于集中,所以能把所学的知识牢固地保持在脑海里。当然,颜之推并不认为如失去早期教育机会,晚年时便可自暴自弃,他只是说,虽然晚学不如幼学效果好,但总强于不学。

2. 儿童教育的原则与方法

颜之推儿童教育的原则和方法主要体现在他的家庭教育思想中。他认为在家庭中,父母

---

① 贾谊撰,阎振益等校注:《新编诸子集成:新书校注——胎教》,中华书局,2000年,第391页。
② 同上书,第183页。
③ 同上书,第186页。

对儿童的教育应当始终如一地坚持严慈结合的原则。事实是,教育上能把严格要求与慈爱相结合的父母,教育出来的孩子更加优秀,能收到更好的教育效果;相反,不善于教育子女的家长,则往往重爱轻教,对其溺爱,任其为所欲为,结果在孩子面前丧失了应有的威信,待儿童养成不良习气之时,再去以体罚治之,为时已晚矣,这种教育手段最后只能导致两败俱伤。

颜之推认为,父母未能很好地教育儿童,主要是因为教育不得法——父母仅对其进行口头训斥,却舍不得施以肉体的严惩。他认为,只有施以严厉的教育,子女才能成才,所以为了子女能够成大器,无论是怒斥抑或是鞭笞,只要是行之有效的方法都可以采用,"使为则为,使止则止"[1]。另外,在家庭教育中应该杜绝偏宠,父母对待所有的孩子都应当施以同等的爱护和教育,即颜之推所说的"贤俊者自可赏爱,顽鲁亦当矜怜"[2]。

3. 儿童教育的内容

颜之推认为,语言是社会交往必不可少的手段,所以在儿童教育中,语言的学习应成为重要内容之一。需要注意的是,对儿童进行语言教育时要注意使用规范语言,同时要注意避免方言的影响。他强调,父母对儿童学习正确的语言负有重要的责任,不可轻视。

除语言学习外,道德教育也是儿童教育的重要内容之一,它包括两方面的内容:人伦道德教育和立志教育。人伦道德教育应当以"风化"的方式开展,即充分发挥父母长辈道德行为的示范和陶冶作用,使儿童在日常生活和学习中受到潜移默化的影响,从而形成教育者所期望的道德行为。立志教育,即生活理想的教育,颜之推针对时弊,指出应当教育儿童树立尧舜的政治理想为人生理想,同时应注重儿童气节的培养,断然不能以趋炎附势、屈节求官为生活目标,如此才能堂堂正正地继承世代的家业。

资源链接 2-1:

颜氏家训(节选)——卷一:教子第二

上智不教而成,下愚虽教无益,中庸之人,不教不知也。古者,圣王有胎教之法:怀子三月,出居别宫,目不邪视,耳不妄听,音声滋味,以礼节之。书之玉版,藏诸金匮。子生咳提,师保固明孝仁礼义,导习之矣。凡庶纵不能尔,当及婴稚,识人颜色,知人喜怒,便加教诲,使为则为,使止则止。比及数岁,可省笞罚。父母威严而有慈,则子女畏慎而生孝矣。吾见世间,无教而有爱,每不能然;饮食运为,恣其所欲,宜诫翻奖,应诃反笑,至有识知,谓法当尔。骄慢已习,方复制之,捶挞至死而无威,忿怒日隆而增怨,逮于成长,终为败德。孔子云:"少成若天性,习惯如自然"是也。俗谚曰:"教妇初来,教儿婴孩。"诚哉斯语!

凡人不能教子女者,亦非欲陷其罪恶;但重于诃怒,伤其颜色,不忍楚挞惨其肌肤耳。当以疾病为谕,安得不用汤药针艾救之哉?又宜思勤督训者,可愿苛虐于骨肉乎?诚不得已也。

---

① 颜之推著:《颜氏家训》,中华书局,2007年,第8页。
② 同上书,第14页。

王大司马母魏夫人,性甚严正;王在湓城时,为三千人将,年逾四十,少不如意,犹捶挞之,故能成其勋业。梁元帝时,有一学士,聪敏有才,为父所宠,失于教义:一言之是,遍于行路,终年誉之;一行之非,揜藏文饰,冀其自改。年登婚宦,暴慢日滋,竟以言语不择,为周逖抽肠衅鼓云。

父子之严,不可以狎;骨肉之爱,不可以简。简则慈孝不接,狎则怠慢生焉。由命士以上,父子异宫,此不狎之道也;抑搔痒痛,悬衾箧枕,此不简之教也。或问曰:"陈亢喜闻君子之远其子,何谓也?"对曰:"有是也。盖君子之不亲教其子也,诗有讽刺之辞,礼有嫌疑之诫,书有悖乱之事,春秋有邪僻之讥,易有备物之象:皆非父子之可通言,故不亲授耳。"

齐武成帝子琅邪王,太子母弟也,生而聪慧,帝及后并笃爱之,衣服饮食,与东宫相准。帝每面称之曰:"此黠儿也,当有所成。"

及太子即位,王居别宫,礼数优僭,不与诸王等;太后犹谓不足,常以为言。年十许岁,骄恣无节,器服玩好,必拟乘舆;常朝南殿,见典御进新冰,钩盾献早李,还索不得,遂大怒,诟曰:"至尊已有,我何意无?"不知分齐,率皆如此。识者多有叔段、州吁之讥。后嫌宰相,遂矫诏斩之,又惧有救,乃勒麾下军士,防守殿门;既无反心,受劳而罢,后竟坐此幽薨。

人之爱子,罕亦能均;自古及今,此弊多矣。贤俊者自可赏爱,顽鲁者亦当矜怜,有偏宠者,虽欲以厚之,更所以祸之。共叔之死,母实为之。赵王之戮,父实使之。刘表之倾宗覆族,袁绍之地裂兵亡,可为灵龟明鉴也。

齐朝有一士大夫,尝谓吾曰:"我有一儿,年已十七,颇晓书疏,教其鲜卑语及弹琵琶,稍欲通解,以此伏事公卿,无不宠爱,亦要事也。"吾时俯而不答。异哉,此人之教子也!若由此业,自致卿相,亦不愿汝曹为之。

资料来源:颜之推著:《颜氏家训》,中华书局,2007年,第8—15页。

(三) 王守仁的儿童教育思想

王守仁(1472—1529),世称阳明先生,明中叶著名教育家。他非常重视儿童教育,在中国儿童教育发展史上占据举足轻重的地位。王守仁在《训蒙大意示教读刘伯颂等》一文中,相对集中地阐述了他关于儿童教育的思想。他反对"小大人式"的儿童教育传统方法,要求顺应儿童性情,根据儿童的接受能力施教,这反映了他教育思想的自然主义倾向。

1. 揭露和批判传统儿童教育不顾儿童的身心特点

王守仁说:"近世之训蒙稚者,日惟督以句读课仿。责其俭束,而不知导之以礼;求其聪明,而不知养之以善。鞭挞绳缚,若待拘囚。"他认为这种教育的结果,与施教者的愿望相反。儿童视学舍如囹狱而不肯入,视师长如寇仇而不欲见,常常借故逃学,以遂其嬉游,久而久之日趋下流。他深刻地揭露:"是盖驱之于恶,而求其为善也,何可得乎!"王守仁的揭露和批判切中时弊,一针见血:传统儿童教育的缺点就在于全然不顾儿童身心发展规律,把儿童当作小大人来对待,才会造成适得其反的教育结果。

2. 按照儿童的天性需要进行教育

王守仁在《训蒙大意示教读刘伯颂等》中说："大抵童子之情，乐嬉游而惮拘检，如草木之始萌芽，舒畅之则条达，摧挠之则衰萎。"由此，他建议儿童教育必须按照儿童天性发展的特点进行，以使儿童内心充满鼓舞、喜悦。这样儿童才能不断长进，就好比时雨春风滋润草木一样，日长月化，生意盎然，而不是如冰霜剥落，生意萧索。

3. 儿童教育的内容是歌诗、习礼和读书

王守仁认为，对儿童诱之以歌诗，不但能激发他们的意志，而且还能使儿童的情感得到正当的宣泄，使其精神宣畅、心气和平；"导之以礼"，不但能使儿童形成威严的仪容和仪表，也有利于锻炼身体，增强体质；"讽之读书"，不但能增长儿童的知识，开发其智力，而且还能存其心、宣其志。总之，王守仁所确定的儿童教育内容"歌诗、习礼和读书"，其目的是培养儿童坚韧的意志，调理儿童天生不适的性情，使他们在不知不觉中消除鄙吝、粗顽的气质，让他们日渐礼义而不觉其苦，进入中和而不知其故，在德、智、体、美等方面都得到发展。

4. 要"随人分限所及"，量力施教

儿童的精力、身体、智力等方面都处在发展过程中。王守仁认为，儿童教育必须认真审视儿童的接受能力，根据儿童身心发展程度进行教学，不可躐等，即"随人分限所及"。王守仁说："我辈致知，只是各随分限所及。……与人论学，亦须随人分限所及。"[1]如果忽视儿童的实际能力，把大量高难度的知识灌输给他们，就如将一桶水灌注在幼芽上一样，其结果只能是腐烂，对儿童毫无益处。同时，王守仁认为对儿童授书关键不在多，而在精熟。因此，儿童的教学应注意留有余地，使儿童精神力量有余，这样他们就不会因学习艰苦而厌学，而是乐于接受教育了。

资源链接 2－2：

训蒙大意示教读刘伯颂等

古之教者，教以人伦。后世记诵词章之习起，而先王之教亡。今教童子，惟当以孝弟忠信、礼义廉耻为专务。其栽培涵养之方，则宜诱之歌诗以发其志意，导之习礼以肃其威仪，讽之读书以开其知觉。今人往往以歌诗习礼为不切时务，此皆末俗庸鄙之见，乌足以知古人立教之意哉！

大抵童子之情，乐嬉游而惮拘检，如草木之始萌芽，舒畅之则条达，摧挠之则衰痿。今教童子，必使其趋向鼓舞，中心喜悦，则其进自不能已。譬之时雨春风，霑被卉木，莫不萌动发越，自然日长月化。若冰霜剥落，则生意萧索，日就枯槁矣。故凡诱之歌诗者，非但发其志意而已，亦以泄其跳号呼啸于咏歌，宣其幽抑结滞于音节也。导之习礼者，非但肃其威仪而已，亦所以周旋揖让而动荡其血脉，拜起屈伸而固束其筋骸也。讽之读书者，非但开其知觉而已，亦所以沉潜反复而存其心，抑扬讽诵以宣其志也。凡此皆所以顺导其志

① 王阳明著，于自力、孔薇、杨骅骁注译：《传习录》，中州古籍出版社，2008 年，第 310 页。

意,调理其性情,潜消其鄙吝,默化其粗顽,日使之渐于礼义而不苦其难,入于中和而不知其故。是盖先王立教之微意也。

若近世之训蒙稚者,日惟督以句读课仿,责其检束而不知导之以礼,求其聪明而不知养之以善,鞭挞绳缚,若持拘囚。彼视学舍如囹狱而不肯入,视师长如寇仇而不欲见,窥避掩覆以遂其嬉游,设诈饰诡以肆其顽鄙,偷薄庸劣,日趋下流。是盖驱之于恶而求其为善也,何可得乎?

凡吾所以教,其意实在于此。恐时俗不察,视以为迂,且吾亦将去,故特叮咛以告。尔诸教读其务体吾意,永以为训,毋辄因时俗之言改废其绳墨,庶成蒙以养正之功矣。念之念之!

资料来源:王阳明著,于自力、孔薇、杨骅骁注译:《传习录》,中州古籍出版社,2008年,第280—281页。

二、中国儿童教育哲学的发展历程

20世纪初,随着新学制的建立、现代学校的兴起以及西方教育理论和哲学理论在我国的传播,作为学科体系的儿童教育哲学逐渐引起国人的广泛关注。

(一) 20世纪初—20世纪20年代

20世纪初,随着政治变革呼声的日益高涨,教育改革也被提到议事日程上来。在内外压力之下,清政府不得不于1901年废八股、兴学堂,1903年颁布《奏定学堂章程》,1905年废科举,现代学校教育制度得以建立。现代学校教育制度的建立是儿童教育哲学在我国赖以产生的土壤,而西方教育理论和哲学理论的传播,则为儿童教育哲学的产生提供了理论准备。

本阶段儿童教育哲学的发展主要是引进、编译出版西方著名儿童教育家的思想和著作。中国最早从日本译介的《教育学》(立花铣三郎著)是刊于《教育世界》1901年卷的王国维译本,此后直到1906年,日本人编著的教育学著作源源不断地传到我国。从内容上看,从日本移植过来的教育学基本上是赫尔巴特教育学思想的转述。除此之外,还包括夸美纽斯、卢梭、裴斯泰洛齐等人的教育思想和哲学思想。

在20世纪的前20年,中国学者编译和撰写的儿童教育学著作,只能说是"儿童教育学体系",还不能说是"儿童教育哲学"。但在这一过程中,发现和提出了一些儿童教育哲学问题,这为儿童教育哲学的问世提供了条件。尤其是在1915年杜威来华讲学之后,实用主义思想被带到中国,并在胡适等人的宣传下,成为中国学者研究儿童教育哲学的蓝本。杜威的儿童教育哲学思想,如儿童经验主义、实践哲学等,得到了广泛的传播,并产生了深远的影响。

(二) 20世纪20年代—40年代末

20世纪上半叶,在借鉴西方儿童教育哲学思想的基础上,我国众多教育家致力于儿童教育方面的研究,并提出了诸多儿童教育哲学思想,使这一时期成为我国近现代有关儿童教育哲学研究的集大成期。

1. 蔡元培的儿童教育哲学思想

在中国近代教育思想史上,蔡元培(1868—1940)较早提出了人文教育思想,倡导以人为中心,培养人的智慧,发扬人性,完善人。其中关于儿童教育的观点有:发展儿童的个性,因材施教,培养儿童的健全人格,等等。

第一,展个性,尚自然。蔡元培深受西方人文主义思潮的影响,高度重视发展个性。早在1901年,蔡元培就宣传革新,提倡"学生自由读书"以发展个性;1902年至1903年5月间,通过主持爱国学社,倡导学生自治,给学生以充分的民主和自由;1918年5月,蔡元培发表了题为"新教育与旧教育之歧点"的文章,正式提出并系统阐述了其发展个性的思想,强烈反对压抑受教育者个性、摧残自由发展的封建旧教育,大力提倡崇尚自然、发展个性的新教育。蔡元培认为旧教育的最大弊端是"儿童受教于成人",成人一味地把自己的成见强加在受教育者身上,根本不考虑儿童身心发展的特点和规律,无视受教育者在教育过程中的主体地位,反而将其视为消极被动的客体,不把他们当"人"看待。相反,新教育的最大优点是"成人受教于儿童"。"何谓成人受教于儿童？谓成人不敢自存成见,立于儿童之地位而体验之,以定教育之方法。"①即成人或教师不自存成见,而是以受教育者的个性为出发点,时刻站在他们的立场,了解他们本身的实际情况,让他们自由、自然地发展,而不加以过多的限制或干涉。蔡元培进一步指出,新教育的教育者"深知儿童身心发达之程序,而择种种适当之方法以助之"②,如同农学家对待植物一样,"干则灌溉之,弱则支持之,畏寒则置之温室,需食则资以肥料,好光则复以有色之玻璃"③。为了能"尚自然,展个性",蔡先生重视启发式教学,提倡自动、自学、自己研究的方法。

第二,因材施教。蔡元培认为儿童有不同的个性,教育者应根据儿童个性的不同而采取不同的教育方法。所谓"学生有勤惰静躁之别",应"策其惰性,抑其躁性,使人人皆专意向学,而无互相扰乱之虑"。④ 他认为应根据学生体、智、德、美等方面的不同而施教。首先,根据学生体质上的不同而施教。"其实体育最要紧,是合乎生理。若只求个人的胜利,或一校的名誉,不管生理上有无危险,这不要说于身体上有妨害,且成一种

---

① 中国蔡元培研究会编:《蔡元培全集》(第2卷),浙江教育出版社,1997年,第177-178页。
② 中国蔡元培研究会编:《蔡元培全集》(第3卷),浙江教育出版社,1997年,第338页。
③ 同上注。
④ 中国蔡元培研究会编:《蔡元培全集》(第2卷),浙江教育出版社,1997年,第149页。

机械的作用,便失却体育的价值了。"①其次,依学生才智的不同而施教。"学生特长各不同,所以各人在各科上的进步快慢也不一致。然亦总须活用为妙,即有特别天才的,总宜施以特别的教练。"②第三,应因学生品德上的不同而施教。人各有所长,亦各有所短,或富于智虑而失之怯懦,或勇于进取而不善节制。应"勉其所短,节其所长,以求达于中和之境"③。最后,应因学生审美上的不同而施教。"最好叫学生以己意取材,喜图画的,教他图画;喜雕刻的,就教他雕刻,引起他美的兴趣。不然,学生喜欢的不教,不喜欢的硬叫他去做,要求进步,很难说的。"④

2. 陶行知的儿童教育哲学思想

陶行知(1891—1946)是中国近代史上著名的教育家、思想家,同时也是杰出的民主战士、大众诗人。他毕生从事教育事业,致力于批判和改革中国的旧教育,创建晓庄师范学校、育才学校,提出"小先生制"等富有创造性的成果。陶行知关于儿童教育的思想观点包括创造教育和生活教育等。

第一,创造教育。陶行知提出"处处是创造之地,天天是创造之时,人人是创造之人"的创造教育思想,成为我国近代创造教育的开辟者和先行者。他发表的《创造的教育》、《创造宣言》、《创造的儿童教育》等文章,不但在理论上阐述创造教育思想,还在育才学校等机构中具体实施创造教育。他认为:"我们要打倒传统教育,同时要提倡创造的教育。"⑤由行动而发生思想,由思想而产生价值,这就是创造的过程。创造要求人们提供与以往不同的新的有价值的物质财富和精神财富,是一个民族生生不息的活力,是一个民族文化中的精髓。陶行知还强调:"行动是中国教育的开始,创造是中国教育的完成。""创造教育"的主要内容有五个方面,即创造健康之堡垒、创造艺术之环境、创造生产之园地、创造学问之气候和创造真善美之人格。这五个方面充分体现了陶先生所倡导的"手脑并用"的思想,践行了实用主义哲学。

培养儿童的创造力,必须遵循以下原则。(1)因材施教原则。因材施教既是创造教育的动力,又是创造教育的原则。陶行知认为:"人的禀赋各不相同,生成的智慧至为不齐。有的是最聪明的,有的是最愚笨的。"⑥所以,如有特殊才能的,也应加以特殊的教育,使其才能得到充分发挥。在育才学校的实践中,陶行知根据学生的兴趣差异,将他们分为音乐、绘画、社会、自然等不同的小组,运用智力测验等方法,将儿童编入其最有兴趣的一组进行学习。(2)循序渐进原则。陶行知认为,在培养创造力的时候,要"建立下层的良好习惯,以解放上层的性能,俾能从事于高级的思虑追求"⑦,虽然点滴的创造固不如整体的创造,但不要轻视点滴的创造而不为,呆望着大创造从天而降。要有水滴石穿的精神,从小做好,才能积小创造为大创造,使创造力得到发挥和发展。

第二,生活教育。陶行知在其《生活教育》、《生活即教育》、《生活教育之特质》等一系列文

---

① 中国蔡元培研究会编:《蔡元培全集》(第4卷),浙江教育出版社,1997年,第259页。
② 同上书,第260页。
③ 同上书,第261页。
④ 同上书,第262页。
⑤ 陶行知著:《陶行知全集》(第2卷),湖南教育出版社,1985年,第615页。
⑥ 同上书,第85页。
⑦ 同上书,第527页。

章中阐述了他的生活教育思想,并在晓庄师范、山海工学团、育才学校、社会大学中予以实践,创立了以"生活即教育"、"社会即学校"、"教学做合一"为核心内容的生活教育思想。陶行知认为,"生活教育是生活所原有、自营和必需的教育"①。关于生活教育,陶行知给出了多个层次的解释。从定义上看,生活教育是给生活以教育,用生活来教育,为生活向前向上的需要而教育;从生活与教育的关系上来说,是生活决定教育;从效力上说,教育要通过生活才能发出力量而成为真正的教育。②"教学做合一"是生活法,亦是教育法。为避免瞎做、瞎学、瞎教,所以提出"在劳力上劳心",以期理论与实践之统一。"社会即学校"这一原则,是要把教育从鸟笼里解放出来。"行是知之始,知是行之成",是教人从源头上去追求真理。

"生活即教育"是陶行知生活教育理论的核心。他认为,"教育的根本意义是生活之变化,生活无时不变,即生活无时不含有教育的意义"③。"生活即教育"的一个核心观点是生活决定教育,过什么样的生活,便是受什么样的教育。人们在社会上所过的生活不同,因而所受的教育也就不同,过哪样的生活,就是受哪样的教育。过正面的生活,便是受正面的教育;过负面的生活,便是受负面的教育。但陶行知同时又指出,教育并不只是消极地适应生活,它对生活有能动的促进作用,它要改造生活,推动生活进步。为了人民大众的生活需要和幸福解放,他通过不断的行动实践去发展深化理论。

第三,幼儿教育。20世纪20年代中后期,陶行知相继发表《创设乡村幼稚园宣言书》《幼稚园之新大陆》《如何使幼稚教育普及》《今日之幼稚园》等一系列文章,并建立了我国历史上的第一所乡村幼儿园——"南京燕子矶幼稚园"。陶行知认为,幼儿教育奠定人生发展的基础,应当尽早使其稳定建立。此外,他还依据儿童心理学的研究结果指出,6岁以前是人格陶冶最重要的时期,人格教育全靠6岁以前的培养成果。无论人生之态度、习惯或是倾向,都可在幼年时期确立适当的基础。总之,儿童6岁之前的教育将为他奠定人格、智力与体格等方面的基础,而且这个基础一旦确定,便不会轻易更改。

幼儿教育包括以下内容。

健康教育:教师要根据幼儿的实际状况,向他们施行必要的卫生常识教育,比如饮食和活动卫生等,使他们从小就养成良好的卫生习惯。此外,教师应根据条件,适当地组织丰富多彩的室内外活动,以锻炼幼儿的体格,帮助其身体正常发育。

道德教育:陶行知提出"知情意合一、智仁勇合一、真善美合一"的德育途径和方法。他指出,应"在统一的教育中培养儿童的知情意,启发其自觉,使其人格获得完备的发展"④,"智仁勇是我国重要的精神遗产,历史上它被认为是'天下之达德',今天仍然可以作为个人圆满发展之指标"⑤。基于"德育自治"的前提,陶行知呼吁儿童结成团体,让儿童通过自我管理来培养责任感、主动精神以及集体生活的能力,从而能最明白地判断善恶、是非。

---

① 陶行知著:《陶行知全集》(第2卷),湖南教育出版社,1985年,第633页。
② 陶行知著,中央教育科学研究所编:《陶行知教育文选》,教育科学出版社,1981年,第267页。
③ 同上书,第633页。
④ 陶行知著:《陶行知全集》(第3卷),湖南教育出版社,1985年,第368页。
⑤ 同上注。

科学教育：科学教育的目标是科学精神和科学道德的养成。应从小教育幼儿用好科学这种工具，将科学变成保人的工具而不是杀人的凶器；科学教育的内容要贴近幼儿生活实际。陶行知设计了一整套围绕和服务幼儿生活的科学课程体系，注重玩和做的方法。"我们提倡科学，就是要提倡玩把戏，玩科学的把戏。科学的小孩子是从玩科学的把戏中产生出来的。"①

艺术教育：首先是艺术的环境。幼儿园的整个环境要表现出艺术的精神，使形式和内容一致起来；其次是音美作品的熏陶。根据幼儿的生理、心理和智力发展特点，充分运用中国的音乐和美术作品及欧美优秀的音美作品来教育儿童；最后是儿童诗歌和电影的陶冶。陶行知一生创作了大量符合幼儿实际的、优美华丽的、脍炙人口的儿童诗歌。他还主张幼儿要多看好的儿童电影，以收到寓教于乐的效果。

劳动教育："劳动教育的目的，在谋手脑相长，以增进自立之能力，获得事物之真知及了解劳动者之甘苦。"②在陶行知创设的乡村幼稚园里，不仅有自制玩具和娱乐场所，而且还因地制宜地办有儿童小农场，让孩子们种几颗黄豆，栽几种花草，养几只老母鸡，干一些力所能及的事。这不仅有助于培养孩子们热爱劳动、热爱劳动人民的良好品德，而且有助于开发幼儿的智力，提高他们接触和认识环境的能力。

3. 陈鹤琴的儿童教育哲学思想

陈鹤琴(1892—1982)是我国著名的儿童教育家、现代幼儿教育事业的开拓者。主要著作有：《儿童心理之研究》、《儿童心理学》、《家庭教育》、《活教育的教学原则》等。其儿童教育思想集中体现在他的"活教育"思想体系中。

第一，"活教育"思想体系。陈鹤琴的"活教育"思想体系主要包括目的论、课程论、方法论等。

"活教育"的目的论：陈鹤琴的活教育的目的就是做人、做中国人、做现代中国人。他提出做人的三个基本要求：不论国界、种族、阶级或宗教，爱一切人；要爱真理，不为富贵所淫；有人类崇高的精神和天下一家的观念。"做中国人"就是要促进每一个国民都具有热爱、保卫、建设祖国的爱国主义品质，具有热爱人民、与人民同呼吸共命运的品质。"做现代中国人"须具备五个条件：要有健全的身体，要有建设的能力，要有创造的能力，要能够合作，要服务。

"活教育"的课程论：陈鹤琴提出"大自然、大社会都是活教材"的课程论。他认为教育的主要任务就是要儿童面对大自然、大社会去获取直接经验和知识。"活教育"的课程具体化为"五指活动"，即儿童健康活动、社会活动、科学活动、艺术活动和文学活动。他将五种教育活动组

① 陶行知著：《陶行知全集》(第3卷)，湖南教育出版社，1985年，第579页。
② 董宝良著：《陶行知教育论著选》，人民教育出版社，1991年，第255页。

合成一个完整的教育活动网,有组织有系统,合理地编织在儿童的生活中。

"活教育"的方法论:陈鹤琴提出"做中教,做中学,做中求进步"的方法论。活教育的方法论可以具体化为17条教学原则:"凡是儿童自己能够做的,应当让他自己做;凡是儿童自己能够想的,应当让他自己想;你要儿童怎样做,就应当教儿童怎样学;鼓励儿童去发现他自己的世界;积极的鼓励胜过消极的制裁"[①],等等。活教育的方法论还具体化为四个教学步骤:实验观察,阅读参考,创作发表,批评检讨。

第二,幼儿教育的内容。关于幼儿教育的内容,陈鹤琴认为,培养全面发展的儿童,包括健康、语言、品德、科学、环境、艺术和劳动等方面的教育。

健康教育:教师应当注意培养儿童良好的生活卫生习惯,发展儿童连贯的活动动作,给儿童充分的娱乐和游戏等。语言教育:教师应用谈话、讲故事、念歌谣、猜谜语、朗诵诗歌及各项作业和日常生活等各种活动,训练儿童的发音并培养其表达的能力。品德教育:教师要重视儿童习惯的养成,引导儿童"不断地做",促使他们养成良好的习惯。科学教育:形式要多样化,如举行儿童科学大会、科学演讲、测验,参观科学研究机关等。环境教育:教师要帮助儿童张开眼睛、打开耳朵、挥动双手,使儿童能注意周围的环境,认识、接触环境,以至创造环境;此外,教师还需设置一个审美的、科学的环境。艺术教育:包括诗歌、音乐、舞蹈、图画等;教师应将环境艺术化,以陶冶孩子的性情和心灵,并注意使儿童从大自然、社会中体会自然的雄伟壮丽以及劳动人民的伟大。劳动教育:主要包括参加简单劳动和认识成人劳动两方面;其中,幼儿劳动有自我服务性劳动和公益性劳动以及种植、饲养活动等,认识成人劳动主要是组织幼儿认识成人劳动和认识幼儿常接近的劳动者。

第三,幼儿教育的方法。(1)比赛。因为儿童好胜,所以用比赛的方法去鼓励他们,可以增加学习兴趣,提高学习效率。比赛分同人比赛和自我比赛两种形式。(2)比较教学法。用比较教学法进行教学,儿童对于所学的事物认识得格外正确,印刻得格外深切,记忆得格外持久。(3)替代教学法。教师要用各种替代的方法来满足儿童不同的"欲望",并注意在教学中发展儿童的个性,培养他们的人格。(4)游戏教学法。比如识字,教师可以用识字牌、缀法盘等游戏进行识字教学;可以教孩子用各种颜色来画画,把各种颜色带入禽兽昆虫的游戏。(5)整个教学法。就是把儿童所应该学的东西整个地、有系统地教给他。

(三)20世纪50年代初至今

新中国成立以来,我国儿童教育哲学的发展走上了一条坎坷不平的道路。新中国成立之初,教育被掩埋在学习苏联的浪潮之中,之后虽然有了自主性的反思,但又由于"文革"十年动乱,儿童教育哲学的发展再次中断。直至八九十年代,在教育哲学再次发展的同时,儿童教育哲学也缓慢地发展起来。大陆许多关注儿童教育的个体和群体都为儿童教育哲学这门年轻的学科注入了新鲜的血液。如北京师范大学、华东师范大学和南京师范大学等高等学府的学前教育专业,作为优势学科,拥有一批顶尖的儿童教育研究者和学者,并致力于培养优秀的一线幼儿教师。他们作为我国大陆儿童教育的领跑者,为儿童教育哲学的发展奠定了更加坚实的

---

① 陈鹤琴著,北京市教育科学研究所编:《陈鹤琴教育文集》(下卷),北京出版社,1985年,第653-700页。

基础。相较于大陆，儿童教育哲学在台湾的发展也毫不逊色，台湾学者詹栋梁就是代表人物之一，他出版的《儿童哲学》可以作为我们研究儿童教育哲学的参考书之一。

20世纪八九十年代以来，儿童的权利和地位问题再次受到重视，国家政府相关部门进一步制定和完善保障与促进幼儿发展的各项政策措施，各大高等院校的幼儿相关专业也成为热门专业，这为儿童教育哲学的进一步发展营造了和谐的氛围，也奠定了更加广泛的基础。

第二节　儿童教育哲学在西方的发展

自公元前400年的古希腊哲学家柏拉图和亚里士多德的富有创见的儿童教育哲学思想开始，西方就没有停止过探索儿童教育世界的步伐，到近现代的夸美纽斯、赫尔巴特、卢梭、裴斯泰洛齐、福禄倍尔、杜威等，都有独到的关于儿童教育哲学的思想。

一、西方儿童教育哲学的思想渊源

西方教育及哲学的思想渊源均起源于公元前400年的古希腊时代。民主政治的环境及倡导促进人的身心和谐发展的思想，开启了西方教育及哲学的先河。

（一）柏拉图的儿童教育哲学思想

柏拉图（约前427—前347）是西方第一位注重超越、高悬理想并主张哲人当政的教育思想家。他不只著作丰富，且开门办学，是教育理论和实践并重的学者。其代表作《理想国》，成为后人了解其思想的主要来源。柏拉图的教育主张乃是其哲学理论的反映。他关于儿童教育的思想，被包含在其培养"哲学王"的体系中，且占有十分重要的地位。

1. 童年期

孕妇应经常散步，孩子出生后则要抚慰按摩，睡前聆听音乐，以免除恐惧，生心境祥和的情绪。[1] 年幼时由于好奇心特强，求知心尤烈，有必要教导有关算数、几何及其他可以导致辩证的学科。如能在游戏中学习，使儿童视知识如"趣味"活动，则更能启发儿童的禀赋。在品德教育上，柏拉图有不同看法，他认为如果孩子不就范，可采取体罚，因为小时候恶习不改，则有如养痈遗患，不可收拾。孩童理性未萌，开始时是最重要的，尤其在处理年幼又嫩弱的对象上，那正是塑造品格并镶进印象的时辰。孩童有理性根基，但却未经培育，当他离开母亲后，就应该接受教师的管教，以免流于孩子气而变得愚蠢。假如学童服从命令，那最好不过，如否，则对待他如同对待一棵弯曲的幼树一般，以恐吓及鞭打使之伸直。

2. 教育年限及课程安排

柏拉图的教育计划是从六岁开始的，十分注重音乐及体育的训练，其中还有数学及天文等科目的学习。他对音乐、体育、天文及数学等的研讨，是要试探学童有无知识四层分法中的上两层资质（即抽象观念及形式），如否，则学童注定属于农工商等生产阶级。十七八岁左右入军营接受兵役锻炼或参与作战演习。三十岁后应钻研数学及辩证，依能力之高下分配为大小不

---

[1] ［古希腊］柏拉图著，张智仁、何勤华译：《法律篇》，上海人民出版社，2001年，第791页。

同的官吏。再历练二十年,好比重入"洞穴"去教导众人一般,哲学王即出类拔萃般地凸显于全民之中。这一全过程凸显了柏拉图之教学安排与哲学理念的相辅相成。这里仅就儿童期的教育进程为主要内容进行探讨。

第一,儿童期的教育以音乐和体育为主,知识教学并不重要。只要发展健全的身心,培养良好的习惯,则儿童期的教育目的就已达到。体育旨在强健身体,音乐则意在陶冶性情。[①] 虽然这种说法并非柏拉图首创,但他在健心可以健身但健身不一定能健心的理由下,断定音乐的重要性大过于体育,并且认为体育之力只有配合音乐之美与柔和,才是身心二者结合的方式。

第二,若取文学诗词作为儿童教学之用,必须注重事实真相的提供。骗人的情节以及违反伦理的诗词,应排除在教学之外。一些神话式或寓言式的描述,也不适合儿童阅读。因为儿童还没有能力分辨何者是文字的意义,何者是比喻上的影射,万一学童将二者相混并根深蒂固地埋植于心灵中,以后还要将其清除,就事倍功半了。

第三,柏拉图特别重视抽象思考,重视数学的教授。他在学院门外挂一牌子:不懂几何者勿入内。不以经验事实及感觉印象作根据,而单纯强调先验推理,则几何之价值就无与伦比了。数学是超越感官而上达睿智界的途径,是百工技艺之所依。"在这方面有天分的人,学习其他都相当迅速;即令在这方面比较迟钝者,在学习它之后,一般知识都会大大增加。"[②]哲学王的教育学科是以它作基干的。不过,并非人人皆喜爱且有能力彻底地学习数学,这就好比并非人人可以成为统治者或哲学家一般。二者之划分界线,就以数学测验作为取舍的标准。

(二)亚里士多德的儿童教育哲学思想

亚里士多德(前384—前322)是"百科全书式"的教育家,有着十分丰富的关于儿童教育的思想。

亚里士多德指出,教育的最终目的在于获得理性的发展。他主张国家应当对奴隶主子弟实施公共教育,从而使他们的身体、道德和智慧都得到发展。教学方法方面,他非常重视练习和实践的应用,例如:在音乐教学中,他时常鼓励儿童登台表演,以使他们现场体验,熟练技术;师生关系方面,他认为并不应一味地对老师言听计从,应当在尊重的前提下勇于挑战,坚持真理。

亚里士多德教学思想包括人性论、认识论以及儿童身心发展理论。他将人的灵魂分成非理性灵魂和理性灵魂两部分,其作用分别是本能、感觉、欲望和思维、理解、认识等。亚里士多德认为,感觉与思考是灵魂在人的认识过程中的主要作用。灵魂依靠感觉器官去感知外界事物,而感觉到的东西不以人的意志为转移,由此就确认了感觉在认识过程中的地位与作用。然而,亚里士多德又认为感觉只发挥一种诱发的功能,理性的思考才能促使真理和知识的获得。所以,亚里士多德的教学目标是发展理性。

亚里士多德"百科全书"式的课程倡导学生在德、智、体、美等方面获得全面的发展,而且在不同的时期各有重点。幼儿期以身体的养护(体育)为主;少年期施行音乐教育,内容以德、智、

---

① [古希腊]柏拉图著,吴献书译:《理想国》,北京理工大学出版社,2010年。
② 同上注。

美为主;高年级应该广泛地学习文法、修辞、哲学、诗歌、政治学和算术、几何、天文、音乐等。但是不管怎样,教学的重心都应当是发展学生的智力。亚里士多德特别强调音乐对于培养儿童内在修养的作用,他认为音乐具有娱乐、陶冶性情和涵养理性等三种功能,能够令人解疲乏、炼心智、塑性格,最终使人通过沉思而跃入理性和高尚的道德境界。

二、西方儿童教育哲学的发展历程

西方儿童教育哲学思想的发展经历了一个较长时间的准备期和酝酿期,从夸美纽斯开始的萌芽期到 20 世纪 50 年代杜威和蒙台梭利的不断完善期,西方儿童教育哲学的内容体系不断得到充实和完善。

(一) 17 世纪—18 世纪 50 年代:孕育期

17、18 世纪正逢西方文艺复兴和思想启蒙时期,人们原本被神学蒙蔽的主体意识开始苏醒,人们开始关注"人",开始关注"自然",而不再把目光投向那个虚无的"神"。这个时期研究儿童教育哲学的主要代表人物是夸美纽斯和卢梭,他们都倡导自然主义教育思想,呼吁顺应儿童的自身发展顺序进行有针对性的教育。

1. 夸美纽斯的儿童教育哲学思想

夸美纽斯(1592—1670)是 17 世纪捷克的教育理论家和教育改革家。他总结了自己 40 余年的教育实践经验,系统阐述了教育的有关理论和实践问题。但由于其生活在新旧社会交替的时代,新旧思想对他都有强烈的影响。夸美纽斯是"唯实论"的支持者。他所著的《大教学论》,是独立形态教育学的开端,同样,他关于儿童教育的思想观点也就成为近代儿童教育哲学的开端。

第一,教育适应自然的原则。

夸美纽斯之所以提出"教育适应自然"的原则,是因为他认为"在此之前没有一所完善的学校"①。由于学校的各项工作违背事物发展的自然秩序,所以在那些不完善的学校里存在着种种弊病,"以致学校变成了儿童恐怖的场所,变成了他们才智的屠宰场……"②因此,夸美纽斯指出,为了使学校教育工作进行得更加顺利、有效,教育必须遵循自然法则。夸美纽斯认为,在宇宙万物和人的活动中存在着一种"秩序",即普遍规律,它保证了宇宙万物的和谐发展。因此,人的各种活动包括教育活动,都应该遵循这些自然的、普遍的"秩序"或规律。遵循"秩序"这条普遍法则是教育适应自然原则的首要内容。

依据人的自然本性和儿童年龄特征进行教育,是教育适应自然原则的另一个重要内容。夸美纽斯认为,人是自然的一部分,人的发展也有其自身独特的发展法则。他说:"我们的格言应当是凡事都要追随自然的领导,要去观察能力发展的次第,要使我们的方法据这种顺序的原则。"③这条原则的中心思想是教育应当服从"普遍的秩序",即客观规律。它实际上包含两层意思:一是指明教育工作应当是有规律的,教育工作者应当遵循这些规律;二是指既然教育

---

① [捷克] 夸美纽斯著,傅任敢译:《大教学论》,人民教育出版社,1985 年,第 68–69 页。
② 同上书,第 61 页。
③ 同上书,第 222 页。

工作是有规律的,那么就应当努力探明和发现这些规律。

第二,学前教育。

夸美纽斯关于学前教育的思想集中体现在《母育学校》一书中,它也成为教育史上第一本系统论述学前教育的专著。在书中,夸美纽斯指出学前教育的目的和任务在于培养儿童体力、智力和道德的初步基础,通过感官训练使幼儿获得有关自然界、社会生活和家庭生活的初步认识。该书共包括四个方面的内容:胎教、体育、智育和德育。

胎教:夸美纽斯认为胎教是学前教育的起点。孕妇应该吃富有营养的食物,不能饮酒;孕妇的情绪要稳定,避免强烈的情绪波动;孕妇的行动要谨慎,生活要有规律。

体育:夸美纽斯指出,婴儿应由母亲亲自哺乳,这样有利于婴儿的健康;幼儿的食物应该是软的、甜的、易消化的,不宜吃刺激性太强的食物;应使幼儿生活有规律,情绪愉快;要给儿童充分活动、游戏的机会,利用玩具、音乐、看图画等促进儿童活泼健康地成长。

智育:夸美纽斯提出百科全书式的智育内容。如:自然科学方面,要掌握物理学、光学等初步概念,使幼儿认识水火、雨雪、乡村城市、山川河流等;社会科学方面,要掌握家庭成员的称呼、家用餐具的名称及用途等。另外,智育还要发展幼儿的智力和语言,培养能力。比如发展幼儿的感知觉、观察力,训练手的初步操作能力。

德育:应在邪恶未占心理之前及早进行,并希望德行的实践能够成为儿童的第二天性。夸美纽斯特别强调培养儿童的文明礼貌行为和良好的生活习惯。为此,他提出两个要求:培养儿童勤劳俭朴、爱整洁的习惯,举止要文雅,学会控制自己的情感等;在待人接物方面,要求儿童对人要亲切、大方、有礼貌、诚恳等。方法上,他认为应充分重视榜样、示范、惩罚和表扬的作用。

第三,教学原则。

直观性原则:夸美纽斯首次以感觉论为基础来论证直观教学原则,指出"一切知识都是从对感官的感知开始的"[①]。他认为:"在可能的范围内,一切事物都应该尽量地放到感官前。一切看得见的东西都应该放到视观前,一切听得见的东西都应该放到听观前。"[②]

激发学生求知欲的原则:夸美纽斯指出,强迫孩子去学习是大大地害了他们,我们应该用一切可能的方式来激发孩子的求知欲望。父母应当在子女面前赞扬学问与有学问的人;教师应当用温和、亲切的语言和循循善诱的态度去吸引学生;学校应当是经过精心布置的;所教科目应符合学生的年龄特征;所用方法应能激起学生对于知识的兴趣。

巩固性原则:夸美纽斯认为,不仅要使学生领会知识,牢牢地记住知识,并且还应会应用知识。那么怎样才能巩固知识呢?首先,理解性的教学有助于知识的巩固,因为只有理解了的知识才能被记住;其次,不间断地练习和复习是获得牢固知识的重要途径;第三,把自己所保持的知识传授给别人,也是一种好的巩固知识的方法。

量力性原则:夸美纽斯认为"一切学科都应加以排列,使其适合学生的年龄,凡是超出他们理解的东西,就不要给他们去学习"[③]。"假如一切事情都按学生的能量去安排,这种能量自然

---

① [捷克]夸美纽斯著,傅任敢译:《大教学论》,人民教育出版社,1985年,第112页。
② 同上书,第156页。
③ 同上书,第93页。

就会同学习与年龄一同增长。"①夸美纽斯从教育适应自然的理论出发，在教育史上首次提出了这个原则，对后世影响很大。

系统性和循序渐进性原则：系统性原则要求教材的组织具有系统性和逻辑性，要把一个学科的知识排成一个整体，"其中一切部分都来自同一来源，并且有它自己的地位……"②系统性原则要求教学循序渐进，夸美纽斯认为"自然并不跃进，它只一步一步地前进……"③因此，教学也应当是循序渐进的，"务使先学的能为后学的开辟道路……"④他还要求教学应遵守从已知到未知、从易到难、从简到繁、从近到远等规则。

第四，道德教育。夸美纽斯采用古希腊以来通用的诸如，智慧、勇敢、节制、公正等作为主要的或基本的德行，这成为德育的内容。此外，他还纳入了一个崭新的概念——劳动教育。他在《母育学校》中说："聪明人的任务就在于不让任何人懒惰，甚至从他的幼年时起，就要用一切方法训练儿童勤勉从事各项劳动，就会把最能败坏人的恶魔之门关闭起来。"⑤在方法上，他提出要尽早开始正面教育，从行动中养成道德行为的习惯，重视榜样，慎重择友等方法。"儿童在其生活的头几年，能比以后更容易锻炼好每种好德行；德行的实行靠行动，不靠文字；父母、保姆、教师、同学的整饬生活的榜样必须不断放到儿童的面前；儿童必须非常用心地避免不良的社交，否则他们便会受到污染"⑥。

2. 卢梭的儿童教育哲学思想

卢梭（1712—1778）是 18 世纪法国著名的教育家，他的自然主义教育理论集中体现在 1762年出版的《爱弥儿》一书中。夸美纽斯的自然主义思想被卢梭加以深化扩展和细化，从而形成一套完整的教育体系。

第一，天性哲学——性善论和感觉论。性善论指明人的本性。卢梭认为，在人的原始时代，每个人都没有任何社会性，愚昧无知、自由自在，但又纯洁、善良。这就是最初的自然人，他虽然过着动物式的生活，但却是"高贵的野人"。人类之所以变坏，是由于后来人们为了战胜生活上的种种困难，产生了私有的观念。所以，自然是善的，人性是善的，只是社会把人变坏了。他认为，在人的善良天性中有两种先天存在的自然感情——自爱心和怜悯心。自爱心是为了生存而具有的原始的、内在的自然欲念，它本身并不邪恶，只要顺其自然发展，就能达到高尚的道德。怜悯心"调节着每个人自爱心的活动，所以对于人类全体的相互保存起着协调作用"⑦。

感觉论指明人的本能、人的知识的来源。卢梭认为，感觉是知识的源泉，一切知识都是通过感官注入人的大脑的。因此，人的所有最初的理解都是一种富有感性的产物，也正是因为有了感性的理解作为基础，理性的理解才会得以形成。所以，理性使人认识事物的基础是感觉器官的成熟，孩子们不成熟、不完善的感官需要通过实际训练加以逐步提高。

① ［捷克］夸美纽斯著，傅任敢译：《大教学论》，人民教育出版社，1985 年，第 114 页。
② 同上书，第 129 页。
③ 同上书，第 101 页。
④ 同上书，第 102 页。
⑤ ［捷克］夸美纽斯著，任钟印选编，任宝祥等译：《夸美纽斯教育论著选》，人民教育出版社，2005 年，第 56 页。
⑥ 同上书，第 50 页。
⑦ ［法］卢梭著，李常山译：《论人类不平等的起源和基础》，商务印书馆，1982 年，第 101、103 页。

第二,自然主义教育理论。自然主义教育理论是卢梭教育思想的主体,其具体内容集中体现在 1762 年出版的《爱弥儿》一书中,其核心是"归于自然",因此,15 岁之前的教育必须在远离城市的农村进行。卢梭还从儿童所受的多方面影响来论证教育必须"归于自然"。他说,每个人都是由自然的教育、事物的教育和人为的教育三者培养起来的,只有三者圆满地结合才能达到预期的目的,教育要遵循自然天性,即要求儿童在自身的教育和成长中取得主动地位,无须成人的灌输、压制和强迫,教师只需创造学习的环境,防范不良的影响。

自然教育的最终目标是培养"自然人",其主要有以下特点:自然人是能独立自主的人,他能独自体现出自己的价值;在自然的秩序中,所有的人都是平等的;自然人又是自由的人,他是无所不宜、无所不能的,他虽无专长,却善于取得知识,虽无固定职业,却什么都极易学会;自然人还是自食其力的人,他靠自己的劳动所得为生。但自然人并非与"社会人"完全不容,他是生活在社会中的自然人,他既能尽到作为社会成员的职责,又能保持纯真的天性,自由发展,不受腐蚀。

自然教育的方法原则主要有两条:正确看待儿童和给儿童以充分的自由。所谓正确看待儿童,卢梭认为,"在万物的秩序中,人类有他的地位;在人生的秩序中,童年有他的地位;应该把成人看作成人,把孩子看作孩子"。野蛮的教育只会造成一些年纪轻轻的博士和老态龙钟的儿童,他们缺乏分辨善恶的能力和实用的知识,而且固执,持有偏见和嫉妒。所谓给儿童以充分的自由,是卢梭基于他的"消极教育"所提出的。他指出,取代"积极教育"的是遵循自然天性的教育,也就是"消极教育",即成人的不干预、不灌输、不压制,以及让儿童遵循自然率性地发展。但"消极教育"并不是无所作为,还要观察自由活动中的儿童,了解他的自然倾向和特点,以及防范来自外界的不良影响。要遵循自然的消极教育,就必须给予儿童以充分的自由,不压制、不强迫、不灌输。

第三,自然主义教育的实施。卢梭认为,人生的每个阶段,都有它适当的完善程度,都有它特有的成熟期,这是自然的安排。"大自然希望儿童在成人之前就要像儿童的样子。倘若我们扰乱了这个次序,我们就会收获一些早熟的果实。如果想用我们的看法、想法和感情去代替他们的看法、想法和感情,那简直是最愚蠢的事情。"卢梭在《爱弥儿》中设想了儿童教育的四阶段。

婴儿期(0—2 岁):这个阶段儿童不会说话,由于刚来到人世,体弱无能,虽能活动,有感觉,但并不成熟,更没有思考能力。因此要注意锻炼,使身体能够适应较艰苦的环境,不应娇生惯养,要注意培养婴儿适应多种饮食的能力,注意衣着不必过多,床褥不宜过于舒服,还有不要过分依赖药品等。

儿童期(2—12 岁):这一时期首先应锻炼的是感官,并继续发展身体。感官训练有多种方法,如触觉训练中的夜间游戏、视觉和触觉的配合训练、绘画作图训练、听觉的音乐训练等。卢梭十分反对向儿童灌输理性教育,但 12 岁的孩子没有一点是非观念也是不可能的,而且他们并不是一点理解力都没有,所以卢梭认为儿童应掌握一些道德观念,如财产的私有观念和"绝不损害别人"的道德法则。

青年期(12—15 岁):这一阶段主要是知识学习和劳动教育。卢梭把培养兴趣和提高能力放在首位,并注意通过学习知识来陶冶情操。在内容上,卢梭首先要求的是有用的而且能增进人的聪明才智的知识。在方法上,卢梭的基本原则是让学生在实际活动中自觉自动地学习,反对长篇大论地进行口头解释。劳动教育上,卢梭认为只有依靠自己的劳动,才能过上自由、健康和正直的生活。他首先要求培养对劳动和劳动者的尊重,其次希望通过劳动,锻炼学生的思维能力,养成反复思考的习惯。

青春期(15—20岁):卢梭认为,15岁后的儿童已经积累了较为丰富的感性经验和自然知识,所以"爱弥儿"可以由农村返回城市,接受道德教育及宗教教育,学会做一个社会中的自然人。卢梭认为,那种能够克服情欲、遵照理性和良心指引并尽其职责的人才是有德之人。他否认先天道德观念,但又认为人生而具有"公平的道德原则",这就是良心。道德教育应该从发展人的自爱自利开始,进而培养善良的情感、道德判断能力及坚强的道德意志。宗教教育上,他要求爱上帝胜过爱一切,但他反对教士们所编的荒诞教义和教会的繁文缛节,反对对儿童过早地灌输宗教观念。卢梭认为儿童在良心和成熟的指导下可以自己去选择愿意信奉的教派,并自然而然地理解宗教,信奉上帝。

(二)18世纪60年代—19世纪中叶:萌芽期

这个时期,西方资产阶级革命此起彼伏地上演着,但是混乱的局面并没有阻挡住教育家们探究儿童世界的热情。裴斯泰洛齐的"直观"、赫尔巴特的兴趣和经验、福禄倍尔的"恩物"等,一次又一次地在世人面前展现出儿童这个主体所特有的本质。这个时期的大教育家撑起了儿童教育哲学的一片天地,随着"教育学"的独立,儿童教育哲学也正以自己的步伐向前迈进。

1. 裴斯泰洛齐的儿童教育哲学思想

裴斯泰洛齐(1746—1827)是19世纪瑞士著名的民主主义教育家,也是一百多年来世界上享有盛誉的教育改革家。他一生数十年如一日地致力于教育的革新实验和教育理论探索。他对教育事业的奉献精神以及对教育革新的执著追求令世人敬佩,就连德国著名教育家赫尔巴特和福禄倍尔也受到过他的教益和启迪。我们可以从其代表作《林哈德与葛笃德》和《葛笃德如何教育他的子女》等,来窥探出裴斯泰洛齐的儿童教育哲学思想。

第一,四次教育实验。1768年,裴斯泰洛齐于苏黎世购买了约20公顷土地,建立示范农场,取名诺伊霍夫新庄。但由于经营不善,示范农场五年后宣告破产。1774年,他将新庄变成一所"贫儿之家",先后收容6—18岁的穷孩子五十余人。为了使这些儿童能获得初步知识,习得谋生能力,裴斯泰洛齐亲自教他们读写算的知识,并施以道德教育,同时让他们参加生产劳动,从而在教育史上首次进行了教育与生产劳动相结合的实践。但"贫儿之家"由于缺乏经费最终被迫停办。在之后的20年,他总结早期经验,发表了《林哈德与葛笃德》等著作。

1798年,裴斯泰洛齐在斯坦兹组建了一所孤儿院,从第二年开始陆续收容八十多名5—15岁的儿童。在这里,裴斯泰洛齐开始了第二次教育实验。首先,他基于对儿童的爱,力求将孤儿院办成一个充满亲子之爱的大家庭式的教育机构;其次,他力求对儿童进行全面的"心的教育—手的教育—头的教育",使儿童在智力、身体和道德方面都得到发展。这为他提出学校教育家庭化、要素教育和教育心理学化等理论奠定了基础。

离开斯坦兹后,他来到布格多夫,开始了他的第三次教育实验。盖茨实验的中心是在初等学校根据人性的发展规律,组织合适的教学内容,运用简化的教学方法对儿童进行全面的和谐发展教育。经过几年努力,取得了良好的效果,学校里充满了师生之间家庭式的融洽关系,学生身心得到和谐发展,并逐渐形成一套新型的教育和教学原则与方法体系。

1805 年,由于政府要收回学校用地,裴斯泰洛齐不得不带领部分师生迁到伊佛东,建立伊佛东学校。在这里,他更系统地继续开展他的教育实验近 20 年。学校规模逐渐扩大,设有小学、中学和师范部。伊佛东学校的前十年成绩最为突出,一时成为欧洲的"教育圣地",许多政治家、教育家前来参观,其中包括赫尔巴特和福禄倍尔。但是,随着学校的发展,来自上层社会的学生日益增多,违背了裴斯泰洛齐的初衷,加上各种矛盾的涌现,裴斯泰洛齐于 1825 年无奈地停办了伊佛东学校。

第二,"直观"的教学理念。裴斯泰洛齐的教育爱,不只是行动的指标,也是字里行间的精神所在。一言以蔽之,"直观"就是他的思想核心。基于唯实论的感官教学主张,知识教学最为有效的方式,莫过于让学童直观自然界,同样,品德教学也应让学童直观师长之爱。知识的直观首先是感官及自然的教学,透过感官来认识远近实物,就可以获得牢固的知识。裴斯泰洛齐谴责过去的学校只重文字教学,认为那是最大的不幸。孩子的好奇心、求知欲很高,整个大自然正是刺激孩童思考的大好环境。品德的直观即俗话说的身教,身教不诉诸言语文字,却有一股感染的气息,让学生感受到教师好比园丁。同时,裴斯泰洛齐反对体罚,而以教育爱代之。

第三,教育心理学化。裴斯泰洛齐批判旧教育违背儿童的本性,采用不适合儿童发展的方法,让一堆无用的知识充满儿童的头脑。这种教育不仅无助于儿童内在能力的发展,实际上也戕害儿童的个性和智慧。教育心理学化就是要找到根除旧教育弊端的"教学机制"。所谓教育心理学化就是:将教育的目的和理论指导置于儿童本性发展的自然法则的基础之上,必须使教学内容的选择和编制适合儿童的学习心理规律,教学原则和方法的心理学化,要让儿童成为他自己的教育者。

第四,要素教育。要素教育的基本思想是:初等学校的各种教育都应该从最简单的要素开始,然后逐渐转为日益复杂的要素,以便循序渐进地促进人的和谐发展。裴斯泰洛齐认为儿童天赋能力和力量的发展都有其自然的顺序,这个顺序的基本特点之一就是从简单到复杂。因为任何事物都是由简单要素构成的,人们总是先掌握其中简单的要素,然后才能逐步形成和扩大他们的知识或技能。裴斯泰洛齐说:"我们观念中的'要素方法',其主旨就是追求各种才能的均衡。"[1]因此,他详细论述了德、智、体教育及其中的"要素方法",比如德育的基本要素是儿童对母亲的爱,智育的基本要素是数、形、词,体育的基本要素是关节活动。德、智、体的教育应从它们的基本要素着手,循序渐进地进行,随着年龄的增长,必然会得到和谐的发展。

2. 赫尔巴特的儿童教育哲学思想

赫尔巴特(1776—1841)是德国哲学家、教育家、心理学家。在长期理论探索和实践的前提下,赫尔巴特明确提出要把教育学发展成一门独立学科的想法,而且为此付出了巨大努力,最终形成了一套较完整的教育思想体系。《普通教育学》是他教育思想的代表作,他的德育论、课

---

① [瑞士]裴斯泰洛齐著,夏之莲等译:《裴斯泰洛齐教育论著选》,人民教育出版社,2001 年,第 413 页。

程论及教学论都是相当经典的儿童教育理论,其中含有丰富的教育哲学思想,赫尔巴特企图将经验主义和理性主义结合起来。

第一,课程理论。

经验、兴趣和课程:赫尔巴特认为,课程内容需要与儿童的经验与兴趣保持一致。儿童在日常生活与学习中,通过与自然和人的接触与交往,获得了丰富的经验,这是教育教学得以有序展开的基础。另一方面,儿童早期获得的经验并非完好无缺,而是分散和杂乱的,这就需要教学对其进行整理。赫尔巴特进一步指出,课程内容必须和儿童的日常生活经验保持深入的联系,直观教材很好地符合了这一要求。直观教材的使用,令儿童的经验变得更加丰富和真实。所以,课程内容中那些脱离儿童经验的内容,诸如罗马皇帝、天使等,应该予以删除。此外需要指出的是,兴趣就存在于经验之中,所以只有与儿童经验相结合的内容才能够引起他们强烈的兴趣。

统觉与课程:根据统觉原理,新的观念和知识总是在原有的理智背景中形成的,是以原有观念和知识为基础而产生的。这就必然要求课程的安排应当使儿童能够不断地从熟悉的材料逐渐过渡到密切相关但还不熟悉的材料。赫尔巴特指出:"最有效地、自始至终地安排教学的整体,以便使每一个先前的结果能为学生在心理上对相似的和较远的结果做好准备,这是我在一些教育著作中主要考虑的问题。"[①]赫尔巴特为课程科目的选择设计了"相关"和"集中"两个原则。所谓相关,即学校中不同课程和科目的规划应当是相互影响和相互联系的。所谓集中,即在学校所有课程和科目中,选择一门学科作为教学的中心,相对地,其他科目则都成为学习和理解它的工具。

儿童发展与课程:把儿童发展与课程问题相联系,是赫尔巴特课程理论的重要特征。他力图以文化纪元论为基础,探讨课程的选择和设计。赫尔巴特在接受席勒相关心理学理论的前提下,认为种族在相应阶段获得的文化成果应该成为儿童在此成长阶段最完美的学习内容。以此为基础,他探讨了儿童的年龄分期,进而提出了课程的程序。在婴儿期,对身体的养护优先于其他一切,与此同时应大力加强感官训练,发展儿童的感受性;幼儿期的教学内容应以《荷马史诗》为主,以发展儿童的想象力;童年和青年期可分别教授数学、历史等,以发展理性。

第二,教学理论。

"教学进程"论:赫尔巴特继承前人特别是裴斯泰洛齐的思想,认为直观是一种非常重要的教学方法。他指出:"在儿童和少年时代的教育事业中,直观是最重要的……除了通过直观的教学,没有一种教学是适合儿童的。"[②]但在另一方面,他又认为,没有心智的训练,感官将一事无成。为了解决这个矛盾,赫尔巴特力图把哲学领域中的经验主义和理性主义相结合,并在此

① [德]赫尔巴特著:《裴斯泰洛齐关于直观的初步观念》,教育论文,1802年,第281-282页。
② 同上书,第137、138页。

基础上提出了从感觉经验开始,经过分析和综合,最后达到概念的教学方法进程。

"教学形式阶段"论:(1)明了。当一个表象借助自身的力量显示在感官前,随即兴趣活动就会对它产生注意,此时学生处于专心的静止活动状态,如果教师通过直观和讲解的方式,对学生进行明确的暗示,学生就会获得清晰的表象,并作好观念的联结,从而为学习新知识做好相关的准备。(2)联想。因为形成的新表象进入意识活动状态,继而与原有观念产生摩擦,所以导致新旧观念的联合,但是事实上又还未出现最终结果,此时学生的兴趣活动处于期待阶段,所以教师的任务主要是与学生进行没有约束的谈话,同学生一起进行分析。(3)系统。最初形成的新旧观念的联结并不是井然有序的,所以需要对联想阶段获得的结果进行认真的审思。此时兴趣活动处于要求阶段,所以需要利用综合教学方法,令新旧观念的联结系统化。(4)方法。新旧观念的联结形成后需要进一步巩固和强化,这就需要学生自己通过不断的练习来巩固新获得的知识。

3. 福禄倍尔的儿童教育哲学思想

福禄倍尔(1782—1852)是德国著名的教育家,幼儿园的创立者,更是近代学前教育理论的开创者。福禄倍尔非常热爱儿童,把毕生精力都献给了幼儿教育事业。他创立的幼儿园及幼儿教育理论对后来的世界幼儿教育影响甚远,他被人们誉为"幼儿教育之父"。

第一,教育的分期与各时期的任务。福禄倍尔在《人的教育》中,把人类初期的发展分为四个阶段:婴儿期,幼儿期,少年期,青年期。由于本书写作重点是儿童教育,所以仅对前三个时期进行讨论。

婴儿期:福禄倍尔把婴儿期看作"吸收"的时期,此时人类从外界吸进具有多样性的事物,所以婴儿期的活动应以感官的发展为主。婴儿的听觉器官首先得到发展,然后视觉得到发展,父母和周围的人可以引导婴儿去观察和进一步认识事物。随着感觉的发展,婴儿有规律地发展对身体和四肢的运用能力。"在发展了的感官、身体和四肢活动到了儿童开始自动地向外表现内在本质的程度时,婴儿期也告终止,并开始了幼儿期。"[①]

幼儿期:这个时期,身体的保育减少了,但智力的培育却加强了。"游戏和说话是儿童生活的要素……"[②]借助语言和游戏的方式,儿童的内在本质开始向外表现。假如儿童在这个阶段受到伤害,他必须付出最大的艰辛和努力才能成长为强健的人。"在这一时期,人及其教育还是完全托付给母亲、父亲和家庭的……"[③]尤其是母亲的爱,母亲要始终如一地把言语同行动结合起来对幼儿进行教育,包括激发孩子的身体和四肢运动,通过有节拍的动作,使幼儿习惯于自制和协调,循序渐进地引导幼儿从走路向观察事物发展。

少年期:福禄倍尔认为,少年期主要是使外部的东西成为内部的东西的时期,即学习的时期。"主要是让儿童懂得事物的特殊关系和个别事物,以便他们以后能够引出它们内在的统一性……"[④]通过激发和养成坚强的、经久不渝的意志,使纯洁的人性得以实现和表现,是教育少

① [德]福禄倍尔著,孙祖复译:《人的教育》,人民教育出版社,2001年,第108页。
② 同上书,第32页。
③ 同上书,第31页。
④ 同上书,第61页。

年儿童、指导教学和学校工作的主要目的和关键所在。借助实例和言语进行的教学是达到这一目的的途径和手段。游戏与家庭生活仍是少年期的重要因素,父母应让孩子分担自己的工作,此外,寓言、童话和故事也是很重要的。

第二,幼儿园教育方法。福禄倍尔关于幼儿园教育方法的基本原理是自我活动或自动性。他认为,自我活动是世界上一切生命最基本的性质,同时也是人类生长的最基本的法则。只有也只能是自我活动才能帮助个体认识大自然和人类社会,并最终认识上帝的统一。他说:"人逐渐地发展和形成直到实现自己的使命和天职,不仅需要从孩童时期起从外界接受和吸收的东西,而且如果从程度上衡量的话,更多的是通过他所发挥和表现出来的东西及发展和形成的术语本身所表现的东西。"①此外,自我活动可以显示出儿童的发展程度如何,激发儿童对新事物的兴趣和注意,鼓励儿童的自信与自尊,并引导儿童了解各种知识间的关系。

儿童的观察:"我的教育方法是从一开始就向学生提供在事物中收集自己经验的机会,让他们用自己的眼睛观察,使其学会从自己的经验、从事物间的关系、从人类社会的真正生活中去认识。"②福禄倍尔要求教育者有意识地把有关联性的事物呈现在儿童面前,使儿童能容易而正确地直接感觉这些事物并形成观念。

儿童的游戏:福禄倍尔认为游戏是儿童内在本质对外的自我表现,是人在人生所有阶段中最纯洁的精神产物。但是游戏并不等同于儿童的外部活动,它更多的是指儿童的心理态度。它给儿童以快乐、自由和满足,又能培养儿童的自制力和自我牺牲精神。"在这些游戏中得到充足滋养的绝不仅仅是身体的,或者说是肉体的力量,而且也在不断增长地、肯定地、可靠地显示出精神和道德的力量。"③"游戏是创造性的自我活动和本能的自我教育。"④

儿童的"社会参与"。福禄倍尔深切感受到儿童之间社交关系的重要性,认为由自我活动所导致的个性自我实现,必须经由"社会化"的历程才能达到。儿童本身虽是一个整体,但同时又是社会这个大整体的有机组成部分。只有通过与他人的交往,才能认识自己和他人的关系,进而认识人性。在未发表的"赫尔巴计划"中,福禄倍尔就曾主张应在团体活动中接受教育。他把"社会参与"作为重要的幼儿教育方法,使儿童充分适应小组生活,并重视家庭和邻里生活之复演。

第三,幼儿园课程。福禄倍尔确信,并不是每一个活动和游戏都具有相应的教育价值,所以必须对儿童的活动和游戏内容进行精心的选择,并加以指导。依据感性直观、自我活动与社会参与的思想,福禄倍尔建立了一套以活动和游戏为中心的幼儿园课程体系,这其中包含游戏与歌谣、恩物、作业、运动游戏、自然研究等活动。

游戏与歌谣:1843 年,福禄倍尔发表《母亲与儿歌》,其目的在于帮助儿童运用自己的身体和四肢并发展感觉,帮助母亲及其他代替母亲的人认识到自己对孩子的责任。这本书奠定了

① [德] 福禄倍尔著,孙祖复译:《人的教育》,人民教育出版社,2001 年,第 230 页。
② [德] 别劳夫人著:《福禄倍尔回忆录》,波士顿,1905 年,第 226 页。
③ [德] 福禄倍尔著,孙祖复译:《人的教育》,人民教育出版社,2001 年,第 72 页。
④ [德] 福禄倍尔著:《幼儿园教育学》,转引自 J·W·希尔希姆和 G·D·梅里尔合著:《美国教育史的理论和实践》,美国大学出版社,1980 年,第 66 页。

福禄倍尔教育原则的基本思想,如母亲和家庭教育的意义、自然教育、活动与游戏教育、博爱情感的激发及自我意识的唤起。这本书包括七首"母亲的歌"和五十首"游戏的歌",每首歌由四部分组成:指导母亲的格言,儿歌,图画,以及每首儿歌下面所附的适合儿童身心发展的运动方式的说明。

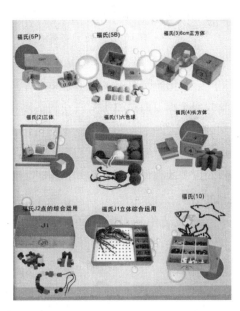

恩物:恩物是福禄倍尔创制的一套供儿童使用的教学用品,它可以帮助儿童认识自然及其内在规律。恩物作为自然的象征,能帮助儿童由易到难、由简到繁、循序渐进地认识自然。第一种恩物是一个小盒子,装有六个绒毛做的小球,分红、黄、蓝、绿、紫、白六种颜色,每个小球上系有两条线。福禄倍尔认为球是一切玩具中最有价值的,是万物统一体和孩子天性统一的象征,它能帮助儿童辨别颜色、锻炼肌肉、训练感觉和四肢、培养注意力和独立活动能力、发展语言等。恩物给建造工作以广泛的练习机会,能发展儿童的创造力和想象力,并可进一步发展"整体"和"部分"的概念。福禄倍尔指出,真正的恩物,应满足三个条件:能使儿童理解周围世界,能表达儿童对这个客观世界的认识;每种恩物应包含一切前面的恩物,并应预示后继的恩物;每种恩物应表现为完整的、有秩序的统一观念。

作业:作业与恩物的关系十分密切,它要求将恩物的知识运用于实践。它体现创造的原则。但创造不是臆造或滥造,它必须以对客观世界的认识为前提,否则就可能不具有什么教育价值。作业的材料包括:大小和色彩不同的纸和纸板,可用来剪或折成各种不同形态;供绘画、雕塑、编织的材料;沙、黏土和泥土等。工作需要较高的技巧,必须在学会摆弄恩物后才能进行。恩物与作业的区别在于:从顺序上看,恩物在前,作业在后;恩物的作用在于接受和吸收,作业的作用在于发表和表现;恩物不改变物体的形态,作业改变材料的形态。

运动游戏:福禄倍尔认为,幼儿园必须拥有一个供游戏用的宽敞明亮的大房间,并与一个花园相连。只要天气许可,孩子们可随时转移到花园里去开展运动游戏活动,主要有圆圈游戏、团体游戏和伴以诗歌的游戏等。它的根本原理是"部分—整体",有助于儿童了解个体与团体的关系。它是建立在儿童模仿自然界和在日常生活中所观察到的各种动作的基础上的,如小河、蜗牛、磨坊、旅行等。

自然研究:受裴斯泰洛齐的影响,福禄倍尔的幼儿园课程中设有"自然研究"活动。他说,虽然这主要是学校的任务,但幼儿园开展研究自然的旅行、园艺与饲养等活动,不但可使儿童养成爱护花木禽兽之品性,还有助于满足儿童的好奇心,培养自制力和牺牲精神,促进知识的学习与智力的发展,培养对自然科学研究的兴趣。

(三)19 世纪中叶—20 世纪中叶:初步形成期

19 世纪末到 20 世纪上半叶,儿童教育哲学的思想体系日趋完善。主要代表人物有爱伦·凯、杜威和蒙台梭利。他们将儿童的地位提升到一个无比崇高的位置。爱伦·凯儿童中心的自由教育思想、杜威的经验主义和实用主义哲学思想，以及蒙台梭利的感官训练、游戏及创造力的培养等，极大地丰富了儿童教育哲学的理论体系和研究内容。

1. 爱伦·凯的儿童教育哲学思想

爱伦·凯(1849—1926)是瑞典作家，妇女运动活动家和教育家，是欧洲新教育运动的代表之一。爱伦·凯对妇女和儿童权利给予了高度重视。在1889年结束教师生涯后，她更加积极地投身于捍卫妇女和儿童权利的活动中，被誉为"瑞典的智慧女神"。爱伦·凯在《儿童的世纪》中预言"20世纪将成为儿童的世纪"，强调教育者应了解儿童，保护儿童淳朴天真的个性，这一思想在世纪之交产生了很大影响。《儿童的世纪》也被译成多种文字出版，不但在推动20世纪欧美的教育改革中发挥了重要作用，而且也被视为新教育的经典代表作品，是研究儿童权利的必读书目。

第一，爱伦·凯教育的中心思想。爱伦·凯的思想深受卢梭的影响，尤其是卢梭的自然主义教育思想，同时也受达尔文进化论的影响，基于此，她的中心教育思想概括起来主要有以下两条：

以儿童为中心的自由教育思想：爱伦·凯提倡"自由的教育"，认为要让儿童充分地发展，就不能给予太多的束缚。儿童教育要避免造成"心灵的谋杀"与"教育的破坏"，她主张依据卢梭的自然教育原则改革旧教育，以造就身心健全、自由独立和富于创造精神的"新人"，使人具有"坚强与灵敏的人格"。

未来理想学校的构想：爱伦·凯把教育的发展摆在未来。就如儿童会成长一样，在未来，儿童一定会长大成人。因此，她提出"未来学校"的构想，即"理想学校"。它是一种综合学校，环境优美，儿童在其中受教育好像"梦"一样，而且能够自由选择喜欢的课程。教师不是严格的管制者和教训者，而是儿童的伴侣。他们热心地研究儿童，在教育中充分考虑儿童的年龄特征和个性差异；学校废除了班级制、教科书、考试及体罚制度，代之以宽松自由的环境，使儿童在独立自主的活动中获得经验，发展自我。爱伦·凯主张将儿童按照不同的性格和兴趣组成小组，自选图书进行自学。教师则以谈话的方式测验学生平时的学习成果。学校还设立手工工场来美化校园，以发展儿童的动手能力和进行审美教育。

第二，反对体罚儿童。爱伦·凯是反对打学生的，她认为：每一种打学生的方式，在每一所学校都应该被禁止！体罚会造成不良的后果，会造成儿童身体上的痛苦和耻辱，会造成儿童的恐怖感，会扼杀儿童的活动热情及冒险精神，甚至会扼杀发明创造能力，让儿童变得畏畏缩缩。教师对儿童使用体罚，不但无益于锻炼自身的教育耐心及对儿童的指导能力，而且也有损教师的尊严和人格。真正的教育方式，应该是实施家庭训练。在教育上，很多教师以"鞭打"作为教育的工具，以消除儿童"倔强"的表现。爱伦·凯认为这是消极的教育方法，因为好战很少是基于战争游戏，而是起于战争的号角！同样，人们使用"鞭打"以消除儿童的说谎，却没有人告诉他们去学习喜爱真理！她认为，"和平"或"安详"才是道德的教育工具，不要让儿童因为被鞭打而养成暴戾之气！

第三，家庭是最重要的教育场所。爱伦·凯重视家庭教育，认为家庭中存在的和谐诚挚的气氛、父母高尚的情操及其以身作则的行为和态度是对儿童最好的教育。因此她设想:不仅婴幼儿教育应由母亲负责,甚至未来的小学教育也应由家庭承担,让母亲夺回教育的权利,以此作为实现女性解放的目标。既然家庭是重要的教育场所,那么家庭的任务是什么呢? 很简单,依据儿童年龄特点和个性特征,家庭必须安排儿童游戏,安排儿童正常的生活,也安排儿童养成良好的习惯并加以练习,以促进儿童的成长。对于儿童的教育,家庭应负最大的责任,所以应该把家庭教育当成教育艺术,努力地使儿童远离世俗,使儿童成为优雅的人。使儿童的生长、能力、人格和生活,都能成为切切实实的事情,而不是空泛不着边际的事务。

第四,对旧教育的批判。作为新教育的倡导者,爱伦·凯尖锐地批判家庭和学校教育中对儿童的摧残。她认为旧教育忽略了儿童的年龄特征,强迫儿童按照成人的意愿去做,把儿童管束在课堂之内,教师按照教科书进行讲解,让儿童死记硬背书上的内容,对于学生的行为则以学校的校规或纪律加以管制,干涉与压制得太多,而且惩罚成了教育手段,限制了儿童的兴趣和能力的发展,使学校教育陷入了危险的境地。她指责旧教育使儿童"脑力消耗,神经衰弱,独创力受到限制……对于周围事实之观察力迟钝"。[1] 旧教育虽然使儿童获得一点知识,却使其失去了个性。

资源链接 2-3:

儿童的世纪——爱伦·凯

教育家爱伦·凯的著作《儿童的世纪》,出版于世纪交替的一百多年前,那时她的祖国瑞典送走解放的 19 世纪,迎向崭新的 20 世纪。当她宣告"20 世纪是儿童的世纪"时,举世皆惊。一转眼,一个多世纪已经悄然远去。她在书中写道:"下个世纪应该会是儿童的世纪吧,正如这个世纪是妇女的世纪,儿童应能获得应有的权利,藉这些权利之助而完成道德。"该书的第一章标题"孩子有选择父母的权利",以最前卫的口号引起世人震惊。皇皇巨著,我们特别针对这一章试着阐述,直探哲人的伟大思想,具体地解析其意义。爱伦·凯应该是今天处处讲究"权利"论的思想先进者,所以她认为幼儿也有天赋权利。如果要破解她提出的"儿童权利"的问题,势必要把她的根本思想作彻底的检视才行。

爱伦·凯在《恋爱与婚姻》一书中,曾提出"人种改良"的概念,她提出的这个"人种改良",正是建立"儿童的世纪"的基础,将人种改良与儿童世纪连贯起来,浑然一体。如果我们能够如此以较完整的讯息来解读她的思想,则她在《儿童的世纪》一开始,阐述"儿童有选择父母的权利",我们便能充分了解其立论。爱伦·凯把儿童的权利提升到优生学的水平,她的企图心是非常强烈的。因为父母对孩子有绝对的影响力,他们生育孩子,对其生养的孩子要负全部责任。换言之,孩子在健全的条件下出生,在健全的条件下被养育,这是父母的义务。爱伦·凯所谓的"孩子的权利",在这个前提下,有以下两个具体内容,即在不合适的婚姻中,绝对不适合生养孩子;患有精神上、肉体上遗传疾病者,也不应生养孩

---

[1] 任钟印主编:《世界教育名著通览》,湖北教育出版社,1994 年,第 1025 页。

子,因为疾病基因会祸延子孙。

20世纪初德国教育家波尔诺提倡人类观的教育学,他说"人类的根源是善性,而善性的核心无需外求,只要把本性发挥即可"。德国教育改革的先驱,其动力正是《儿童的世纪》。因此对僵化教育、填鸭教育的批判,对人类与生俱来的创造力之构想,都是爱伦·凯的教育思想。因为相信孩子有自然善性,她认为它由遗传所决定,所以爱情与婚姻必需考虑到优生学,"人种改良"是教育不可欠缺的前提。

资料来源:《亲子教育杂志》,第112期。

2. 杜威的儿童教育哲学思想

杜威(1859—1952)是20世纪美国著名的教育家、哲学家,他提倡儿童中心和经验积累的思想。《我的教育信条》是其教育理论形成的重要标志,但他的哲学理论的形成要早于其教育理论的形成,所以他的教育理论形成的起点很高,是在实用主义哲学和经验主义的基点上建构起来的。其代表作有《民主主义与教育》、《儿童与课程》和《我们怎样思维》等,其中《民主主义与教育》集中、系统地表述了其教育理论。

第一,教育命题。什么是教育? 每一位教育家都首先必须回答这个问题。杜威回答说:"教育即生活、生长和经验的不断改造。"

教育即生活:在提出该命题时,杜威关注的是正规的学校教育与社会生活及儿童生活的关系。他认为,教育是生活的过程,学校是社会生活的一种形式。怎样的学校生活才算是理想的呢? 杜威认为,首先,学校生活应与儿童自己的生活相契合,满足儿童的需要和兴趣,使校园成为儿童的乐园而不是囚笼和监牢,使儿童在现实的学校生活中得到乐趣;其次,学校生活应与学校以外的社会生活相契合,适应现代社会变化的趋势并成为推动社会发展的重要力量。杜威针对当时的学校教育,认为要使学校生活成为儿童生活和社会生活的契合点,从而使教育既合乎儿童需要,亦合乎社会需要,实质上是要改造不合时宜的学校教育和学校生活,使之更富活力,更有乐趣,更具实效,更有益于儿童发展和社会改造。

教育即生长:杜威认为当时的教育无视儿童天性,消极地对待儿童,不考虑儿童的需要和兴趣,以外在动机强迫儿童记诵文字符号,以成人标准去要求儿童,让现时的儿童为遥不可测的未来做准备,全然不顾儿童自身的感受和期待。"教育即生长"则相反,要求铲除压抑和阻碍儿童自由发展的一切内容,令教育和教学一律顺应儿童的身心发展水平和兴趣、需要的指向来进行。但是这种尊重绝不是放任自流,任意地由他率性发展。杜威讲:"如果你放任这种兴趣,让儿童漫无目的地去做,那就没有生长,而生长不是出于偶然。"[1]杜威的"生长"不同于卢梭的"自然发展说",它指机体与外部环境、内在条件与外部条件交互作用的结果,是一个持续不断的社会化的过程。

教育即经验的不断改造:"经验"一词在西方哲学史中占据重要的地位,杜威教育哲学理论

①[美]杜威著,赵祥麟、任钟印、吴志宏译:《学校与社会·明日之学校》,人民教育出版社,2005年,第47页。

中的"经验"有别于前人。第一,他超越了经验和理性之对立。经验不再指那些通过感官而被动形成的杂乱的感觉现象,而是指机体和环境互相作用的过程,也就是说,机体不仅被环境改造,同时它对环境也进行着改造。同样,理性也不再是抽象的系统,它是一种智慧,但另一方面它并非独断的,也非永恒不变的,"它们只是假定,是要付诸实际,以验其对指导我们目前的经验是成是败而可以随时加以修正、补充或撤销"①。理性不再凌驾于经验之上,而是存在于经验之中,而且是在经验之中不断得到修正。第二,杜威拓展了经验之外延,经验不再是感觉作用或感性知识,它是一种行为、一种行动,当然它也含有知的意味,然而除此以外,酸甜苦辣、欢喜艰辛等也是经验的组成因素。因此,"教育即经验的不断改造"中的经验就不单指知识的累积,而指促进人的身心发展的各类因素的全面改造、发展和生长。第三,杜威特别强调经验形成过程中人的主动性的发挥。经验形成的过程属于一个主动为之的过程,不仅有机体受环境的改造,有机体也对环境进行主动的改造。也就是杜威所讲的经验的原则——交互作用原则,也即机体和环境的互相作用。教育过程中必须尊重儿童身心发展的速度和水平,顺应儿童兴趣,鼓励儿童参与的积极性与主动性。此外,经验形成过程中外在因素的提供也至关重要,杜威要求改善外部条件,以使产生的经验更具教育价值。

第二,课程和教材。杜威批判传统的课程和教材,认为它们只是由前人积累下来的知识所组成,符合成人的标准,却不符合儿童的兴趣、需要和创造精神,并由此提出"做中学"的理念,倡导儿童在操作中获得直接经验。

对传统课程的批评:杜威对间接经验、系统知识并无恶意,然而对于传统教育的课程或教材却无好感。他指出,传统教育的课程或教材是由前人所累积的系统化的间接经验建构的,它是符号和文字的拼凑,它们只是代表成人的标准要求,不适合儿童的现有能力,超出了儿童已有的经验范围。而且这些课程知识是投合人性的理智,而不是投合儿童的创造、做的冲动和倾向。结果导致代表知识的言词对儿童而言成为纯粹的感觉刺激,没有什么意义,教材和学生的需要脱离,仅仅变成供人记忆的东西。所以儿童读书才变成迫不得已而为之,毫无乐趣。

做中学:杜威以经验论为基础,提出"做中学、经验中学",呼吁用活动性和经验性的主动作业来代替传统课程和教材的支配地位。这种活动性和经验性的作业内容十分丰富,有园艺、缝纫、烹饪、绘画、唱歌和阅读等。这些作业不仅能满足儿童的心理需要,而且能满足他们的社会需要,还能促使儿童形成对事物统一性和完整性的认识。做中学不是要把直接经验与间接经验对立起来。杜威认为,间接的系统知识是当我们身处困难情境时可以参考使用的已知的和确定的材料。它把人类不断累积的经验进行压缩精简,印录成可用的形式,从而成为深化改进新经验的意义的工具。杜威也批评进步教育中出现的忽视间接经验的偏差:"旧教育强迫儿童接受成人的知识、方法和行为规则。但不能因此就认为成年人的知识和技能对于未成年人的经验没有指导价值,只有极端的非此即彼的哲学才会导出这种主张。"②同时杜威也意识到直接经验的不足:"个人直接经验的范围是非常有限的,如果没有代表不在目前的而是遥远的媒

① [美] 杜威著,许崇清译:《哲学的改造》,商务印书馆,2002年,第51-52页。
② 同上书,第8页。

介物的介入，我们的经验几乎就停留在野蛮人的经验水平上。……所以，我们依靠文字，藉以获得有效的有代表性的经验或间接经验。"①因此，问题的关键就是怎样才能令儿童在最后获得系统知识的同时，又能照顾儿童的心理发展水平。杜威主张"教材心理化"，即把各门学科的教材或知识各部分恢复到原来的经验，恢复到它被抽象出来之前的原来的经验，就是直接经验化。

第三，思维与教学方法。杜威对传统的以教师、教科书、教室为中心的传统教学方法一向持批判态度，他所要作的变革是：变教师讲、学生听的教学方式为师生共同活动、共同经验的教学方式；书本降到次要的位置，活动和经验是主要的；教学活动也不再限于教室这一狭隘的空间。他所推崇的教学方法是一种"从做中学"的方法，是在经验情境中进行不断地思维的方法。杜威所提倡的思维是反省思维，就是对存在于经验情境中的某个问题进行反复、严肃和持续不断的思考，其目的在于获得一个能够解决困难、排除疑虑的新情境。因此，反省思维的方法是一种解决经验中存在的问题的方法，一种"使人明智的学习方法"②。可将思维五步法直接运用到教学方法上，因为它们的因素是相同的：学生要有一个真实的经验的情境，在情境内产生一个真实的问题，学生要占有知识材料以对付这个问题，学生要施行他所想出的解决问题的方法，学生需要检验自己的观念是否有效。这样看来，杜威的思维方法涉及观察、分析、综合、想象等能力的运用。它更接近于"实验"，所以，杜威的经验主义也称"实验主义"。

3. 蒙台梭利的儿童教育哲学思想

意大利著名的教育家蒙台梭利（1870—1952）是 20 世纪杰出的幼儿教育家，也是西方教育史上与福禄倍尔齐名的幼儿教育家之一。她对儿童有深入的研究，认为儿童在世界中有独立的地位，有享有尊严的权利。因此，对待儿童既不应该把儿童当作具体而微的"人"，也不应该把儿童放在万物之列而与万物等量齐观。她以辛勤的劳动与不懈的努力，推动了新教育运动及儿童教育的发展，并为"儿童的世纪"涂上了浓墨重彩的一笔。

第一，蒙台梭利教育的中心思想。蒙台梭利认为，在儿童的心灵中隐藏着许多的宝藏，这些宝藏等待人们去发现，也等待儿童本人去发现。蒙台梭利说："我想我有如阿拉丁神灯，或手里有一盏明灯，它有最高的能力，明灯引导着我走向研究的场所。但是这件事情使我意想不到，那就是有许多'宝藏'隐藏在儿童心灵的深处。这是一种新奇、令人惊奇的发现……我要用我的方法在那儿找出根源。"这是在其名著《儿童的发现》（意大利文第三版）序言中的名言。她又说："我的经验，要使儿童的认识更宽广，

---

① ［美］杜威著，王承绪译：《民主主义与教育》，人民教育出版社，2001 年，第 246 页。
② 同上书，第 162 页。

当它遇到僵化时,就要采用逻辑的方法,而这是正确和积极的方法,可以用于儿童的行为研究方面,不必透过僵化的研究,而有新的认识。那一些在生活上的实验所呈现出来的,儿童对它的发现,就如同水从石缝中流出来一样。"[1]

第二,"儿童之家"的理念。1907年,蒙台梭利在罗马贫民区开办了一所招收3—6岁儿童的幼儿学校,并将其命名为"儿童之家"。"儿童之家"是专为儿童而设的,寓教育于游戏的场所。在那里,她把最初用于低能儿童的教育方法进行适当修改,然后运用于正常儿童,取得了巨大成功。蒙台梭利总结了自己的实践经验,写成《蒙台梭利方法》一书。在"儿童之家"入口的大门上,写着"帮助我,我自己做"几个大字,在"儿童之家"中有着明亮的空间,光线透过玻璃墙照在地板上,访客中有父母、教师、大学生等,他们坐在3—5岁儿童的面前,观察儿童的"工作"。女辅导员、女社会教育家、蒙台梭利女教师学院的毕业生等穿梭其间引导着儿童,所有的儿童都很"忙碌"。更令人惊奇的是,"儿童之家"提供了许多的规则、工作材料,在儿童周围预备了许多具有所强调之要求的特性的东西。在"儿童之家"中,儿童所做的活动主要有如下几项。

日常生活练习:"儿童之家"中提供了许多预备课程让儿童学习,有逻辑地分成许多运动的过程,让儿童能有规律地活动。再就是"持家的工作",包括清洁、整理花园、观察和照顾小动物、覆盖及掀起桌布、洗碗盘、小东西的清洗等。在团体中,儿童练习养成共同的行为。在生活的成就方面,要形成应对进退的规范,例如认识如何去开门与关门;而且儿童有权停止做一件事情,也有权开始去做一件事情。在日常生活中,社会性的教育是重要的课题,因此,照顾一个人,应该获得重视。

语言的练习:语言的练习非常重要,可以引导儿童扩大词汇量,尤其是学习发音的练习,可以使3—4岁儿童见到事物而产生学习语言的兴趣。语言练习,就是要告诉儿童如何正确地使用同义字。例如同样代表"吃"的 essen 和 fressen,前者是使用于人的吃,后者是使用于动物的吃,且不能使用于人。蒙台梭利认为,"意义"的练习是非常重要的,正确的"意义"练习,才能避免造成错误的了解。

游戏的学习:在游戏中,儿童可以学习去看、听、尝、闻等。而所有的学习都是经验的开始,人们必须为儿童创造机会。儿童生活在彩色的世界中,要学习如何区别色彩,以训练其视觉记忆。儿童的游戏可以从堆积木开始,积木最少要十块,是为了训练眼睛与物体的配合。在游戏中,成人对儿童应该作概念解释,例如厚薄、大小、高低、平面或深度等,把概念说清楚,以免儿童形成错误的控制。游戏就是要让儿童有兴趣去学一种经验。

第三,创造性的儿童。蒙台梭利于1949年出版了《吸收的心灵》一书,其中心理念是注重儿童的教育,为教学与方法提供建议。其最重要的理念是使"个人成人",同时使"社会人文化"。她特别重视儿童到青年这段时期的教育,她认为儿童具有"吸收的精神",这种精神有助于创造,况且儿童正处于"创造的时期"。每一名儿童都有创造的本质,因而有创造的人格、创造的过程、创造的产物。由于有创造,所以能带来成就,而且由于创造能带来愉快与快乐,所以创造的成就不是负担,而是快乐。由于儿童有创造性,以致形成了"创造性的儿童",因而创造

---

[1] ［意］蒙台梭利著,刘亚莉、邱宏译:《儿童的发现》,天津社会科学院出版社,2010年。

时含有哲学的性质。

创造力的唤醒：儿童具有创造力，教育就是要唤醒它，因为教育就是使儿童达到具有人性的手段，以及建立直观的基础。在哲学方面，教育赋予今天以超越文明的世界以及规划未来，其理想是使人们获得感觉以及传播知识，了解知识的价值，达到人的普通陶冶的目标。

创造力的因素：蒙台梭利非常重视创造力，认为创造与成就是分不开的，创造力得到发挥需要多种因素的支持：教育没有强迫，自由，顺从，独立性，正常化，愉快与成就，自动性，宁静，社会性。以上所述创造力的重要因素，必须妥善应用，才能从事创造的工作，也就是有所成就。

第四，儿童的发展为革命性的命题。儿童具有神秘的精神，这种精神是表现于生活之中的，它是爱、神奇和渴望等。为期望达到圆满的最高峰，其应走的路，教师必须引导儿童去走。因此，必须很快地肯定，教师即人的观察者，也就是儿童的内在的发现者，要发现儿童的内在，必须采用观察的方法。

行为与发展之直接的观察：就儿童的发展来说，以对儿童的行为及发展之直接的观察最容易把握，这也是最能深入了解儿童的方法。蒙台梭利说，不能把儿童虚弱的本质与需要保护的本质视为只是需要保护与帮助，应该把儿童视为一种"精神的胚芽"。儿童从出生开始就已被赋予了一种主动的心理生活能力，它能被引导从而主动地去构架人格。我们的原始状态存在许多大的秘密，人们只有想办法去启开它并引导它，使其正常发展。

经由接触去了解儿童的本质：了解儿童的本质是为了发现其生活或生命中的秘密，而接触是达到了解的最好方法，因为可以从接触去作实际的了解。成人应多与儿童接触，这样才能了解儿童。蒙台梭利认为，无论教学还是教育的成功，都应该借助集中的照顾，效果才会来得好些，因为这样可以养成社会性。儿童的心灵存在许多秘密，需要成人去了解。因此，儿童人类学就是要探求其秘密，利用观察与接触来进行研究，并探求儿童心理与生理生活的正常化，使他能有自动发展的可能。

安排一个良好的环境：一个良好的环境有利于促进儿童良好的发展，"儿童之家"便是一个经过安排的良好的环境，也就是"预备的环境"，其特性为：赋予活动选择自由的原则之价值；所有练习将通过女教师来引导，要求自我控制的可能性。一个经过安排的环境，其情形是"环境张开它的手臂"来欢迎儿童"进入社会"。儿童的"可吸收的精神"是一种"精神的接受力"，即儿童会接受文化及社会上的各种信息。因此，儿童在环境中形成自己，并适应社会环境中的生活。

儿童与环境作多方面的接触：蒙台梭利认为，儿童的环境是一个完整的环境，在这个环境之中，儿童应被要求多与他人接触。儿童所诞生的环境，不只是一个有秩序的、事先安排好的环境，而且也是个文化环境。在环境中，成人要帮助儿童去适应，因为儿童如果没有得到成人的帮助，就会成为孤独的人，即社会化不良。"事先安排的环境"是有作用的，它不仅能满足儿童的需要，而且还赋予儿童文化来充实儿童日常生活所需要的知识，它最重要的功能是提供儿童一个"完整的环境"，其中有一个指导人，给他灌输现代文化。

（四）20世纪中叶至今

20世纪中叶以来，在继承前辈思想的基础上，儿童教育哲学思想的发展呈现出多元化的倾向,各种思潮交相辉映,相互影响。社会主义立场的儿童教育也获得很大发展,其代表是前苏联教育家马卡连柯,他强调在集体教育的前提下重视儿童个体素质的提高。除此,各种哲学流派也此起彼伏,存在主义特别强调人性之尊严和个人之价值,重视将儿童的尊严、真实体验和自我实现放在首要位置。

20世纪以来,儿童教育家为数不少,门派繁多,由于篇幅所限,此处就不一一列举。笔者认为,这部分的撰写,应该另成专书。

| 思 考 题 |

1. 试总结中国及外国儿童教育哲学的思想渊源。
2. 简述中国儿童教育哲学的发展历程。
3. 简述外国儿童教育哲学的发展历程。
4. 试分析中外儿童教育哲学发展的不同特点。

第三章　儿童生活与教育

　　儿童的生活总是发生在其生活世界之中。生活世界对于儿童来说,是儿童获得与积累经验的世界,是儿童兴趣形成与发展的世界,是儿童进行交往和自我建构的世界。儿童教育是以儿童生活为起点的特殊的生活过程,儿童教育与儿童生活并行,生活之中本来就有教育,教育之中本来就有生活。教育作为儿童生活的反映,理应回归儿童本真的生活,丰盈和拓展儿童当下及未来的生活。虽然教育不可能对儿童的未来生活全面负责,不可能也不应该规定儿童未来的全部生活,但教育应该开启儿童当下生活的大门,应该为儿童的未来生活奠定基调。所以,回归儿童生活世界的教育,必须关注儿童的生活以及生活中的儿童。

第一节　儿童生活世界

　　儿童生活世界是儿童获得与积累经验的世界,是儿童兴趣形成与发展的世界,是儿童进行交往和自我建构的世界。儿童作为一个独特的个体,其生活世界具有原初性、整体性、游戏性、想象性等特点。生活世界为儿童的发展奠定了基石,是儿童教育的源泉、基础和资源库。然而,当下的教育却出现了与儿童生活世界疏离的现象。为了能够让儿童更好地生活,教育必须回归儿童的生活世界。

一、儿童生活世界概述

　　儿童不是成人的缩影,而是一个独立的、独特的精神个体,其生活世界必然不同于成人的生活世界。所以,儿童生活世界是一种独立于成人的存在。

(一)生活世界的内涵

　　"生活世界"这一概念兴起于 20 世纪 20 年代,最早由德国现象学创始人胡塞尔(Edmund Husserl)提出,属于西方现象哲学和生命哲学的基本范畴。在胡塞尔的现象哲学中,"生活世界是一个具有原初自明性的领域",是一个自然态度下的、奠基性的、直观的世界。胡塞尔描述的"生活世界"具有以下四个典型特征:生活世界是一个非课题性的世界,生活世界是一个奠基性的世界,生活世界是一个主观的、相对的世界,生活世界是一个直观的世界。

　　哈贝马斯(Jürgen Habermas)对胡塞尔的"生活世界"进行了批判性的发展。哈贝马斯认为生活世界是"以交往行动为基础同时又作为交往行动之背景的前逻辑性和前根据性的、非确定的本体论世界"。哈贝马斯描述的"生活世界"主要包含以下内容:"第一,生活世界作为交往行为的背景假设。哈贝马斯认为生活世界的知识是'背景知识',是生活世界交往行为

儿童教育哲学

的基础。"[1]"第二,生活世界作为相互理解的'信念储存库'。在哈贝马斯看来,生活世界不只是作为交往行为的背景知识,而且还起着'信念储存库'的作用。"[2]

以胡塞尔和哈贝马斯的观点为基础,我们认为,生活世界是人生活于其中的,通过自己的亲身经历和体验感知到的具体的、自然存在的世界,是直观的、奠基性的、人的生命存在的实体世界。

(二) 儿童生活世界的内涵

儿童生活世界是儿童生活在其中的、正在经历的世界。具体来讲,儿童生活世界是儿童获得与积累经验的世界,是儿童兴趣形成与发展的世界,是儿童进行交往和自我建构的世界。

1. 儿童生活世界是儿童获得与积累经验的世界

儿童生活在世界中,在生活世界中体验着自己的生命活动,体验着生活世界的存在,体验着自己的生存状态和生活状态。在生活世界中,每个儿童都以自己独特的方式与生活世界互动。在互动过程中,儿童通过尽情地体验和感悟,积累了丰富的经验,丰盈了情感,完善了整体人格,提升了生命存在感,充实和丰润了人生的意义、生活的价值。儿童的经验是个体性的,不同的儿童从事同一种活动所获得的经验是不同的。虽然不同的儿童获得的经验是不同的,但他们的经验无不是在生活中起作用并从生活中获得的。因此,儿童的不同经验构成了儿童不同的生活世界。

2. 儿童生活世界是儿童兴趣形成与发展的世界

儿童兴趣是在生活中形成和发展的。生活世界对于儿童来说不只是单维度的事物世界,更重要的是一个儿童个人兴趣的意义世界,呈现出生活世界的多个维度、多个方面。杜威认为:"儿童的世界是一个具有他们个人兴趣的人的世界,而不是一个事实与规律的世界。儿童世界的主要特征,不是什么与外界事物相符合这个意义上的真理,而是感情与同情。"[3]这从某个角度反映了儿童生活世界的本来面貌。儿童对生活世界中的事物或活动的选择存在某种倾向,正是由于这种倾向,儿童会专注于某种事物或活动,这种倾向就是儿童的兴趣。在生活世界中,儿童通过与某事物的接触或从事某种活动而获得某些体验、情感等。如果这些体验、情感是儿童所向往的,那么,儿童就会对此事物或活动产生兴趣。虽然每个儿童专注的对象不同,但这些对象都存在于儿童的生活世界之中。所以,儿童的兴趣是在生活世界中形成的。虽然儿童本来对某事物或活动不感兴趣,但随着生活世界中外部环境的变化,或是由于成人的期待与要求,或是儿童在与该事物、活动深层次的探索和打交道的过程中自身情感、体验产生变化,儿童也可能发展出对该事物或活动的兴趣,而这所有的一切都是在儿童的生活世界中进行的。

3. 儿童的生活世界是儿童进行交往和自我建构的世界

儿童的生活世界不仅是儿童正在经历的世界,而且是儿童进行交往和自我建构的世界。无论儿童生活世界的发生还是建构,都是在儿童的交往活动中进行的。对于儿童而言,生活世

---

① 侯莉敏著:《儿童的生活与教育》,教育科学出版社,2009年,第139页。
② 同上书,第141页。
③ [美]杜威著,赵祥麟、任钟印、吴志宏译:《学校与社会·明日之学校》,人民教育出版社,2005年,第112页。

界不仅是一个人与物交往的世界,而且是一个人与人交往的世界。儿童最早交往的对象是成人,然后逐渐扩展到同伴。儿童与成人之间的交往和儿童与同伴之间的交往是有区别的:儿童与成人的交往,在一定程度上而言就是一种文化的影响,而儿童与同伴的交往则是游戏性的。通过交往,儿童建构了一定的"背景知识",获得了更多的交流、学习、个性化、社会化的机会。儿童通过交往丰润了自己的生活世界,也为今后的发展打下了坚实的基础。儿童在建构自己生活世界的同时,也逐渐建构起自己的客观世界、主观世界以及社会世界。

资源链接 3－1:

哈贝马斯面向生活世界的交往理论

哈贝马斯的交往理论仍然秉承法兰克福学派的批判传统,批判了现代西方社会日益严重的弊病和危机,并通过对交往行为的规范语用学分析而为这个社会提供一种建设性的方案。就我们所关注的交往理论而言,是哈贝马斯面向现实生活世界中人与人之间的种种现实交往问题而提出来的,并旨在获得对这些问题的规范性解决。

从哲学的理论建构而言,传统的形而上学为了给自身的理论提供一个稳固的基础,往往脱离于生活实践去追寻一种理论上的抽象起点,以便实现对世界的整体性认识和把握,但企图达到这种认识和把握必然预设着一种绝对理性及其主体的存在。作为后形而上学时代的一位哲学家,哈贝马斯的交往理论援引胡塞尔的生活世界概念,并嫁接到他的社会学理论中。他更为注重生活世界中交往活动者的社会共生关系,生活世界以其自有的公共自明性置换了形而上学理论作为抽象起点的先验自明性,交往活动就植根于生活世界之中,关于交往的理论就直接面向着生活世界,从而使哲学的理论起点从抽象的玄学构造回归于现实的经验场所。生活世界就是作为交往行为的知识背景而引入的,其象征性结构由交往行为本身所揭示。对应于交往行为的相互理解、协调与相互作用三种不同的功能侧面,生活世界"是由扎根在日常交往实践中的文化再生产、社会整合以及社会化相互作用的产物"。但也可以认为,哈贝马斯是在批判地综合以往从社会学角度对生活世界的诠释的基础上,将生活世界揭示为文化、社会和个性三种象征性结构要素的。这样,"生活世界"是先于交往而被确认的经验场所,也就是我们日常的生活世界。

资料来源:曾海军:《哈贝马斯面向生活世界的交往理论——兼谈与海德格尔生存哲学的相互对比》,湘潭大学硕士论文,2004 年。

(三) 儿童生活世界的特性

儿童生活世界是一种独立于成人的存在。与成人生活世界相比,儿童生活世界具有自身的独特性。

1. 原初性

原初即最初的、天然未经加工的一种状态。儿童生活及其活动具有原初性,儿童生活世界不受任何功利性态度或欲望的束缚、制约和支配。胡塞尔明确指出:"生活世界在原初的意义上就是这种前科学的、前逻辑的、未被主体化和目标化的原初经验世界和直观感性世界。"儿童是世界上唯一纯净的精灵,他们毫不虚伪也从不掩饰。在儿童的生活世界里,不存在成人生活世界里的污垢,不存在等级观、贫富观,也不为物欲所蒙蔽。儿童生活的本质是儿童本身的生长和发展。因此,生活对于儿童来说是不带任何功利性的。儿童秉持一颗纯洁的心,以最洁净的眼光,向我们展现了他们最原初的生活世界。

2. 整体性

儿童生活世界的整体性,即儿童的生活世界是一个整体,这个整体包括客观世界、社会世界及主观世界。儿童的生活世界是一个整体存在的世界,是一个浑然一体的世界,它具有儿童自己生活的统一性和完整性。在儿童生活世界中呈现的是一个个整体性的事物,儿童生活的内容和体验是整体性的、全方位的。"儿童的生活是一个整体,一个总体。他敏捷地和欣然地从一个主题到另一个主题,正如他从一个场所到另一个场所一样,但是他没意识到转变和中断,既没有意识到什么割裂,更没有意识到什么区分。"①儿童生活世界的整体性,表现为儿童以整体感知的方式整体解读事物或事件,从而更好地认识世界、体验世界和领悟世界。在儿童的生活世界中,没有自然生活与社会生活的领域划分,更没有物理现象与化学现象的学科区别。

3. 游戏性

在儿童生活世界中,儿童是一个天生的游戏者,游戏是儿童的本能和天性。他们喜欢根据自己的游戏本能和兴趣需要来安排一切活动。因此,对于儿童而言,一切活动的开展都没有固定的预设和安排,而是完全遵照儿童自身的内在体验,在自己的生活世界里自由自在地活动。在成人生活世界中,游戏只是一种偶尔的休闲、消遣和娱乐。而在儿童生活世界中,游戏是儿童的天性,是儿童的生命,是一种工作,是一种成长的需要。儿童通过游戏编织梦想,释放情感,绽放生命。"一个游戏着的儿童,一个全神贯注地沉醉于游戏中的儿童不就是这一时期儿童生活的最美好的表现么?"②儿童生活世界具有游戏性,一方面表现为儿童在生活世界中可以获得丰富的游戏素材。生活世界中的一切事物都可以成为儿童游戏的对象,他们在生活世界中可以自在地游戏。另一方面表现为儿童在生活世界中可以拥有无限的空间和时间用于游戏。儿童的生活世界是游戏的世界,儿童在游戏中以原初的生命动力,以异于成人的姿态展现着儿童独特的生命与成长历程。

4. 想象性

想象是儿童心灵的杠杆,是儿童的可能世界和存在于他们自身之外的现实世界之间的桥梁。儿童的生活世界是一个想象的王国,儿童生活在想象的世界中,同时又保持着与现实的联系。儿童生活世界是一个整体,在生活世界中,儿童并没有把可能世界和现实世界分离开来,这正是因为儿童通过想象把这两个世界连接了起来。他们从可能世界来到现实世界,又从现实世界跨越到可能世界,从而实现了可能世界与现实世界的相互转化。在儿童生活世界中,儿童通过想象来建构可能世界和现实世界的桥梁,但儿童的想象绝不是脱离现实生活世界的梦幻,而是对现实生活世界的扩充与丰盈。

---

① [美]杜威著,赵祥麟、任钟印、吴志宏译:《学校与社会·明日之学校》,人民教育出版社,2005年,第112页。
② [德]福禄倍尔著,孙祖复译:《人的教育》,人民教育出版社,2001年,第39页。

二、儿童生活世界的教育意义

儿童生活世界是一个充满经验、兴趣和交往的关系复杂的世界,并且儿童始终沉湎其中。生活世界为儿童的发展奠定了基石,是儿童生命存在的永久背景,是人生价值得以实现的基础。

(一)儿童生活世界是教育的生命源泉

从呱呱坠地那一刻起,儿童就无意识地在生活世界中接受着教育,教育是在儿童的生活世界中自然而然地发生和进行的,儿童的教育是同儿童的生命一起开始的。在儿童生活世界中,成人的一个眼神、一个微笑、一个拥抱,对儿童来说都具有成长的意义。儿童生活世界每天都是崭新的,处处充满着生机和活力、奥秘和神奇。正如丰子恺曾崇拜地赞美儿童那样,"年纪愈小,他的世界愈大"。审视教育,不难发现,当今的教育内容无不取材于鲜活的儿童生活世界,教育场所无不来源于广袤的儿童生活世界。因此,生活世界乃教育之源泉。

(二)儿童生活世界是教育的基础

生活世界是儿童栖息的场所,儿童在与生活世界的交往互动中,不可避免地经历着各种遭遇。儿童在生活世界中的自然遭遇,能促生他们对生活的理解、体验和感悟,并在此基础上建构一定的知识结构。尽管儿童在这一过程中可能不会意识到自己生成了什么知识或经验,但是教育者必须深刻地认识到:儿童并不是空着脑袋走进教室的,儿童在生活世界中,通过与周围环境、事物、其他个体的相互作用,已经形成了自己的兴趣,掌握了很多知识和经验,并在交往中显现出一定的能力和人格倾向。所以,教育者不能无视儿童在生活世界中所积累的知识和经验,而应该把儿童所获得的这些知识和经验作为"生长点",并在此基础上形成新的"生长点"。因此,儿童生活世界为儿童教育奠定了坚实的基础。

(三)儿童生活世界是教育的资源库

儿童生活世界是儿童所遭遇的、与之接触的一切事物、人物、时间、空间,包括他们通过想象、体验、感悟所了解的东西。儿童的生活世界呈现的是大自然、大社会中的万事万物。从某种程度上讲,这些五彩缤纷的万事万物一方面为教育源源不断地输入新鲜血液,另一方面也为教育提供了丰富、有效的教育资源。之所以丰富,是因为生活世界是一个完整的世界,因而能为儿童提供各个方面的教育资源;之所以有效,是因为生活世界所提供的各种教育资源是儿童所体验的、所熟悉的、所感兴趣的,因而能激发儿童的好奇心和求知欲。正如陈鹤琴所言,"大自然、大社会就是儿童活的教材"。因此,儿童的生活世界是对儿童进行教育的丰富、有效的资源库。

三、教育与儿童生活世界的疏离

儿童生活世界的领域正在急剧缩小,而且逐渐退隐到背景世界之中,在教育中主要表现为教育与儿童生活世界中的儿童经验、兴趣和交往的疏离。

(一)教育与儿童经验的疏离

儿童经验是儿童教育的基础,教育是儿童获得经验的一种重要方式,除非"所获得的知识和专门的智力技能不能影响社会倾向的形成,平常的充满活力的经验的意义不能增进,而学校教育只能制造学习上的'骗子'——自私自利的专家。一种是人们自觉地学得的知识,因为他们知道这是通过特殊的学习任务学会的,另一种是他们不自觉地学得的知识,因为他们通过和别人的交往,吸取他们的知识,养成自己的品性。避免这两种知识之间的割裂,成为发展专门的学校教育的一个越来越难以处理的任务"①。然而,当下的教育却忽视儿童在以往生活中获得的原有经验以及在自主活动中通过自身的体验、经历、感悟而获得的新的经验。在现实的教学情境中,教育者往往只根据教学计划、教案来安排教学内容、组织课堂教学和活动,不顾及儿童原有经验掌握的广度和深度。这种预设教学不能准确了解儿童已有的经验水平,不注重教学内容在活动中的生成,不注重让儿童在原有经验的基础上、在自主的活动中"生长"出新的经验,也无法应对与处理具体教学情境中出现的突发事件。可以说,这样的教育不是基于儿童经验,而是基于教育者的经验。因此,出现了教育与儿童经验的疏离。这种疏离无形中剥夺了儿童在活动中体验、经历和感悟的权利,折断了儿童想象和飞翔的翅膀。

(二) 教育与儿童兴趣的疏离

杜威曾指出:"儿童的世界是一个具有他们个人兴趣的人的世界,而不是一个事实与规律的世界。"只有儿童感兴趣的东西,才能真正"走入"儿童的生活,才能和儿童产生思维的碰撞。纵观当下的教育全局,无论是教学目标的制定、教学内容的选择还是教育活动的开展,又有多少真正关注了儿童的兴趣?在教育活动中,教育者往往只围绕教材和教案来开展教学活动,向儿童灌输系统的书本知识。而当儿童对教育者预设外的事物或活动感兴趣时,教育者往往予以制止。在这样的教学活动中,儿童只能抑制自己对生活世界的好奇、兴趣和冲动,只能紧跟教育者的节奏和步调来获取知识,这无形中压制了儿童探究的渴望,打碎了儿童飞翔的梦想。这样的情景在教育中比比皆是,司空见惯。即便是四处可见的兴趣班,也未必真正关注儿童的兴趣。我们不否认兴趣班的价值所在,而在当今这个物欲横流的社会,儿童生活世界也不可避免地遭受蒙蔽。家长或教师鼓励儿童参加各种兴趣班,希望自己的孩子或学生不要输在起跑线上,这种功利性的愿望似乎是为孩子着想,但却在一定程度上压制了儿童的个性,使儿童不再是自己生活世界的主人,而成了自己生活世界的奴隶。

(三) 教育与儿童交往的疏离

儿童生活世界是儿童正在经历的世界,也是儿童交往行为和自我建构的世界。然而当下,无论是家长和教师,都无视或轻视儿童交往的技巧和重要性,以至于出现教育与儿童交往的疏离。在亲子交往方面,由于部分家长缺乏科学的教育观念与亲子交往的技巧,不关注儿童生活世界,并且往往把自己的思想强加到孩子身上,这不可避免地使交往的气氛变得紧张,使儿童不愿与父母交往。在同伴交往方面,沉重的学业负担几乎剥夺了儿童同伴交往的全部机会,儿童仅仅生活在自己狭小的生活世界里,这在很大程度上不利于儿童归属感、社会适应能力的形成和发展;由于成人的一些错误观念和过分期待,使得部分儿童在同伴的选择上带有功利性色彩,这在很大程度上不利于儿童完整人格的形成和儿童的全面发展。在师生交往方面,师生交

---

① [美]杜威著,王承绪译:《民主主义与教育》,人民教育出版社,1990年,第14页。

往逐渐缺失。首先,师生个体与个体的交往机会减少,大部分是个体与群体的交往,这不可避免地使儿童产生失落感和寂寞感,使师生的心灵产生隔膜和距离;其次,师生面对面的直接交往减少,大部分是面对符号的间接交往,这不仅会造成师生之间情感的淡漠,而且会扼杀儿童的主体性;另外,有些教师过分强调自身的权威,并且在交往时会很大程度上带有功利性、情感性色彩,这不可避免地制造出一种不和谐的气氛,不利于师生交往的正常进行。

四、教育向儿童生活世界的回归

当下的教育使儿童被迫远离自己的生活世界,远离自己的栖息场所,儿童不再是独立自主的存在,而成了非本真的存在。为了让儿童更好地生活,教育必须回归儿童生活世界。教育向儿童生活世界回归,具体表现在以下几个方面。

(一) 从"理想世界"回归儿童的"现实生活世界"

"理想世界"强调教育须为儿童的未来生活做准备,学校须为某种理想化的教育勤奋耕耘,而不关注当下、即时的儿童生活世界;"现实生活世界"强调儿童是具体的人、现实的人、生长的人、发展的人、完整的人,主张在关注儿童当下生活世界的基础上关注儿童的未来生活。教育是生活的过程,而不是将来生活的预备。虽然教育本身并不是未来生活的准备,这并不意味着教育不能为未来生活做准备,而是指不能以未来的名义侵夺"此在"。当教育更好地关注儿童当下的生活状态时,同样也意味着更好地关注了儿童的未来。但一直以来,我们都是在为某种理想化的教育勤奋耕耘着;学校教育只注重为儿童的未来生活做准备,而没有关注儿童的"此在",没有关注当下、即时的儿童生活世界。由于过分关注儿童的未来,学校教育忽略甚至放弃了儿童活生生的当下现实,尤其是对儿童当下生活的关照。未来的时代将是教育的时代,教育固然是一种理想的事业,但教育终究要面对儿童活生生的现实。因此,教育必须从儿童的"理想世界"回归到儿童的"现实世界"。

如何把儿童引向现实生活,让儿童更好地生活,将永远是教育的主题。教育的对象是本来就生活着的儿童,因此,教育必须找寻并关注儿童的现实生活世界,不断拓宽和充盈儿童当下的现实生活。真正的教育应该通过对儿童此在的关怀,激发儿童的兴趣,丰富儿童的经验,塑造儿童的交往行为;亦可以通过对儿童当下生活世界的唤醒和激励,使儿童以积极的心态去迎接未来美好的生活。

(二) 从"理性世界"回归儿童的"可能生活世界"

"理性世界"强调只根据儿童当下的现实生活选择某种"最佳"的方式对儿童进行"最佳"的教育,仅关注儿童的现有能力,而忽视儿童未来的发展潜力;儿童的"可能生活世界"则是儿童的一种可能生活。可能生活是理想性的、合目的性的生活,是更具有人生价值和人生意义的生活。在儿童生活世界中,儿童具有无限发展的可能。如果儿童只在现实生活中生存,难免会忘却对"可能生活世界"的关照。然而,当今的教育与儿童生活之间存在着一道隔离墙,只有拆除这道隔离墙,才能让教育焕发出生活的气息,才能让儿童生活焕发出生命的活力。因此,教育必须从"理性世界"回归儿童的"可能生活世界"。

因此,我们不仅要关注儿童的理性世界,还要关注儿童可能的存在和生活,并在探寻可能生活意义的基础上,构建并实现儿童的"可能生活世界"。另外,关注儿童"可能生活世界"的教育,还应该关注儿童的生活体验和感悟。儿童的生活体验和感悟是一笔宝贵的精神财富。在教育活动中,教育者必须把儿童的生活体验和感悟作为教育的生长点,并以此为基础来激发儿童获取新经验的热情和兴趣,从而引导儿童在现实生活中获取知识、发展能力。在这个过程中,不仅能丰富儿童对当下生活的感悟,同时也开拓和充盈了儿童的生活世界。

(三) 从"单极性、简约化的教育世界"回归"多极性、复杂化的教育世界"

"单极性、简约化的教育世界"强调教育应该是单一的、简约的,"多极性、复杂化的教育世界"强调教育应该是多样的、复杂的、个性的。儿童面对的是一个整体性的生活世界,即包括客观世界(体现儿童与自然的关系)、社会世界(体现儿童与社会的关系)和主观世界(体现儿童与自我的关系)。所以,儿童的生活应该是包罗万象、五彩缤纷的,儿童生活的万千变化意味着教育理应具有多极性、复杂性。因此,教育必须从"单极性、简约化的教育世界"回归"多极性、复杂化的教育世界"。

儿童是有生命价值的主体,他们有自己的现实,有自己的梦想。当然,他们应该生活在自己的生活世界中,应该在现实世界、可能世界、多极化世界、复杂化世界中体现生命的价值意义和生活的五彩缤纷。所以,无论是教育内容、教育方法,还是教育手段、教育策略、教育原则,都不应该过分单一化、简单化。

第二节　儿童经验与教育

儿童经验是儿童在与生活世界打交道的过程中所获得的丰富的知识、体验和感悟。儿童经验具有重要的教育意义:儿童经验是一种重要的教育资源,是儿童教育的基础,是儿童有效学习的支点。因此,教育必须关注儿童生活世界中的儿童经验。

一、儿童经验概述

经验是有机体与生活世界的互动过程,是人与生活世界打交道的自然的社会过程。儿童在与生活世界打交道的过程中,经验不断地积累、增长,经验意义的不断丰盈、扩充、改造,构成了儿童五彩缤纷的生活世界。

(一) 儿童经验的内涵及分类

儿童经验是儿童在与生活世界打交道的过程中所获得的丰富的知识、体验和感悟。与成人经验不同,儿童经验具有自己独特的内涵,并且儿童经验是多种多样的。

1. 儿童经验的内涵

"经验"一词,《现代汉语词典》解释为:"① 由实践得来的知识或技能。② 经历,体验。"杜威认为经验包括两层含义:一是经验的事物,二是经验的过程。经验既指人,也指物;既指事,也指关系;既指所作所为,也指如何作为;既指活动,也指活动之方式。儿童是生活中独立的独特个体,从出生开始就经历着家庭生活、学校生活和社会生活,并以此为中介,从中获得经验。

鉴于此,我们认为:儿童经验不仅是儿童在事件或活动中获得的知识、技能与方法,以及从中(指过程中)产生的情感、态度与价值观,还应该包含儿童对经历的事件(指获得的经验)的再认识和反思。

2. 儿童经验的分类

儿童经验是多种多样的,根据不同的划分标准,儿童经验可以分为不同的种类。

第一,直接经验与间接经验。直接经验就是儿童通过亲自活动和探索活动所获得的经验。如儿童对火焰产生浓厚兴趣,于是把手放进火焰之中,被火灼伤后儿童感觉到疼痛。在这个例子中儿童获得的关于疼痛的认识就属于直接经验。间接经验是指儿童的认识成果,主要指儿童从书本中获取的知识,也包括以各种现代技术形式表现的知识和信息,如磁带、录像带、电视和电影等。如儿童在读一则有关火焰的故事时,从书本中了解到把手放进火焰里,手会疼痛。在这个例子中,儿童不是通过亲自活动获得体验和感悟,而是从书本中了解现成的知识,这就属于间接经验。

第二,物理经验与数理逻辑经验。皮亚杰把儿童的经验分为物理经验和数理逻辑经验。物理经验是关于客体本身的知识,是客体本身所具有的特性的反映,是儿童通过简单的抽象活动获得的直接经验。数理逻辑经验是儿童主体自身动作协调的经验。皮亚杰经常以一位数学家的身份回忆儿童时期获得这类经验的故事来证明这一观点:在沙滩上玩石子,把10粒石子排成一行进行计数。发现无论从那一端开始数数,其结果都保持一致并且都是10。然后再把石子用不同的形式进行排列,结果数出的数目仍然是10。这种结果使皮亚杰惊奇地发现,石子的总数既不依赖于计数的顺序,也不依赖于它们的排列形式。石子的总数不变,并不是石子本身所固有的性质或特征。这个认知发现来自他对一系列排列和计数动作进行协调和反省的结果,而这属于一种心理上的重组。

(二)儿童经验的特点

儿童不是小大人,不是成人的缩影,而是具有自身独特发展规律和发展特点的独立个体。因此,与成人经验相比,儿童经验有着自身的特点。

1. 感官经验对儿童具有特殊的意义

对于儿童而言,经验的器官是肉体。儿童的各种感官是儿童探索生活世界并从中获取各种知识的重要渠道。"身体器官,特别是感官,反复和事物接触,这些接触的结果得到保存和巩固,最后获得预见和实践的能力。"[①]与儿童身心发展的特点以及规律相符,儿童偏好用各种感觉通道来从生活世界中获取信息、认识周围世界。因此,感官经验在儿童的发展过程中起着非常重要的作用。杜威曾指出:"一个孩子仅仅把手指伸进火焰,这还不是经验;当这个行动和他遭受的疼痛联系起来的时候,才是经验。从此以后,他知道手指伸进火焰意味着灼伤。一个人被灼伤,如果没有察觉到是另一行动的结果,就只是物质的变化,像一根木头的燃烧一样。"[②]儿童伸手去碰火焰,被火灼烧后感觉到疼痛,从此以后他知道,某个接触活动与某个视觉活动联系起来就意味着烫和疼,或者知道光就是热的来源。可见,感官不仅是儿童智力发展的坚实

① [美]杜威著,王承绪译:《民主主义与教育》,人民教育出版社,2001年,第281页。
② 同上书,第153页。

基石,也是儿童的各种需要得以实现和满足的重要通道。儿童通过各种感官的参与来增进对生活世界的认识、感受与领悟,从而丰盈了关于自己生活世界的体验与知识。

2. 儿童的经验是混沌的、未分化的

与成人相比,儿童的经验是混沌的、未分化的。对于儿童而言,"经验的材料本来就是变化无常和不可信赖的。经验是混乱的,因为它是不稳定的"①。儿童在对事物进行感知或进行某种活动的时候,并不能像成人那样能够清晰地分辨出这是来自哪方面的感官信息,或对这些获得的经验进行归类,而仅仅是将其混沌地结合在一起。此外,儿童经验的这种混沌、未分化的特性还体现在他们的情感与认知的关系之中。例如,想象、理想和现实对于儿童而言是和谐统一的。

3. 儿童的经验是在主动活动中获得的

"对儿童获取知识的方法,只需五分钟的不存偏见的观察,就足以推翻以下说法,即认为幼儿是被动接受有关颜色、声音和坚硬程度等孤立、现成的特性的。因为我们可以看到儿童通过摸拿、伸手等活动对客观世界作出反应,看到儿童对感觉刺激作出运动反应。我们从中看出儿童学到的并不是孤立的特性,而是活动指望对事物和人产生的变化。"②儿童要想获得有意义的经验,必须通过"做",通过亲身的体验、探究和交往。因此,儿童在这些自由的活动中,并不是一个被动的旁观者,而是一个主动的行动者。儿童正是在这种主动活动中认知着世界,体验着世界,理解着世界,质疑着世界,解构着世界并创造着世界。

4. 儿童经验的获得受儿童需要和兴趣的支配

"儿童的世界是一个具有他们个人兴趣的人的世界,而不是一个事实与规律的世界。儿童世界的主要特征不是什么与外界事物相符合这个意义上的真理,而是感情与同情。"这在一定程度上道出了儿童的生活世界的本来面貌。儿童兴趣具有指向性与动力性,儿童因为兴趣、好奇或自身的需要而从事某种活动,儿童在活动的过程中通过探索和研究,获得了丰富的知识、体验和感悟,从而积累关于这项活动的丰富的经验。"经验总包含缺乏、需要、欲望;经验永远不是自给自足的。"③兴趣主导和支配着儿童的活动,而经验又是在儿童的主动活动中获得的。所以从这个角度上来说,儿童的兴趣和需要支配着儿童经验的获得。儿童在从事某种活动的时候,年龄越小,就越容易受直接动机、兴趣和需要的支配。

二、儿童经验及其在活动中的生成

儿童经验的生成就是儿童经验的发生、逐渐形成与不断提升的过程,是一个顺应自然、动态发展和不断创新的过程。

(一) 儿童经验生成的条件

任何事物的产生都必须具备一定的条件,儿童经验也不例外。儿童经验是混沌的、未分化的,是在儿童的主动活动中获得的,是受儿童兴趣支配的。儿童经验的这些特点决定了经验的

① [美]杜威著,王承绪译:《民主主义与教育》,人民教育出版社,2001年,第282-283页。
② 同上书,第289页。
③ 同上书,第280页。

生活性、发展性和相关性是其生成的不可或缺的重要条件。

1. 生活性

首先,儿童从出生开始就生活在一定的生活世界中,并从周围的生活世界中获得各种知识、经验;其次,儿童倾向并习惯于用在生活世界中获得的经验解决日常生活中的各种问题;再次,儿童的生活过程就是儿童在与生活世界互动的过程中获得经验和感悟的过程。因此,儿童生活不仅是儿童经验的源泉,而且是儿童获得经验的重要途径。只有源于儿童生活的经验才容易被儿童吸收、接纳和同化。也就是说,"在经验的任何一个阶段,真正学到的东西,都能构成这个经验的价值"①。

2. 发展性

发展性不仅是儿童经验生成的重要条件,而且还是儿童经验的一个典型特征。儿童经验经历一个逐渐发生、发展的过程,如果儿童已有的经验处于一种不成熟、不稳定的状态,那么儿童在经验生成的过程中不可避免地会出现各种障碍,进而影响正常活动的开展;只有当儿童的经验发展到一定的成熟、稳定的状态,儿童才能顺利地实现已有经验的生成,进而推动活动的开展。

3. 相关性

儿童经验的生成是一个动态发展、不断提升的过程。因此,在谈及儿童经验的生成时,必定与儿童掌握经验内容的先后顺序以及经验内容之间的关系有关,即儿童经验的生成存在方向性。但是无论儿童的经验处于何种方向状态,都存在一个不同经验之间的相关程度的问题。相关系数高的经验,往往容易被迁移和转化,进而生成新的经验;相反,相关系数低的经验不易被迁移,也不易生成新的经验。

(二) 儿童经验在活动中的生成

儿童经验在活动中的生成需具备一定的条件。教育者必须创设良好的情境,提供有利的条件,进而促进儿童经验在活动中的生成。

1. 组织儿童讨论活动主题,了解儿童已有经验

不同的儿童在生活世界中获得的个体经验千姿百态、各不相同,并且儿童的生活世界与教育者的生活世界有着不同的关注点。因此,首先,教育者不应该按照自己的经验和感悟来揣度儿童的经验,而应该从儿童的角度和立场出发,去真正了解儿童的体验和感悟。其次,儿童原有的经验影响和决定着活动开展的范围和限度。因此,教育者一方面要在活动开展之前了解儿童的已有经验,另一方面,教育者可以通过观察儿童活动的过程,发现儿童的兴趣以及儿童关注的焦点,进而了解儿童的已有经验。

2. 根据儿童已有经验,有针对性地开展活动

儿童经验是儿童在活动中与环境或其他个体的互动过程中生成的,是一种尚未被激活的教育资源。各种活动是儿童获取新知识和新经验的重要渠道。因此,教育者必须充分认识到儿童活动的重要性,根据儿童的已有经验开展活动,促进儿童经验在活动中的生成并在相互关

---

① [美] 杜威著,王承绪译:《民主主义与教育》,人民教育出版社,2001 年,第 86 页。

联中动态地发展。

3. 引导儿童回顾活动过程,组织儿童交流经验

根据儿童的身心发展规律和特点,儿童的经验多具有混沌、未分化的特性,而且儿童对知识和经验的记忆多表现为短时记忆。因此,教育者在活动结束后应及时引导儿童回顾整个活动过程,以此来加深儿童对已有经验的理解和感悟;教育者还可以根据儿童在活动中体验的程度以及对活动的把握程度来决定是否对活动进行更深层次的拓展和延伸,以引导儿童实现相关知识和经验的迁移和整合;另外,教育者要善于在活动过程中及活动结束后,引导儿童互相交流和分享经验,从而促进新经验的生成。

三、儿童经验的教育意义

杜威曾在其著作《经验与教育》中详细论述了儿童经验在教育中的重要作用:"我们认为,在全部不确定的情况当中,有一种永久不变的东西可以作为我们的借鉴,即教育与个人经验之间的有机联系……"正是这种联系,一方面使儿童对学习产生浓厚的兴趣,另一方面丰富了教育及教学的内涵。因此,儿童经验具有非常重要的教育意义。

(一)儿童经验是儿童教育的基础

儿童经验是儿童在与生活世界打交道的过程中主动获得的。儿童经验不仅内在于教育之中,是教育存在的现实目的和重要条件,而且还是儿童实现新经验的增长和积累的基石。杜威在《民主主义与教育》中提及:"经验作为一个主动的过程是占据时间的,它的后一段时间完成它的前一段时间;它把经验所包含的、但一直未被察觉的联系显露出来。因此,后面的结果揭露前面结果的意义,而经验的整体就养成对具有这种意义的事物的爱好或倾向。所有这种连续不断的经验或活动是具有教育作用的,一切教育存在于这种经验之中。"可见,教育是属于经验、由于经验和为着经验的。从此意义上讲,儿童经验是儿童教育的基础。

(二)儿童经验是一种丰富的、动态的教学资源

儿童在生活中积累了丰富的生活信息、奇异多彩的想法、个性化的生活体验和感悟。儿童在与环境打交道的过程中,经验不断地积累与增长,经验意义不断地丰盈、扩充和改造,才构成了儿童五彩缤纷的生活世界。而儿童的这些经验都可以成为教学资源的重要来源。儿童经验是丰富的、动态的,而且是有效的,它可能是儿童头脑当中的某一幅画面,也可能是对某一问题的一种思考,还可能是内化的某些知识,或是对某一事件或活动的情感与态度。教育者要善于运用儿童的这些生活经验,利用儿童不同的探索经历和感悟,丰富教育教学内容,从而促进儿童的发展。

(三)儿童经验是儿童"有效学习"的支点

儿童在生活世界中获得了丰富的知识和经验,体验和领悟了各种各样的感情与感受,而儿童的这些经验都可以成为他们有效学习的基础点与增长点,即在这些经验的基础上生长出新的经验。对于儿童而言,"各种不同的情境一个跟着一个相继地发生。但是,因为有了连续性原则,可以使先前情境中的某些东西传递到以后的情境中去。当个人从一种情境走到另一种情境时,他的世界、他的环境或者扩大了,或者缩小了。他并不认为自己是生活在另一个世界

中,而是处在同一个世界的不同部分或者不同方面。他在一种情境中所学到的知识和技能,可以变为有效地理解和处理后来的情境的工具。这个过程在生活和继续学习中不断进行着"①。儿童将这些已有的经验和新知识联系起来,并顺利地将新的知识吸收、内化,转化成自己的思想或认识,从而加深对所学新知识的感悟和理解,并对学习的内容及学习过程本身形成一种积极的情感与态度,从而更好地掌握所学的新知识。杜威也曾指出:"教育就是经验的改造或改组。这种改造或改组,既能增加经验的意义,又能提高指导后来经验进程的能力。"②

资源链接 3 - 2:

经验与教育

杜威指出,相信一切真正的教育从经验中产生,并不意味着一切经验都真正地具有或相同地起着教育作用。有些经验是不利于教育的,任何对经验的继续生长起着抑制或歪曲作用的经验都不利于教育。那么,如何区别哪种经验有教育价值哪种经验没有教育价值呢?

杜威提出了经验的连续性原则,经验的连续性原则的意义是,每一种经验总有些地方取之于从前的经验,同时又以某种方式改变以后经验的性质。在人们的日常生活中,各种情境一个接着一个发生,但是连续性原则使以前的情境中的某些东西能够传递到以后的情境中去。当情境发生变化时,人的环境也随之扩张或缩小,但他并不认为他生在不同的世界中,而是生活在同一世界中的另一不同的方面。任性的活动和机械的活动不具有连续性。单纯的活动不构成经验。就某种意义说,每一个经验,都应该为个人获得未来有更深刻更广泛性质的经验提供些什么。教育者应遵循经验的连续性原则,从过去的经验中吸取和采纳有用的富有启发性的养料,按照经验所指引的方向去指导和评断经验,以增进未来经验的丰富性,在某种程度上改变未来经验的性质。

经验的交互作用原则是解释经验在教育作用和力量上的第二个主要原则。人是生活在一定的自然情境与社会情境中并与其周围环境处于不间断的交互作用中的人,经验在人的生命活动过程中随之产生并得以展开。因此,对教育者而言,应该密切关注产生交互作用的各种情境,认识到经验本身首先包括存在于人和他的自然和社会环境之间的主动的关系。

杜威认为,必须注意经验的连续性和交互作用这两条原则。因为"连续性和交互作用的积极生动的相互结合,就提供了衡量经验的教育意义和价值的标准"。经验的连续性和交互作用这两个原则不是彼此分离的。它们相互制约又相互联合。可以说,它们是经验的经和纬,两者的有机结合,构成经验的教育意义和教育价值的标准。

资料来源:张梅:《杜威的经验概念》,复旦大学博士论文,2008年。

---

① [美]杜威著,姜文闵译:《我们怎样思维·经验与教育》,人民教育出版社,2005年,第262页。
② [美]杜威著,王承绪译:《民主主义与教育》,人民教育出版社,2001年,第87页。

四、教育中如何关注儿童经验

儿童经验是儿童教育的基础,教育是儿童获得经验的一种重要方式。所以,教育理应走进儿童生活世界,关注儿童经验。

(一) 儿童是经验的主体,应把儿童经验作为教育的起点

在教育活动中,儿童不是一个被动的旁观者,而是一个主动的行动者。儿童是教育和获得经验的主体,而儿童教育是儿童获得经验的一种重要方式。因此,教育者要充分尊重儿童的主体地位。首先,教育者应该积极营造良好的教育环境和条件,鼓励儿童主动参与各种活动,并在活动过程中丰富儿童的体验与感悟,增进儿童的知识与经验;其次,教育者要摆正自己在教育活动中的位置,充分尊重儿童在教育中的主体地位,根据儿童的原有经验和身心发展规律与特点来组织教育活动,引导儿童积极参与并主动探究;再次,在教育活动中,儿童倾向于根据自己的兴趣和经验来选择活动。因此,儿童经验是进行儿童教育的出发点,儿童教育应该根据儿童经验来选择教学内容、教学方法和教学手段。

(二) 了解儿童的原有经验,注意内容的生成性

儿童并不是空着脑袋走进教室的,在生活世界中,儿童在以往的生活和学习中已经积累了丰富的经验、体验和感悟。从身边的衣食住行到星体的运行,从自然现象到社会生活,儿童都积累了自己的经验,并形成了自己的体验和感悟。儿童所获得的经验具有个体性和独特性,每个儿童都有自己的兴趣和认知风格。因此,在具体问题面前,每个儿童都会基于自己的经验背景形成自己的理解。所以,教育者要了解儿童的原有经验,注意内容的生成性。首先,教育者不能无视儿童的这些原有经验及其背景而另起炉灶,从外部装进新知识,而是要把儿童的原有经验及其背景作为新知识的生长点,引导儿童在此基础上"生长"出新的经验;其次,教育者在进行教育活动之前,应该充分了解儿童已有经验掌握的广度和深度,从儿童经验和兴趣出发,根据具体的教学情境,注意适当调整和生成教学内容;再次,教育者不能无视或轻视儿童的原有经验,根据呆板的教学计划安排教学内容和任务,而是应该以儿童的生活经验和兴趣为基础,在活动中生成新的经验,从而进一步丰盈儿童的知识、技能、感悟和体验,使儿童获得更好的发展。

(三) 创设良好的教学情境,引导儿童获得新的经验

儿童经验是儿童与周围生活世界互动的产物。生活世界是儿童经验的源泉,经验要从儿童周围的生活世界中提取营养,而教育是儿童从生活世界中获取经验的一种重要方式,"即教育者不必从事强迫性灌输,就能指导儿童的经验。教育者的主要责任是不仅要通晓环境条件所形成的实际经验的一般原则,而且也要认识到在实际上哪些环境有利于引导生长的经验。最为重要的是,他们应当知道怎样利用现有的自然的和社会的环境,并从中抽取一切有利于建立有价值的经验的东西"[①]。所以,教育者应创设良好的教学情境,引导儿童获得新的经验。首先,教育者应根据活动的性质和要求,为儿童创设一个有益于经验获得的教育情境,充分利

[①] [美] 杜威著,姜文闵译:《我们怎样思维·经验与教育》,人民教育出版社,2005 年,第 259 页。

用生活世界中的各种素材和资源,为儿童提供丰富的活动材料,并引导儿童在参与活动的过程中获得新的经验;其次,教育者应充分调动儿童参与活动的积极性与主动性,引导儿童积极钻研与探究,以此来丰盈儿童经验的内容,拓展儿童经验的范围,从而促进儿童新经验的生长。

(四) 注重经验内容的整合,引导儿童获得多方面经验

儿童是以独特的、整体的方式来感知事物获得经验的,儿童在生活中积累了丰富的经验,这些经验涉及科学、社会、语言、认知、情感、态度及价值观等各个方面和领域。因此,教育者应注重经验内容的整合,引导儿童获得多方面经验。首先,教育目标和内容应该涉及科学、社会、语言等多个领域,并通过活动的开展促进儿童多方面经验的获得与发展;其次,教育者还应在了解和掌握儿童已有经验的基础上,培养儿童对各种知识和经验的组织、迁移和整合能力,并为日后经验的获得提供后续动力,促进儿童的经验、个性和认知等方面的整体发展。

第三节　儿童兴趣与教育

儿童兴趣是儿童对生活世界中的客观事物或活动的一种积极的认识倾向。与成人兴趣不同,儿童兴趣具有游戏性、广泛性、不稳定性、不分化性等特点。儿童兴趣具有非常重要的教育意义,它能推动儿童积极地探索周围的生活世界。因此,教育必须关注儿童兴趣。

一、儿童兴趣概述

儿童兴趣是儿童对某一事物或活动的一种高层次的需求,是儿童力求认识和探究某种事物或活动的一种认识倾向和情感倾向。它能推动儿童积极地探索周围的生活世界。

(一) 儿童兴趣及其特点

儿童兴趣,是儿童在与生活世界打交道的过程中所形成的对某一事物或活动的一种积极的认识倾向和情感倾向。与成人兴趣不同,儿童兴趣具有自身独特的内涵和特点。

1. 儿童兴趣的内涵

儿童兴趣是一个多领域、多学科所关注的问题。不同的领域、学科对儿童兴趣的理解和界定不同。在心理学上,一般认为儿童兴趣是儿童力求认识、探求某种事物的心理倾向;在教育学上,作为教育学家的杜威认为,兴趣是由于认清其价值而集中注意、全神贯注、专心致志于某种活动的意思;在哲学上,哈贝马斯认为,"一般来说,兴趣即乐趣;我们把乐趣同某一对象的存在或者行为存在的表象相联系。兴趣的目标是生存或存在(das Dasein),因为,它表达着我们感兴趣的对象同我们实现欲望的能力的关系"[1]。

鉴于此,我们认为:在儿童教育哲学上,儿童兴趣就是儿童凭借已有的知识和能力,通过一定的方式和途径来获取新的知识、增长新的能力的方式和途径。

---

[1] [德] 哈贝马斯著,郭官义、李黎译:《认识与兴趣》,学林出版社,1999年,第201页。

资源链接 3 - 3:

哈贝马斯的兴趣观

什么是"旨趣"？哈贝马斯说："我把旨趣称之为与人类再生产的可能性和人类自身形成的既定的基本条件，即劳动和相互作用相联系的基本导向。因此，这些基本导向所要达到的目的，不是满足直接的经验需求，而是解决一系列的问题。当然，这里说的解决问题只是试图解决问题。因为指导认识的旨趣不能由提出的问题来决定；提出的这些问题作为问题，只有在由这些问题所规定的方法论的框架内才可能出现。指导认识的旨趣只能以客观提出的、维持生活的，而且已经由存在本身的文化形式回答了的那些问题为准绳。"这就是说，在哈贝马斯那里，所谓"知识构成的兴趣"，它既不能纳入经验的和先验的、事实的和符号的二分结构中来定位，也不能借助动机和认知后果的二分来描述。哈贝马斯所说的"旨趣"指的不是个人特殊的倾向、嗜好，或某种群体利益的初始动机，而是指人类基本的生活兴趣，某种先在的普遍认知兴趣，或知识构成的背景。这种兴趣或背景能够决定人在世界之中的取向(orientation)。包括学术研究的取向(它是一种较精致、较有规则的取向)。因此，"兴趣"使认知活动关联着某种先于对问题处理的趋向和渴望，而这种趋向和渴望又是一种现实的经验，代表着人在社会生活中不同层次的知识形式的构建要素，所以，哈贝马斯把它理解为构成知识(包括知识的可能性、有效性、客观性、意义等)的一种先决条件。

兴趣具有"准先验"的性质，"认识的兴趣具有的意义既不是认识心理学的，又不是知识社会学的或者狭义上的意识形态批判的；因为认识的兴趣是抽象的；确切地说，认识的兴趣产生于同劳动和语言相联系的社会文化生活的需求中"。

资料来源：刑丽：《哈贝马斯兴趣观浅析》，山东大学硕士论文，2006 年。

2. 儿童兴趣的特点

一般来说，兴趣具有指向性、情绪性和动力性等特点，相对于一般兴趣的特点而言，儿童兴趣还具有自身的独特性，主要表现在以下几个方面。

第一，游戏性。儿童兴趣的游戏性也可称之为儿童兴趣的活动性。儿童是天生的游戏者，在儿童的世界里，一切事物都可以成为儿童游戏的对象。在儿童的兴趣中，游戏不但占据非常重要的地位，而且还在儿童的生长和发展过程中起着巨大的作用。对于低年级的儿童来说，兴趣的游戏性表现得更为明显和突出。一方面，游戏对他们有着更为强大的吸引力，并且同他们的兴趣有着更直接和更紧密的联系；另一方面，儿童的兴趣更多是通过游戏的方式表现出来的。

第二，广泛性。一般来说，大多数儿童的兴趣都非常广泛，他们对周围事物或活动的兴趣不会仅仅局限于某一事物或事件，在一段时间内，儿童会同时对很多事物或活动感兴趣，如儿童既喜欢绘画，也喜欢舞蹈，既喜欢文学，也喜欢数字，既喜欢音乐，也喜欢天文等。我们应该正视儿童兴趣的广泛性，不应把这种情况看作儿童的不专心、不专一，而是应看作为儿童刚进入客观世界，对自己周围世界的一切都感到好奇的正常反应。

第三，不稳定性。由于儿童的身心发展特点与身心发展规律，儿童的兴趣不能长时间地保持在某一对象或某些对象上，即儿童对某一事物或活动的兴趣不能保持稳定和持久。儿童的兴趣是不专一的，无定向所指，一旦外界环境和影响发生变化，儿童的兴趣也会跟着变化。儿童今天对这个事物或活动感兴趣，明天又对那个事物或活动感兴趣，今天还特别喜欢绘画，明天可能就不喜欢绘画而喜欢舞蹈了。而正是因为儿童的兴趣与成人的兴趣相比带有更多的情感色彩，所以儿童的兴趣更容易受到情绪的感染。

第四，不分化性。儿童兴趣的不分化性是指儿童对兴趣无所谓选择。如果问儿童喜欢什么功课，他们会说喜欢这个，也喜欢那个，他们会对阅读、舞蹈、算术、体操、唱歌同样感兴趣。比如，有的儿童唱歌并不好，但他会说他喜欢唱歌。这种喜欢不是因为他的兴趣有了分化，也不是说他对唱歌有特殊的能力和修养，而是因为他对这种活动的方式或对教育者的教学方式感兴趣而已。即使儿童对某些学科的学习有兴趣上的差异，也并不表示儿童兴趣的分化，而只是学习成功与失败造成的一种暂时的心理状态。

（二）儿童兴趣的品质

儿童兴趣的品质主要包括兴趣的倾向性、广阔性、稳定性、效能性四个方面。

1. 兴趣的倾向性

"兴趣的倾向性，是指兴趣对着什么内容而发生，它是形成其他兴趣品质的前提。"[1]儿童兴趣的指向内容是存在一定差异的，儿童在生活中的兴趣可能是针对物质方面发生的，也可能是针对精神方面发生的；有的儿童对绘画感兴趣，有的儿童对跳舞感兴趣，有的儿童对文学感兴趣，有的儿童对数学感兴趣。兴趣所指向的内容有高尚兴趣和低级兴趣之分。有的儿童在活动中比较自私，为了达到自己的目的而不顾其他儿童的利益，这种对物质的兴趣倾向是低级兴趣。有的儿童则把自己对物质的兴趣与其他儿童和集体的利益结合在一起，在这种基础上发展起来的兴趣是高尚兴趣。高尚兴趣的培养可以使儿童从小感受生活的真正乐趣，从而领悟生活的真谛。

2. 兴趣的广阔性

兴趣的广度即兴趣的广阔程度，它说明儿童兴趣范围的大小。有的儿童兴趣广泛，对生活中的一切事物都兴致盎然、乐于探究，如有的儿童既喜欢绘画，又喜欢舞蹈，既喜欢文学，也喜欢数字；有的儿童则兴趣比较狭窄、单调，这样的儿童倾向于把自己局限在狭小的生活空间内，感兴趣的事物很少，仅仅是生活中的一个小小的方面。兴趣广泛的儿童喜欢注意生活世界中的各个方面、各个事物、各个事件，并能积极地去探究、钻研，这样的儿童生活内容比较丰富，能从生活世界中获得更多的体验和经验，领悟更广博的知识，身心、个性获得全面发展。兴趣狭窄的儿童仅仅关注生活中的一个或几个方面，这样的儿童生活内容比较单调、贫乏，从生活世界中获得的体验和积累的知识也相对有限，以至影响儿童的全面发展。

3. 兴趣的稳定性

兴趣的稳定性即兴趣的稳定程度，是指儿童的兴趣能否长时间地保持在某一对象或某些

---

[1] 高玉祥著：《个性心理学》，北京师范大学出版社，1989年，第98页。

对象上。有的儿童对生活中事物的兴趣经久不变,有的儿童则对生活中事物的兴趣瞬息万变。兴趣持久稳定的儿童,他们能深入地钻研和探究该事物,以及该事物与生活世界中其他事物的联系,并能在长时间的接触和摸索中体验和领悟一些深层次的知识和真谛,从而拓宽视野,丰盈知识和体验,进行创造性的活动。兴趣瞬息万变的儿童,虽然他们也能体验生活中的各个方面,但是这样的儿童所获得的知识比较肤浅,所获得的体验比较浅薄。由于缺乏持久性,他们的兴趣很容易从一个事物转移到另一个事物,尤其是遇到困难的时候,这样的儿童对事物的探究就会半途而废,从而影响他们获得知识和体验的广阔性和深刻性。

4. 兴趣的效能性

兴趣的效能即兴趣的力量,是指儿童兴趣对活动所产生的效果的大小。儿童兴趣的效能水平可以分为积极的和消极的两种。积极的兴趣是主动性质的兴趣,是有效的兴趣,消极的兴趣是被动性质的兴趣。具有积极兴趣的儿童,他们会积极主动地采取某种措施或行动以完成某种特定的活动,即为达到某种目标而采取实际行动,而不是停留在静观阶段;具有消极兴趣的儿童,他们对某种事物或活动的兴趣仅仅是"心向往之",兴趣在这样的儿童的活动中仅仅停留在静观阶段,不会产生实际的效果。

(三) 儿童兴趣的分类

儿童兴趣是多种多样的,可以从不同的角度进行划分。一般来讲,儿童兴趣可以分为以下几类。

1. 根据儿童兴趣的内容进行分类

根据儿童兴趣的内容可分为物质的兴趣和精神的兴趣。物质的兴趣主要表现为儿童对衣、食、住、行等的兴趣;精神的兴趣主要表现为儿童对认识方面的兴趣,如儿童对生活知识、科学知识、生活世界、文学和艺术等的兴趣。

2. 根据儿童兴趣的起因进行分类

根据儿童兴趣的起因可分为直接兴趣和间接兴趣。直接兴趣是对事物或活动本身发生的兴趣,是因为事物本身吸引儿童而使儿童产生的兴趣,如儿童对小动物的兴趣,由故事情节或美丽的场景、画面所引起的兴趣都属于直接兴趣。间接兴趣是儿童对活动结果产生的兴趣。儿童对某种事物或活动本身并没有产生兴趣,但当儿童意识到接触某事物或完成某活动后会有重要的意义或给自己带来利益时,儿童就会去积极完成活动。这种由活动后果的意义引起的兴趣就是间接兴趣。如儿童开始学习计数、识字时,对其并没有兴趣,但是由于知识的吸引力以及期望得到家长、教师的鼓励和赞扬等,就开始对活动产生兴趣。

3. 根据儿童兴趣的广度进行分类

根据儿童兴趣的广度可分为中心兴趣和广阔兴趣。中心兴趣是指儿童对某方面的事物或活动有着非常稳定、浓厚的兴趣。如儿童仅仅对书法感兴趣,而且长时间地、稳定地保持着这种兴趣。广阔兴趣是指儿童对多方面的事物或活动有着兴趣。如儿童既对绘画感兴趣,也对舞蹈感兴趣;既对文学感兴趣,也对天文感兴趣;既对钢琴感兴趣,也对体操感兴趣等。

二、儿童兴趣的发展规律

掌握儿童兴趣的发展规律,对于儿童兴趣的培养、学习效率的提高具有非常重要的教育意义。

1. 兴趣发展逐步深化

儿童兴趣的发展一般经过三个阶段:有趣—乐趣—志趣。有趣是儿童兴趣发展过程的第一阶段,也是儿童兴趣发展的低级水平,它一般是由儿童生活世界中的某些新奇的事物、事件的吸引而产生的直接兴趣。其特点是持续时间短暂,不稳定。乐趣是儿童兴趣发展的第二阶段,也是儿童兴趣发展的中级水平,它一般是在有趣的基础上逐渐形成并发展起来的。其特点是持续时间相对较长,相对稳定。志趣是儿童兴趣发展的第三阶段,也是儿童兴趣发展的最高水平,它一般是在乐趣的基础上逐渐形成并发展起来的。其特点是持续时间长,稳定。由此可见,儿童兴趣的发展是一个逐步深化的过程。虽然有趣和乐趣是儿童兴趣发展过程中的一种必然的现象,但由于有趣和乐趣持续的时间和稳定性问题,两者在儿童认识生活世界过程中的作用也相对有限。因此,教育者应采取积极措施引导儿童的兴趣由有趣、乐趣逐步向志趣转化。只有这样,儿童才会全神贯注地投入学习活动中去。

2. 直接兴趣与间接兴趣相互转化

直接兴趣是指儿童对某一事物或活动本身所产生的兴趣。如当儿童在生活世界中遇到一些新奇、有趣的事物或活动时,儿童便容易产生直接兴趣;间接兴趣是指儿童对某一事物或活动的目的或结果所产生的兴趣。在儿童认识生活世界的过程中,儿童的直接兴趣和间接兴趣可以相互转化。因此,教育者要善于引导儿童把这两种兴趣紧密结合起来,使两种兴趣相互转化,以达到最佳的学习效果。

3. 中心兴趣与广阔兴趣相互促进

21 世纪社会的发展和进步需要的是德、智、体、美等全面发展的人。因此,当今社会首先要求儿童具有广阔的兴趣、多方面的体验和感悟,多方面地摄取知识,以拓宽儿童的视野,丰富儿童的知识,并在此基础上敦促儿童在某一方面进行更加深入、细致的探究和钻研,以培养儿童的中心兴趣。在儿童的生活世界中,儿童的中心兴趣和广阔兴趣并不是彼此对立、相互矛盾的,而是相辅相成、相互促进的。在儿童认识生活世界的过程中,教育者应做到博约相济,即一方面要引导儿童在广阔兴趣的基础上发展中心兴趣,只有儿童有了浓厚的广阔兴趣,儿童的中心兴趣才会稳定牢固;另一方面要引导儿童在中心兴趣的前提下来发展广阔兴趣。只有把这两者结合起来,儿童才能获得最佳的学习效果。

4. 好奇心、求知欲、兴趣逐步发展

好奇心—求知欲—兴趣是层层递进、逐步发展的。好奇心是儿童天生所具有的一种本能,是儿童对周围生活世界中的新奇事物或事件的一种积极探求的心理倾向。好奇心人人皆有,然而却在儿童期表现得最为明显和强烈。儿童的好奇心主要表现在对周围一切新奇的事物感兴趣。求知欲是儿童积极探求周围生活世界中的新知识的一种欲望。在青少年时期,儿童对新知识的渴望表现得最为明显和强烈,并且这一时期儿童的求知欲带有明显的感情色彩。儿童兴趣是儿童积极认识或探究某一方面的事物或活动的一种心理倾向。当儿童对某一方面的事物或活动具有浓厚、稳定、牢固的求知欲,并且该求知欲反复地表现出来时,这就说明儿童对某事物或活动产生了兴趣。在儿童的学习活动中,好奇心、求知欲具有非常

重要的教育意义。所以,教育者一方面要引导儿童的好奇心、求知欲逐步向兴趣发展,培养儿童浓厚、稳定的学习兴趣;另一方面,教育者要保护儿童的好奇心,激发儿童的求知欲,拓展儿童兴趣的范围,深化儿童兴趣的深度,从而促进儿童的好奇心、求知欲,使兴趣层层递进、协调发展。

5. 兴趣与努力不可分割

兴趣和努力既不是两个对立面,也不是简单的线性关系,两者之间是相互联系、不可分割、相互促进的。儿童良好学习效果的获得,既离不开儿童兴趣的参与,也离不开儿童的刻苦努力。在兴趣与努力两者的关系上,存在着两种相反的观点:一种是过分片面地强调儿童兴趣,持这种观点的人主张只有被动地顺从儿童的兴趣,才能取得良好的学习效果和教育效果;另一种是过分片面地强调努力,持这种观点的人主张儿童只要通过努力就能形成和发展对某一方面的兴趣,进而取得良好的学习效果和教育效果。这两种观点都是片面的,因为无论哪一种观点,都把儿童兴趣和努力对立了起来。其实,兴趣与努力并不是相互对立的,而是相互联系、不可分割、彼此促进的。在学习活动中,一开始儿童对某些知识可能不感兴趣,但当儿童通过努力克服某些学习困难时,便会激发对这些知识的兴趣。当儿童对某一事物或活动产生了兴趣时,又能够进一步激发儿童的积极探索。所以,在儿童生活世界中,良好学习效果的获得既离不开儿童兴趣的参与,也离不开努力的作用。教育者只有把儿童兴趣和努力紧密结合起来,才能使儿童的学习达到最佳境地。

三、儿童兴趣的教育意义

"兴趣是任何有目的的经验中各种事物的动力,不管这些事物是看得见的,还是呈现在想象中的。具体地说,承认兴趣在有教育意义的发展中的能动地位,其价值在于使我们能考虑每一个儿童的特殊能力、需要和爱好。"[①]兴趣在儿童生活和活动中的作用是非常巨大的,儿童兴趣的教育意义主要体现在以下几个方面。

(一)使儿童适应环境,调动其生活热情

兴趣可以扩展儿童的眼界,丰富儿童的心理活动内容,使儿童善于应对变化万千的环境。儿童对某一事物或活动形成兴趣时,他们就会积极地探索或研究该事物或活动,从而发现一些深层次的东西。多方面兴趣会使儿童体验不同的事物或活动,并从中获得不同的经历和感受,这既能丰富儿童的生活体验与知识,使儿童能顺利适应多变的环境,也能调动儿童生活的积极性、主动性,使其感受到生活的乐趣并快乐地生活。

(二)丰富儿童的知识,开发其智力

儿童的兴趣是一种具有浓厚情感色彩的指向性活动,它可以调动儿童在活动中的积极性与主动性,督促儿童集中精力来探索、研究某事物或活动,从而获得关于某事物或活动的多方面的知识和体验,并积极地、创造性地完成当前正在从事的工作。另外,儿童的兴趣对他的未来活动可以起到准备作用。例如,儿童可能由于偶然的机会对汽车发生了兴趣,这种兴趣就会

---

① 〔美〕杜威著,王承绪译:《民主主义与教育》,人民教育出版社,2001 年,第 143 页。

使儿童在汽车方面的知识丰富起来,并促进其智力的发展。

四、教育中如何关注儿童的兴趣

兴趣是最好的老师,具有学习兴趣的儿童,会把学习看成内心的满足,而不是一种负担,因而能取得良好的学习效果。然而,学习兴趣并不是儿童与生俱来的,是需要通过多种教育机制加以培养的。

(一)注意教学的新颖性,激发儿童兴趣

儿童兴趣的真正源泉在于教育者所授知识本身的科学性。因此,教育者尤其要注意教学内容及教学方法的新颖性,因为只有新颖的东西才能吸引儿童的注意力,激发儿童的兴趣。首先,教育者要重视教学内容的新颖性、趣味性,应注意既不能脱离教材内容一味地追求所谓的趣味性,也不能单纯追求新颖而忽视儿童自觉性的培养和儿童知识的掌握;其次,教育者还应采用新颖、灵活多样的教学方式,实施启发式教学,创设问题情境,充分调动儿童的积极性、主动性,指导儿童大胆想象和探索,还要活跃气氛,引发儿童的好奇心并激发儿童的学习兴趣。只有这样,才能使儿童既有效地获得基本的知识和能力,又能有趣味性地、积极主动地学习。

(二)利用儿童已有兴趣,帮助迁移兴趣

如果具备适当的教学情境,儿童的兴趣是可以迁移的。在儿童缺乏学习动力、没有明确的学习兴趣的情况下,教育者可以充分利用儿童对某事物或某活动的兴趣,使这些已有的兴趣与学习发生联系,把儿童对某些事物或活动的兴趣迁移到学习中去,从而使儿童对学习产生兴趣。首先,教育者应对偏重某一学科的儿童给予正确引导;其次,教育者要充分利用儿童已有的兴趣,并在此基础上利用兴趣的迁移培养起儿童对其他学科的兴趣;再次,教育者还要积极关注儿童的中心兴趣,并以此为中心,指导儿童涉猎更广泛的知识、体验,从而发展更为广阔的兴趣。

(三)加强课外活动指导,发展儿童兴趣

激发和发展儿童兴趣的一条重要原则就是让儿童在活动中体会到知识的作用和力量,激发他们运用已有知识获得新知识的信心和力量。每个儿童的心灵深处都有一种表现的欲望,他们想让周围的人承认自己是发现者、探究者。课外活动是儿童成长过程中所必需的,儿童通过参加课外活动可以拓展视野,拓宽知识面,活跃思维和想象,从而激发兴趣。当然,儿童的课外活动需要在教师的指导下进行。教育者要根据儿童的个性特点,指导儿童有计划、有选择地参加课外活动,从而培养儿童对某事物或活动的兴趣。

(四)针对儿童个性差异,进行因材施教

在激发和发展儿童的兴趣时,教育者要针对儿童的个别差异,根据儿童的年龄特征、兴趣类型和原有的知识基础,有的放矢地采取措施,使每个儿童都能够获得最佳的发展。

1. 年龄特征

不同年龄阶段的儿童在学习兴趣的形成和表现上存在很大差异。处于小学阶段的儿童学习兴趣比较笼统、模糊、不稳定,易对学习过程中一些新颖、形象、具体的事物产生极大的兴趣。因此,小学阶段的教学更应该注意教学方式的灵活多样、教学内容的生动活泼及教具的新颖具体。随着年级的增高,儿童的兴趣开始分化并趋向稳定,他们的兴趣范围扩大并逐渐减少与学习方式的联系,而逐渐被学习内容所取代。这一阶段的儿童逐渐对疑难问题和较高的智力活动产生兴趣。所以,在对高年级进行教学时,教育者不仅要采用灵活多样的教学方法,更要进一步挖掘教学内容,激发儿童的智力活动,活跃儿童的思维。

2. 兴趣类型

对于小学阶段的儿童来说,对比鲜明、新颖独特的事物或活动往往容易引起他们的直接兴趣,而对活动的目的或活动结果的意义与价值的理解往往容易激发他们的间接兴趣。这一阶段的儿童在学习兴趣上存在着明显的差异。随着儿童经验的不断积累,儿童的兴趣也在不断地发展变化,其主要趋势是由直接兴趣向间接兴趣发展。所以,教育者在对儿童进行教育时,一方面要采取多样化的形式,提高儿童参加某种活动的兴趣;另一方面应引导儿童明确学习的重要性,从而促使其间接兴趣的发展。

3. 知识基础

由于儿童先天素质与后天努力的差异,每个儿童的知识基础是各不相同的。一般来说,知识基础好的儿童往往都有着较浓厚的学习兴趣,但如果不加以引导,这样的儿童往往会产生骄傲自满的情绪。因此,一方面,教育者要注意引导,防止儿童产生骄纵情绪,使他们了解知识海洋的浩瀚和自己知识面的狭窄;另一方面,教育者要积极创造条件,启发儿童独立思考,为其开辟创造性学习的环境,保持其浓厚稳定的学习兴趣。对于知识基础薄弱的儿童来说,一方面,教育者需要给予鼓励和积极关注,发现儿童身上的闪光点,扬长避短,调动其学习的积极性,帮助他们树立起自信心,从而以更大的热情投入学习中去;另一方面,教育者应帮助基础薄弱的儿童获得成功的体验,克服知识基础薄弱和个性方面的不足,引导儿童端正学习态度并逐渐形成学习兴趣。

第四节　儿童交往与教育

儿童交往是儿童在生活世界中与其他个体相互作用的一种存在方式。与成人交往不同,儿童交往具有主体间性、语言性、社会性、情感性等特点。儿童生活世界的发生和建构总是在儿童的交往活动中进行的。儿童交往具有非常重要的教育意义,儿童交往可以促进儿童个性及社会性的发展。因此,教育必须关注儿童交往。

一、儿童交往概述

儿童交往是儿童成长与发展的基本需要,是儿童精神生活的重要内容,是儿童个性和社会性发展的需要。儿童的发展取决于他直接和间接进行交往的其他一切人的发展。

(一) 儿童交往的内涵与特点

儿童交往是儿童与其他个体之间相互联系的一种行为,是儿童运用一定的方式和手段传递信息、交流情感、互相促进以达到某种目的的一种社会活动。与成人交往不同,儿童交往具有自身独有的内涵和特点。

1. 儿童交往的内涵

从词源上看,交往来自拉丁语 communis,起初意指共同的、通常的,现在人们把它理解为分享思想与感觉,交流情感、观念与信息。它除了指交往外,还有信息、传播和交流等多重含义。哲学上的交往概念,是指人的所有相互往来关系,即一个人在与其他人的相互联系中的一种存在方式。

哈贝马斯认为,"生活世界"是一个交往行为的世界,生活世界不只是作为交往行为的背景,而且还起着"信念储存库"的作用。此外,哈贝马斯指出了交往的四层含义:第一,交往是两个以上主体之间产生的涉及人与人关系的行为;第二,交往是以符号或语言为媒介的;第三,交往以社会规范作为自己的准则;第四,交往的主要形式是"对话",通过对话以求达到人们之间的相互理解与一致。

鉴于此,我们认为,儿童交往就是指儿童所拥有的相互往来关系,即儿童在与其他儿童的相互联系中的一种存在方式。

2. 儿童交往的特点

儿童作为独立于成人的存在,其交往必然不同于成人的交往。一般来讲,儿童交往具有以下特点。

第一,主体间性。儿童交往是发生在各交往主体之间的活动或行为。在儿童的交往活动中,交往的双方必须以对方为客体才能形成一定的交往关系。当然,儿童的主客体之分具有相对的意义,可以说它是儿童与儿童之间的一种互动性关系。换言之,在现实的儿童交往中,不存在纯粹的客体,每个儿童都是交往的主体,"并且都把与自己有关的其他交往者的主动性、自主性作为相互对话、理解、沟通的前提条件,在一定的规范、习俗、契约及文化传统的框架内进行交流、对话、沟通、理解等活动。因此,这是一种内在的相关性、互主体性,或曰主体间性(intersubjectivity)"[①]。

第二,语言性。儿童交往和语言是密不可分的。语言是有意义的符号,是儿童思想物化的具体表现,是儿童表达自己生命活动的一种重要形式,也是儿童进行交往的媒介和工具。在儿童交往过程中,儿童通过语言来表达自己的思想和情感。儿童的任何交往都是以语言为中介的,不管是体态语言、口头语言,还是书面语言。总之,儿童的交往离开了语言就无法完成。因此,语言不仅是使儿童交往成为可能的前提条件,而且还是使儿童交往成为事实的现实条件。在儿童的生活世界中,"没有脱离语言的交往,也没有不在交往中生成、发展的语言。脱离开语言的交往和脱离了交往的语言都是不可想象的"[②]。

第三,社会性。儿童交往这一概念既属于一种活动性范畴,也属于一种关系性范畴,它从横向方面反映了儿童与其他个体之间的普遍性的社会性联系,从独特的角度展示了儿童交往在生活世界中的基本特性。在交往过程中,儿童学习到如何与他人建立并保持良好的交往关系,如何调试自己的角色以适应不同的交往情境等。所以说,儿童交往不仅是实现儿童社会化

① 姚纪纲著:《交往的世界——当代交往理论探索》,人民出版社,2002 年,第 15 页。
② 同上注。

不可或缺的途径,而且是儿童适应社会、适应未来发展的一种需要。

第四,情感性。儿童是还未被生活世界完全社会化的个体,在交往过程中,儿童并不像成人那样功利性地进行交往。无论是交往对象的选择还是交往过程中的互动,儿童都倾向于凭个人的喜好和情感来处理。在交往过程中,儿童一般倾向于选择这样一些个体或群体:自己所熟悉、临近的,与自己的学习成绩、兴趣、个性、品行、行为方式相似的,人格上相互尊重、相互钦慕并心理和谐的。可见儿童交往带有明显的感性色彩和情感性。

(二) 儿童交往的手段

不管是哪种类型的儿童交往,都需要通过一定的交往手段才能实现。概括起来讲,儿童交往的手段主要有两种。

1. 言语交往手段

言语交往是指以语词符号为中介所实现的交往。它主要包括口头语言和书面语言两种方式。语言是儿童在交往过程中运用最普遍和最重要的一种手段和工具,是儿童交往过程中最有效和最重要的"中介"。在儿童交往过程中,借助于语言表达的意义最为准确,儿童交往是不可能离开语言而独立进行的。言语不仅能够传递信息,还有助于加深儿童对交往情境的理解,从而建构和谐的交往关系。

2. 非言语交往手段

非言语交往是借助于非语词符号等方式所实现的交往,如姿势、动作、表情、体态等。言语并不是儿童交往的唯一手段,在某些时候,儿童交往还需要通过非语言的交往形式来进行。非语言交往的实现形式主要包括三种:"一是通过动态无声的目光、表情动作、手势语言和身体运动等实现交往。二是通过静态无声的身体姿势、空间距离及衣着打扮等实现交往。这两种交往可以说都是身体语言的交往。三是通过非语词的声音,如重音或声调的变化、哭、笑、停顿等来实现交往。"[1]非言语交往可以起到加强言语、配合言语、传递感情和实现反馈的作用。但是,非言语交往手段在不同情境中对言语还有不同程度的依赖性,它们经常需要伴随言语手段来进行。

二、儿童交往及其发展规律

在生活世界中,儿童与不同的个体进行不同的交往,并在交往过程中不断地丰富和拓展自己的生活世界。与成人交往不同,儿童交往具有自身的发展规律和趋势。

(一) 儿童交往的分类

儿童交往的类型多种多样,根据不同的标准可以进行各种各样的划分。如按儿童交往的行为方式划分,有直接交往和间接交往;按交往的手段划分,有言语交往和非言语交往;按交往的性质划分,有积极交往和消极交往;按交往的主要对象划分,有亲子交往、同伴交往及师生交往等。由于儿童的发展取决于他直接和间接进行交往的其他一切人的发展,所以这里着重介绍一下亲子交往、同伴交往及师生交往。

---

① 杜江先著:《交往心理与交往技巧》,安徽人民出版社,2003年,第9页。

1. 亲子交往

家庭是人生的第一所学校,父母是人生的第一任教师,而且是任职时间最长的教师。所以,亲子交往是家庭教育功能的重要方式。亲子交往是指家庭中父母与子女之间交换信息、意见、情感和态度,以达到共同的了解、信任与互相合作的过程。儿童入学后,父母与儿童的交往关系就会发生变化,主要表现在直接交往的时间明显减少、父母教养关注重点的转移、父母对儿童控制和儿童自主管理的消长变化等方面。

随着儿童年龄的增长,亲子关系逐渐由单向的权威服从关系过渡为平等的、相互尊重的合作关系。因此,儿童获得了一定的自主性和权利,也开始懂得奉献和承担责任。亲子交往对儿童道德品质和行为的形成具有直接的影响:在亲子交往中,父母向儿童传递社会性知识、道德准则和行为习惯,同时也为儿童提供很多练习的机会,并给予不断的帮助与指导;和谐的亲子关系还有助于发展儿童的独立性和积极性,有助于儿童形成良好的个性和人格,从而更好地适应千变万化的环境;亲子交往可以促进儿童与父母之间的沟通与情感的交流,对儿童情绪的稳定和情感的健康发展起着极为重要的作用;亲子交往为儿童认识周围世界、发展语言和其他认知能力创造了有利的条件,并为好奇心和求知欲的发展奠定了坚实的基础。

在亲子交往中,家长方面的因素在很大程度上影响着亲子交往的进行。如父母的文化背景、教养方式、人格和个性特征、家庭氛围等,这些因素都会潜移默化地影响亲子交往的质量。

2. 同伴交往

儿童实际生活在两个世界中,一个是包括父母和成人在内的世界,另一个就是同伴世界。儿童的同伴关系是儿童在交往过程中建立和发展起来的一种同龄人之间的人际关系。

同伴关系在儿童人格和社会性发展中起着不可忽视的独特作用。第一,同伴交往促进了儿童的社会认知和社会交往技能的发展。儿童在与同伴交往的过程中学习如何与其他儿童建立良好的人际关系,学会处理同伴间的矛盾和冲突的解决策略,学习如何坚持个人的主张或放弃自己的意见,学会在同伴中传递信息的技能,以及利用各种信息决定自己对其他儿童所采取的行动等社会交往的能力,学习如何对待竞争和合作,处理个人和团体的关系。第二,同伴交往促进了儿童自我概念的形成和发展。儿童在与同伴交往的过程中逐渐认识自己在同伴中的形象、地位以及作用,通过与其他儿童的比较,能发现自身的优势和劣势,并在此过程中了解其他儿童的各种特点。第三,同伴交往可以满足儿童爱与归属的需要以及尊重的需要。在与同伴交往的过程中,同伴之间形成了一个小群体,在群体中,儿童受到同伴的接纳、尊重和赞许,并从中获得一种爱与归属感,这样有利于儿童心理的发展。第四,同伴交往可以促进儿童良好的个性品质和社会责任感的形成和发展。同伴之间的交往活动要求儿童遵守活动规则、承担责任、团结协作等,这些都会促进儿童健全人格的发展,增强儿童的社会责任感。

儿童并不是随意地选择同伴的,即同伴交往的产生必须具备一定的条件。客观条件可以为儿童交往提供很多的机会,交往双方的生活空间距离越小,则越容易接近,彼此间就越容易相互吸引,如住得较近、双方家长为朋友等,儿童大多以这种因素结交同伴。儿童倾向于以自身特点为主要因素来选择同伴,他们相互之间有好感,在学习和行为特点方面具有某种趋同性。尤其是小学阶段的儿童,依这种因素来选择同伴的人所占比例约为 50%—60%,其中尤以小学阶段的中年级人数最多。儿童倾向于选择具有良好人格特征的同伴交往，如真诚、信任、宽容、热情、乐于助人、独立活动能力强的同伴。成人，尤其是教师和家长，一定要珍惜儿童的伙伴关系，不能随意阻止或粗暴干涉。必要时要努力为孩子创造建立伙伴关系的条件，积极地予以协助和引导。帮助儿童建立良好的伙伴关系是教师和家长不可轻视更不能推卸的责任。

3. 师生交往

师生交往是指教与学活动的双方即教师与儿童之间，在认识、情感、行为上直接或间接接触并且交互作用的过程，是一种以教育任务为中心而结成的"人—人"关系。师生交往不仅是知识层面的交往，还是人的特质层面的交往、心灵之间的交往。师生交往的方式主要有三种：第一，民主式交往。师生通过交往产生愉快、满足、和谐的积极情感。第二，专制式交往。师生交往常常产生冲突、痛苦、失望等消极的否定情感。第三，任意式交往。师生交往既没有积极肯定的情感，也没有消极否定的情感，师生间无所谓情感。

师生交往对儿童的影响是多方面的。从儿童的个性发展方面来看，良好的师生交往有利于营造民主、平等、和谐的气氛，有利于发展儿童的主动性、独立性、创造性，会影响儿童的智慧、感情、意志品质的形成，并促进儿童良好个性的形成与发展；从儿童的社会性发展方面来看，良好的师生交往可以促进儿童的学校适应和人际交往适应。师生交往亲密性越高，儿童的学业成绩就越好，而且参与学校活动的积极性就越高。对师生交往的依赖性越强，儿童的学业成绩就越差，同时也就越消极和颓废。师生交往的冲突性越强，儿童就会存在越多的不合作和回避行为。从儿童的身心发展方面来看，良好的师生交往有助于消除师生之间的误解，增进师生之间情感的沟通、交流与理解，维持和增进儿童的心理健康，避免负性情绪日积月累而导致心理问题，从而使儿童向着更健康的方向发展。

在师生交往的过程中，师生双方对彼此的外在形象、声音、性格、道德品质以及对方对自己的态度等的认知都会影响师生交往的质量。除儿童自身因素外，教师、环境等方面的因素也在很大程度上影响着师生交往的质量。如教师的知识基础、敬业程度、教学风格、人格特征、组织教学的能力、驾驭课堂与教材的能力、语言表达技巧的能力和热情、真诚的态度等，都会在一定程度上影响师生交往的顺利进行。交往空间的光线、音量和位置等物理环境因素以及师生交往的氛围也会在一定程度上影响师生交往。因此，想要实现良好的师生交往，教师除需注意提高自身素质之外，还应该注意营造良好的交往环境。

（二）儿童交往的发展变化趋势

在儿童的生活世界中，儿童与父母的交往随年龄的增长而下降，与同伴的交往随年龄的增长而快速上升，与教师的交往在小学阶段的中年级以前随年龄的增长而上升，之后则一直维持在 20% 左右的交往比率。儿童交往的发展变化趋势表现出儿童交往和社会性发展的客观规律，无论是教师还是父母都应该给予充分的重视。

三、儿童交往的教育意义

儿童的生活世界发生在儿童的交往活动中，而且儿童生活世界的建构也是在与他人的交往中进行的。"交往不仅是教育教学过程展开与深化必不可少的途径，而且还直接影响着教育效果和教育作用的发挥。交往不仅是教育的手段,而且是教育的目的。"①儿童交往不仅可以促进儿童良好个性的形成和发展,而且还可以促进儿童社会性的发展。可见,交往是儿童发展的桥梁。

(一)交往促进儿童良好个性的形成和发展

儿童交往可以促进儿童良好品质、人格的形成和发展。世界上没有完全相同的两片树叶,每一个儿童都具有自己的优势和不足。儿童在交往过程中,通过与他人的交往,发现他人身上的优点和长处,从而进行自我反思,从其他儿童身上学习自己身上还不具备的品质,进而完善自己的品质与个性;儿童在交往的过程中真正体会到如何礼貌待人,如何尊重他人,如何理解他人与包容他人;儿童在交往中形成和发展宽容心、忍耐心、同情心、友善心与爱心等品质;儿童形成了遵守规则、承担责任、完成任务与团结协作等品质和精神。所以说,儿童交往促进儿童良好个性的形成与发展。

(二)交往促进儿童社会化的发展

儿童交往是实现儿童社会化不可或缺的手段和途径,可以促进儿童社会化的发展。美国一位儿童学专家说过:"一个人与同事、家人及熟悉的人们如何相处,往往取决于他童年是如何与其他小朋友相处的。"儿童在交往过程中形成和发展一定的社会认知和社会交往技能,了解到如何和其他儿童建立并保持良好的人际关系,学会如何根据不同交往情境来调适自己的身份和角色,满足归属需要,从中获得性别归属感以及道德归属感,掌握处理交往中出现的矛盾和冲突的解决策略,学会如何坚持个人的主张或放弃自己的意见等,这些都促进了儿童社会化的发展。

四、教育中如何关注儿童的交往

儿童交往在很大程度上影响着儿童未来的社会交往。教育要积极拓展并深化儿童对生活世界的理解,密切关注儿童的交往实践,时刻把儿童引向与生活世界的交往,拓展儿童交往的广度,深化儿童交往的深度,提高儿童交往的质量,继而完善儿童生活世界的品质,为儿童将来参与更广泛、更高层次的交往打下坚实的基础。

(一)培养良好品质,保持健全人格

儿童自信、乐观、礼貌、尊重、宽容和忍耐等良好品质,是与人交往的重要条件。然而,现在的儿童绝大多数是独生子女,是家中的"小皇帝"或"小公主",他们在交往中往往以自我为中心,不懂得分享,不懂得尊重,以至于在交往过程中不可避免地出现一些问题。因此,培养儿童的良好品质和健全人格,对儿童交往能力的提高具有非常重要的意义。儿童只有在交往中尊重他人、理解他人、包容他人,善于发现他人身上的闪光点,包容他人的缺点和不足,同时又具有宽容心、同情心、忍耐心和爱心,才能与他人友好相处。

(二)提高交往意识,激发交往兴趣

由于儿童身心发展的规律和特点,儿童的意识水平有限,教育者要善于通过各种途径,提

---

① 刘铁芳著:《走向生活的教育哲学》,湖南师范大学出版社,2005年,第136页。

高儿童交往的意识,激发儿童交往的兴趣,引导儿童意识到交往的重要性。此外,教育者要善于通过开展丰富多彩的儿童交往活动,引导儿童积极地进行交往并从不同形式上感受交往的内涵和意义,从而激发儿童产生美好的交往愿望。

(三)积极组织活动,创造交往条件

儿童的交往能力是在活动中形成的。首先,教育者应该积极组织各种活动,如课外活动、兴趣小组等,为儿童提供更多交往的机会,放手让儿童在丰富多彩的活动中尽情交往,引导其学习交往技能,从而培养儿童的交往能力和协作精神;其次,在课堂教学中可适当地采用一些集体性教学模式和研究性学习模式等,为儿童提供更多的交往机会,调动儿童的积极性,从而培养儿童的参与意识与合作意识,锻炼和发展儿童的交往能力。

(四)拓宽交往渠道,丰富交往活动内容

儿童是生活世界中的独特个体,家庭、学校和社会是儿童进行交往的重要环境。为丰富儿童交往活动的内容,教育者应该拓宽儿童交往的渠道。首先,家庭不是限制儿童交往的樊笼,而是儿童进行交往的第一个重要基地。因此,家长应鼓励儿童参加各种有益的社会活动,鼓励儿童进行各种交往,引导儿童到生活世界中发展自己的个性,锻炼自己的能力。其次,儿童发展到一定阶段之后,学校成为儿童活动的主要场所,教育者应为儿童创设有益于积极交往的教育环境,设计丰富多彩的教育活动,尽可能多地提供活动的内容、场所与交往所需的材料等,从而引导儿童进行各种各样的交往。学校应该适当组织一些课外活动、如角色扮演等,这些都有利于增进儿童的社会交往,提高儿童的交往能力。再次,社会是儿童交往的一个更大的舞台。因此,社会应为儿童交往提供更广阔的活动场所,以及更精彩的活动内容。我们应充分利用各种社区资源和社会资源,开展各种形式的交往活动,拓宽儿童交往的渠道,满足儿童的交往需要,丰富儿童交往的活动内容,锻炼和发展儿童的交往能力。

(五)传授交往艺术,培养交往技能

任何活动都是一门独特的艺术,交往活动也不例外。交往的艺术对培养儿童的交往能力十分重要。所以,无论是家长还是教师,都应该向儿童传授一些交往的艺术。首先,家长和教师在指导儿童交往的过程中,应注意循循善诱、因势利导,让儿童先知而后行,不能一蹴而就、急于求成;其次,教育者应引导儿童学会如何礼貌待人、真诚待人和宽容待人,学会根据不同的交往情境和交往需要来灵活调适自己的角色和身份;再次,教育者要培养儿童的交往技能,引导儿童学会如何主动与他人交往,克服交往中的羞怯心理和自卑心理,学会如何在儿童交往中求同存异等。

思 考 题

1. 试析儿童生活世界的本质。

2. 简述教育应怎样回归儿童生活世界。

3. 简述儿童经验及其在活动中的生成。

4. 简述儿童兴趣的发展规律。

5. 简述教育中儿童交往的重要性。

第四章　儿童认知发展与教育

认知发展是儿童心理发展的重要组成部分，涉及儿童在感觉、知觉、记忆、思维、语言等方面功能的发展。儿童认知的发展是儿童开展学习活动的基础，同时学习活动也可促进儿童认知的进一步发展。学习儿童认知发展的相关知识、理论和规律不仅有利于教师、家长对儿童进行有效的教育，而且有助于研究认知与教育的规律、剖析和解决与儿童教育相关的问题。

第一节　儿童认知发展概述

认知是人类个体心理活动的产物，它是指那些使主体获得知识和解决问题能力的认识活动。儿童认知发展是指个体的认知在婴儿至青少年时期的发展，是儿童心理发展极为重要的组成部分。儿童的认知在发展过程中会受到遗传、环境和教育等因素的影响。

一、儿童认知发展的涵义

儿童生活在一个丰富多彩、纷繁复杂、瞬息万变的世界里。他们每天不断地感知、注意并接收大量的外界信息，记忆与思考各种问题，并通过大脑产生各种行为，所有这些活动都属于认知活动。正因为有了这些活动，儿童才得以正常地生活和学习。

在心理学上，认知是指人的认识活动，即人们通过心理活动获取知识。它主要是探讨人们如何获得、存储、转换、运用及沟通信息的问题。

发展是指个体身体、生理、心理和行为方面的发育、成长、分化、成熟和变化的过程。广义的发展是指个体身心整体的连续变化过程，它不仅指数量上的变化，更侧重于质量上的变化。发展不仅指儿童的生长成熟的过程，也指成人后衰退消亡的过程。[1] 儿童发展主要指从不成熟到成熟的这一成长阶段，它是个体生命过程发展的一个重要组成部分。

认知发展是指一个人进行智力活动并获得相应能力的提高或进步。[2] 儿童认知发展，即人类个体的认知在婴儿至青少年时期的发展，主要指儿童在认知世界时运用各种心理活动获得相应能力的提高或进步的过程。

人的认知能力不是天生就完备的，无论是感觉、知觉、注意、记忆、想象还是思维，都随着年龄的增长而不断地发展，但不同的认知过程达到成熟水平的时间不同，它们的发展具有不平衡

---

① 秦金亮主编：《儿童发展概论》，高等教育出版社，2008年，第3页。
② 连榕、李红英编著：《发展与教育心理学》，福建教育出版社，2007年，第47页。

性。心理学家认为:感觉、知觉发展最快,在婴儿时期就达到了成人水平,而注意、记忆、想象和思维等高级认知活动则在很晚才达到成人水平。

儿童的认知发展是由低级到高级、从简单到复杂的过程,它是阶段性与连续性的统一。儿童在不同的年龄段表现出不同的认知特点,从而表现出认知发展的阶段性。高一级阶段的认知发展从前一个阶段的认知发展中萌芽生长,从而表现出认知发展的连续性。

二、儿童认知发展的特点

儿童认知发展是一个逐步完善的过程,在这个过程中,感觉、知觉、注意、记忆、想象和思维等随着年龄的增长而不断发展,并在认知结构、认知范围和程度及元认知水平等方面表现出自身的特点。

(一)儿童认知结构的稳定性随年龄的增长不断地增强

新生儿每天以他们自身的活动与客观环境进行交往,在交往过程中逐渐形成一种内部的认知结构,它是一个随着儿童经验逐步积累而完善的活动系统。儿童在接受新信息时,会将它纳入已有的系统进行加工,同时也适当改变已有的系统以适应新情境,儿童的认知结构就在这两个方面矛盾统一的运动变化中不断发展。

儿童对客观世界的认知随其认知结构的发展而不断发展。认知结构以相对稳定的认知对象为前提,儿童对客观世界相对不变性的了解也要经历一个发展的过程。对于半岁以下的婴儿,客体只在被他们所感知和掌控的时候才存在,否则就会消失,婴儿在此阶段已有了知觉恒常性。在幼儿期,儿童了解事物的不变性,直到2岁左右才开始逐步发展起关于客体永久性的概念与量的不变性的认识。只有在幼儿末期或童年期,儿童才有比较稳定的数的概念,不受这类知觉因素的干扰。

(二)儿童的认知范围随年龄的增长而不断地扩展

儿童的认知范围首先以自身作为出发点和参照物,然后随着它的发展进程而不断地由近及远扩展。新生儿所接触的是一个十分狭小的范围,他们甚至还没有将自己同客观环境区分开。对他们来说,世界便是自我。在婴儿期,儿童逐步有了客体永久性的认识,认知世界的范围也有所扩大。但相对而言,幼儿的认知范围还十分有限,他们只能根据自己直接经历的事物去认识那些间接的事物,还没有把自己的观点同比他年长者的观点分化开来,即使到少年期以后,其认知范围仍有相对的局限性。

皮亚杰将儿童认知发展由近及远逐步扩大范围的自我进程解释为自我中心和去中心化的交替过程。就所认知的对象来说,幼儿往往把注意集中于周围环境中比较突出、鲜明的因素而忽视其他因素,从而导致错误的推断。同样,幼儿在时间上往往也只注意当前的事物,而不考虑它在此前和以后的变化。所有这一类现象,是一种由自我中心到去中心化的发展,不过在这里,作为认知中心的不是儿童的自我,而是客观世界中时间或空间的某一点或某一部分。

(三)儿童的认知程度随年龄的增长而不断地深入

儿童认知发展的一个重要特点是认知程度由浅入深,由认识事物的表面现象逐步发展到认识事物的本质。在婴儿期,儿童在一定程度上以表象的形式把他所直接经历过的事物储存下来。婴儿的客体永恒性概念、幼儿关于质的不变性和童年期关于量的不变性概念,以及青少年的逻辑命题概念,都超越了感知的界限而达到对客观事物本质的不同水平的认识。此外,随着儿童年龄的增长,他们逐步认识到客观事物之间的关系。幼儿已能了解简单的函数关系和所观察事物之间的共变关系,到了童年期,则能进行可逆性的思维运算。比如,在一个原来保持平衡的天平一端加上一个砝码使这一端下降,儿童会知道取走这个加上的砝码以使天平恢复平衡,青少年则可以同时利用两种措施去完成恢复天平平衡的任务,而且能将多种不同的变量或命题的所有可能进行排列组合,表明他们的思维已从实证归纳的形式阶段进入假设演绎的形式阶段。

(四)儿童的元认知水平随着年龄的增长而不断地增强

所谓元认知是指对认知的认知。具体地说,它是对认知过程及结果的认知,包括对当前正在发生的认知过程、自我认知能力以及两者相互作用的认知。元认知能力不同于认知能力。认知能力是指有具体认知对象的智力功能,如阅读、记忆、理解等,而元认知能力则是指对认知能力的调节和监控,它是更高一级的能力。元认知通过对认知的调控来促进认知的发展。儿童认知发展的显著变化是元认知能力的不断提高。随着年龄的增长,儿童积累的生活经验和解决问题的经验也越来越多,他们一般会先认识自己的任务,然后使用一些标准来评价自己的理解,对自己所要完成的任务进行计划,采取较好的信息加工策略去解决问题,然后监视自己的进展情况,并根据监视的结果及时采取补救措施。一般情况下,儿童的年龄越大,受教育的水平越高,其元认知的能力也就越强。

三、影响儿童认知发展的因素

相关研究表明,影响儿童认知发展的因素主要有遗传、成熟、环境和教育。其中,遗传是指父代把自己的生物特质通过基因传递给子代的现象,它是一种生物现象,是与生俱来的解剖生理特征。没有这些遗传特质,儿童后天便不会有良好的心理发展。成熟是儿童认知发展的基础,它是指儿童在遗传的基础上,器官与机能等成长发育的过程。环境是指个人身体之外的客观事实,可分为自然环境和社会环境两大类。教育是指在一定社会背景下发生的促使个体社会化和社会个体化的实践活动。对儿童的认知发展来说,遗传及成熟为其提供了发展的可能性,环境和教育则成为主要的影响因素。

(一)遗传与成熟对儿童认知发展的影响

遗传与成熟对儿童认知发展的影响主要表现在两个方面:一方面,遗传是儿童认知发展的物质前提;另一方面,成熟为儿童认知发展提供了基础。

1. 遗传素质是儿童认知发展的物质前提

儿童认知的发展首先依赖于所获得的遗传素质,正是这些遗传素质让儿童保持了种族特征和生物学差异,使不同的个体在自己遗传素质的基础上发展形成自己独特的认知心理,没有遗传素质这个前提,就没有儿童认知的发展。例如,新生儿一出生就具有一些与生俱来的反射活动(如吸吮反射、觅食反射等),它们是构成认知活动十分必要的基础,儿童认知的发生及其以后的发展都以这个基础作为最初的根据。

2. 成熟是儿童认知发展的基础

成熟是指儿童认知、情绪、生理等方面相对持久的改变,它是一种先天决定、不依赖于环境的机体的生长发育变化。婴儿出生后,具有一定遗传素质的身体各部分器官和机能并没有发育好,还需要一个长时间的生长和发育过程才能达到结构上的完善和机能上的成熟。儿童的成熟,特别是大脑和感官的成熟,是儿童认知发展的必要条件。[①] 总之,儿童的认知伴随着生理的成熟而发展。

(二) 环境与教育对儿童认知发展的影响

遗传素质和生理成熟仅仅为儿童认知发展提供了可能性,还不能决定儿童认知发展的水平,环境和教育则把儿童认知发展的可能性变为现实。儿童生长的环境包括两类:一类是生物体共有的自然环境,它为儿童生存和发展提供了必要的物质前提;另一类是人类的社会环境,即儿童所拥有的社会条件和教育条件,它决定了儿童认知发展的方向和水平。

1. 社会文化对儿童认知发展的影响

人类生活在社会环境中,个体的认知发展也在社会环境中进行。许多事实和研究表明,如果儿童没有生活在人类的文化环境中,接受正常的教育,他们的遗传特质不会得到真正的发展。1970 年,在美国加利福尼亚州发现一名长期与外界隔绝的女孩,尽管被人类养大,但由于被剥夺了与人类交往和受教育的机会,当 13 岁的她被发现时,根本没有正常的生理和心理发展,智力与婴儿相当。由此可见,社会文化环境在儿童认知发展过程中的重要性。

2. 学校教育对儿童认知发展的影响

在影响儿童认知发展的诸多因素中,家庭因素对儿童认知发展的影响具有自发性,社会文化因素具有复杂性和偶然性,而学校教育是社会环境因素中较为独特的因素。学校是儿童接受社会化影响最丰富、最集中的社会环境,是儿童接受教育最主要的场所。学校教育可以有组织、有计划地对儿童认知系统实施影响。学校教育有一套系统的教育方法,它能最大限度地利用积极因素,控制消极因素,分别从各个方面来促进儿童感知觉、注意、记忆、想象、思维等能力的发展。[②] 学校教育相对于其他环境因素而言,在儿童认知发展过程中起着主导作用。

(三) 儿童认知发展中遗传与环境的关系

遗传与教育同为影响儿童认知发展的因素,它们之间相互影响、相互渗透,二者互为前提,共同作用于儿童认知的发展。

1. 遗传和环境是儿童认知发展的必要条件,遗传与环境之间相互制约、互相依存

遗传的作用离不开环境因素,遗传所决定的是一种倾向性和易感性,而儿童是否表现出遗传的特性或心理特征,则取决于他们所在的环境因素。[③] 所以,良好的遗传因素和生理发育是儿童认知发展的物质基础和自然前提,环境和教育才是决定儿童认知发展的主要因素。

2. 遗传与环境在儿童认知发展中相互渗透、相互转化

这里所说的相互渗透与转化是指遗传中有环境,环境中有遗传,遗传可以影响环境,环境

---

① 刘电芝主编:《儿童发展与教育心理学》,人民教育出版社,2006 年,第 39 页。
② 岑国桢主编:《教育心理学》,中国人民大学出版社,2006 年,第 18 页。
③ 陈威主编:《小学儿童心理学》,中国人民大学出版社,2006 年,第 49 - 52 页。

也可以影响遗传。从种系进化的角度来看，人的某些遗传特性正是有机体在进化过程中受到环境影响的结果，带有明显的环境影响痕迹。例如，随着现代的营养、医疗、卫生等条件越来越好，儿童的身体和心智成长与我们的祖辈相比有了很大的提高。遗传与环境的影响有时是相互选择的，即具有某种气质的儿童总是在他们所处的环境中有选择地吸取某种要素；同时，环境的力量也不是静止不变的，而是以遗传素质为媒介发生作用。[①]例如，一个气质活泼、外向的儿童更喜欢与人交往，比较喜欢开放性、娱乐性的活动；而气质文静、内向的儿童，更倾向于独自玩耍，不喜欢与别人交往。所以家长在教育儿童时要根据他们的气质类型选择不同的教养方式。

资源链接 4-1：

如何正确看待儿童认知心理发展的影响因素？

金溪民方仲永，世隶耕。仲永生五年，未尝识书具，忽啼求之。父异焉，借旁近与之，即书诗四句，并自为其名。其诗以养父母、收族为意，传一乡秀才观之。自是指物作诗立就，其文理皆可观者。邑人奇之，稍稍宾客其父，或以钱币乞之。父利其然也，日扳仲永环谒于邑人，不使学。

余闻之久也。明道中，从先人还家，于舅家见之，十二三也，令作诗，不能称前时之闻。又七年，还自扬州，复归舅家问焉。曰："泯然众人也。"

资料来源：王安石：《伤仲永》。

四、教育与儿童认知发展的一般关系

教育与儿童认知发展相互依存、相互影响。教育对儿童认知发展起主导作用，儿童认知发展的水平影响着教育的效果。

（一）教育对儿童认知发展起主导作用

教育是指教育者按照一定的教育目的，对环境影响加以选择，组成一定的教育内容，并采取相应的教育方法，对儿童认知发展实施系统的影响。[①] 它不仅促进儿童认知的发展，也制约着儿童认知发展的过程、方向、速度和水平，推动着儿童认知的发展。教育只是儿童认知发展的主要条件，并不是唯一条件。因为除教育之外，儿童自身的素质、家庭环境和社会环境也会对儿童认知发展产生影响。

（二）教育效果受儿童认知发展水平所制约

儿童的认知发展水平有一定的规律性，教育要想充分发挥作用，必须遵循儿童认知发展的规律。教育愈能充分考虑儿童认知发展的规律，则效果越好，反之，教育效果愈低效甚至可能无效。教育措施要通过学生当前的水平、心理状态起作用，因此，在教育中要充分遵循学生的认知发展水平和个性发展特点，因材施教。儿童的认知发展对于教育而言，与其说是指出了可

[①] 陈威主编：《小学儿童心理学》，中国人民大学出版社，2006年，第54页。

接受的范围,还不如说是为了扩大这一可接受的范围。所以教育既要根据儿童目前的认知水平去开展,又要尽力使开展活动指向未来,即维果茨基所说的"最近发展区"。①

第二节　儿童认知发展理论

对于儿童认知发展问题的研究,已经取得丰硕的理论成果,并形成了相对完善的理论体系。本节主要介绍皮亚杰的儿童认知发展理论、维果茨基的儿童认知发展理论和认知发展的信息加工理论。

一、皮亚杰的儿童认知发展理论

皮亚杰是瑞士著名的发展心理学家和发生认识论的创始人。他对儿童认知发展进行了系统的研究,并形成了自己的儿童认知发展理论。该理论认为,发展是一种建构的过程,它是在个体与环境不断的相互作用中实现的。该理论还根据不同的认知结构对儿童认知发展的阶段进行了划分。

(一) 皮亚杰的儿童认知发展实质观

皮亚杰认为认知发展的本质是适应,适应是调整图式(scheme)以对环境作出反应的过程,它包括同化(assimilation)和顺应(accommodation)这两种相互联系又截然不同的过程。在适应过程中,皮亚杰引入了一个概念——图式。图式是指儿童对环境进行适应的认知结构,它不仅是认知结构的基本单位,也是认知结构的起点与核心。儿童的认知是在已有图式的基础上,通过同化、顺应和平衡,不断地从低级向高级发展。

同化是个体利用已有的图式把新刺激纳入已有认知结构中去的过程,即儿童根据已有的图式来理解新事物或新事件的过程。它是对新环境信息加以修改,使之更为适合自己原有的知识结构的过程。当儿童已有图式在探究世界的过程中不能奏效时,儿童就会改变已有的图式或形成新的图式来适应新的刺激,这个认知过程就叫作顺应。通过顺应,儿童的认知能力将达到一个新的水平。

当儿童已有图式不能顺应眼前的问题时,就会产生一种不平衡状态,即已有的经验和当前的问题产生不平衡。心理状态的失衡会驱使个体采取行动去调整或改变现有的认知结构,以达到新的平衡。这种恢复平衡的过程叫作平衡作用(equilibration)。当儿童遇到新的刺激时,总是尝试用原有的图式去同化,如果同化成功,就会获得暂时的平衡。如果原有的图式无法同化新的刺激,儿童就会对自己的图式进行调整或建立新的图式,即顺应,从而达到新的平衡。同化和顺应每获得一次平衡,个体的认知图式就会随之更新一次。随着同化和顺应之间平衡的一次次打破,然后再一次次恢复平衡,儿童的认知图式不断建构和完善,实现认知的发展。

(二) 皮亚杰的儿童认知发展阶段论

通过长期细致的观察和实验研究,皮亚杰把儿童的认知发展分为四个阶段:感知运动阶

① 岑国桢主编:《教育心理学》,中国人民大学出版社,2006 年,第 23 - 25 页。

段,前运算阶段,具体运算阶段,形式运算阶段。

1. 感知运动阶段(约0—2岁)

在这一阶段,婴儿通过探索感知觉与运动之间的关系来获得动作经验,语言和表象尚未完全形成。在这些认知活动中,儿童形成一些低级的行为图式,以此来适应外部环境,并进一步探索外界环境。

在感知运动阶段,儿童的认知主要有两大成就:客体的永久性和因果关系的形成。最初婴儿分不清自我与客体,客体对于他们来说只是忽隐忽现、不稳定的知觉图像,儿童不了解客体可以独立于自我而客观地存在。渐渐地,儿童将主客体分化开来,开始把自己看成无数客体中的一员。此时,当客体在儿童眼前消失时,儿童认为它依然在别处存在。这就是皮亚杰所称的"儿童已建立了'客体永久性'"。在这一阶段的后期,儿童建立了魔术现象主义的因果观念,产生了最初的因果认识。

2. 前运算阶段(约2—7岁)

所谓运算,是指内部化的思维或操作。在前运算阶段,儿童形成了使用字词、手势、想象和标记等符号的能力,同时语言能力也得到迅猛发展。他们不再依赖实际动作进行思维,而是开始利用表象进行思维。但是这种思维具有直觉性,缺乏逻辑性,同时也表现出明显的自我中心。

第一,具体形象性。儿童能借助表象进行思维活动,但是还不能进行抽象思维活动。

第二,不可逆性。儿童不理解逻辑运算可逆,不懂得动作的结果可以还原。例如问一个3岁的男孩:"你有爸爸吗?"回答:"有。"问:"他叫什么名字?"回答:"张华。"再问:"张华有儿子吗?"男孩回答:"没有!"

第三,自我中心。儿童完全以自己的身体和动作为中心,从自己的立场和观点去认知事物,而不能从客观的、他人的观点去认知事物。皮亚杰著名的三山实验足以证明儿童在此阶段的自我中心倾向。所谓"三山实验",就是让儿童从前后、左右等不同方位观察沙丘的照片,然后让儿童指出和自己坐在不同方位的娃娃所看到的沙丘与哪一张照片一样。如下图所示:前运算阶段的儿童无一例外地认为,别人在另一个角度看到的沙丘和自己看到的沙丘一样!这个实验证明了前运算思维带有明显的自我中心性,不具备从他人的角度来看待事物的能力。

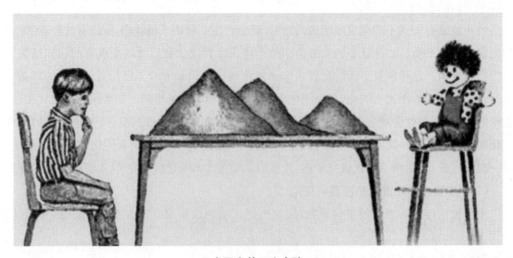

皮亚杰的三山实验

第四，刻板性。这个阶段的儿童，思考问题时注意力不能转移，概括事物性质时缺乏等级概念。另外，该阶段他们还没有守恒观念。如下图所示：在液体守恒试验中，皮亚杰向儿童呈现两只相同的玻璃杯，里面有等量的液体。在儿童明确两只杯子里的液体等量后，把其中一只杯子里的水倒入另一个较高、较细的杯子里（液面自然会升高），然后问儿童哪个杯子里的液体更多一些。未形成守恒认知的儿童往往无法作出正确的回答。在数量守恒和重量守恒的试验中得到的是相同的结果。

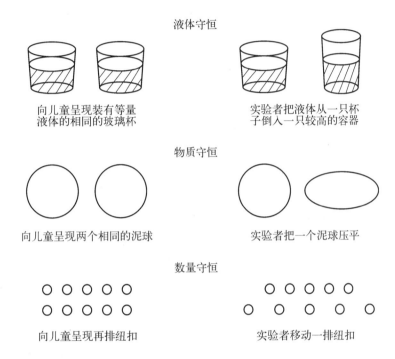

液体守恒

向儿童呈现装有等量 实验者把液体从一只杯
液体的相同的玻璃杯 子倒入一只较高的容器

物质守恒

向儿童呈现两个相同的泥球 实验者把一个泥球压平

数量守恒

向儿童呈现再排纽扣 实验者移动一排纽扣

3. 具体运算阶段（约7—12岁）

这一阶段儿童的认知结构有了显著的变化，思维摆脱了自我中心，具有一定的可逆性，获得了长度、重量、体积等守恒认知，掌握了群集概念。

第一，思维具有可逆性，能够完成守恒任务。思维的可逆性在这一阶段出现，也就是儿童在思考问题时，可以从正面去想，也可以从反面去想；可以从原因看结果，也可以从结果去分析原因。儿童对可逆性的理解促进了儿童思维灵活度的发展，思维过程中逻辑性和现实性的成分不断增加。

这一阶段的儿童已形成了有关数量和数的守恒概念、时间和空间概念，这里的守恒是指对物体某一特征的认知不因其他与数量无关特征的改变而受到影响。例如，将一块橡皮泥拉长，掌握守恒概念的儿童不会觉得橡皮泥的形状变化会影响其重量和体积。上面所说的液体守恒实验中，处于前运算阶段的儿童不能正确回答问题，而当儿童进入具体运算阶段后，就能够掌握物体的守恒了。

第二，掌握类包含的概念。儿童在该阶段掌握了一类物体与其子类的关系，例如，把花类（玫瑰、郁金香、雏菊）和颜色类（黄色、红色）结合成一个包括黄玫瑰、黄郁金香、黄雏菊、红玫瑰、红郁金香、红雏菊的组合群体。即使在分类特征上存在一些如黄色的深浅或雏菊的形状等细微差别,具体运算阶段的儿童也能理解这类多维特征的分类原则。

第三,能够完成序列化的问题。序列化是指以物体的某种属性为标准对其进行排序和比较。传递性(transitivity)是与序列化相关的另一个概念,它是指对一个序列中各元素的关系进行逻辑推理的能力。这种传递推理能力仅限于具体的事物,即只有把一定的实物呈现在眼前时,儿童才能顺利解决问题,他们还无法应付抽象的问题。

第四,思维的去自我中心。在上面的"三山实验"中,处于前运算阶段的儿童不能很好地回答问题,因为他们的自我中心倾向使得他们不能将自己的观点与他人的观点区分开来。

第五,掌握了群集的概念。群集是一个分类系统,它可以说明儿童最初的逻辑和数学行为。儿童在具体运算阶段已经能够明白两个子集可以组成一个新的集合。例如,他们可将一些物体进行分类和点数。

这个阶段的儿童虽然初步掌握了运算思维,但是他们的思维还不能摆脱具体事物的支持,他们还难以完全用口头叙述的方式解答题目。他们学习抽象知识的时候也常需要具体形象的教学方式,否则学习也会发生困难。由此可见,这个阶段的儿童处于从以具体形象思维为主向以抽象逻辑思维为主的过渡期。

4. 形式运算阶段(约 11—16 岁)

所谓形式运算,是指在头脑中将形式和内容分开,可以离开具体的事物,根据假设来进行逻辑推理。在形式运算阶段,儿童的思维能力已经超出感知的具体事物,能通过假设推理来解答问题,进行抽象的形式逻辑推理,设定检验假设和监控自己的思维运动。皮亚杰认为,进入形式运算阶段的儿童,思维发展已接近成人的逻辑思维水平,虽然抽象逻辑思维占有越来越重要的地位,但思维中具体形象成分仍然起着重要作用。抽象逻辑思维的发展存在关键期和成熟期,一般初中二年级是中学阶段思维发展的关键期,思维到了高中阶段才趋向成熟。

(三) 儿童认知发展的影响因素

皮亚杰认为,影响儿童认知发展的因素有四个:成熟,练习与习得经验,社会性经验,具有自我调节作用的平衡过程。

1. 成熟

成熟主要是指机体的成长,特别是神经系统和内分泌系统的成熟,它为儿童认知的发展提供了生理基础。成熟为儿童新的行为模式和思维方式的形成提供了一种可能性,但若要使这种可能性发展为现实,则必须进行练习和强化。因此,成熟是发展的必要条件,但不是充分条件。随着年龄的增长,自然和社会环境对儿童认知发展的影响也将相应增加。

2. 练习与习得经验

练习与习得经验是指个体对物体施加动作过程中的练习所获得的经验。经验可分为物理经验和逻辑数理经验两种。前者主要是指个体作用于物体,获得对物体的重量、形状等特性的认识;后者是指个体理解动作与动作之间相互协调的结果。相对于物理经验,逻辑数理经验更为重要。因为在认知发展的任何阶段,逻辑数理经验都是物理经验的前提条件。

3. 社会性经验

社会性经验是指社会环境中人与人之间的相互作用和社会文化传递,主要涉及社会生活、文化教育、语言等,这些因素影响着儿童认知发展的进度和过程。但这种影响同物理经验一样,必须建立在个体能够被同化的基础之上,否则起不到任何作用。皮亚杰认为环境和教育对儿童的认知发展起着重要的作用,但如果教育不符合儿童已有认知结构的发展水平,就无法使儿童主动地进行同化,教育的效果也就无法实现。环境和教育只能促进或延缓儿童心理的发展,并不能够决定儿童心理的发展。

4. 具有自我调节作用的平衡过程

平衡过程在儿童与环境之间起着调节作用,从而引起儿童认知图式的一种新建构。有了平衡过程,儿童才可能把接收到的信息有组织地联系起来,从而促使认知进一步发展。儿童认知结构的发展通过不断平衡的自我调节作用来实现。因此,皮亚杰认为,平衡过程是对心理发展起决定作用的因素。

皮亚杰的认知发展理论对当今儿童认知发展理论有重要的贡献,主要表现在以下几个方面:第一,皮亚杰用新的发展观取代了传统的发展观,把认识论与心理学紧密结合起来,开创了认知发展的崭新研究领域。第二,皮亚杰的理论影响广泛,带动了大量关于儿童认知发展的研究和理论概括,推动了这一领域内研究工作的发展。第三,皮亚杰的儿童认知发展阶段论为教育教学实践中的因材施教原则提供了理论依据。

二、维果茨基的儿童认知发展理论

苏联心理学家维果茨基从文化发展论与内化论的观点出发,在 20 世纪 30 年代提出了著名的"文化历史发展理论"。该理论认为,个体的心理发展是在与周围环境的交往过程中产生和发展起来的,它受人类社会文化历史的制约。

(一) 文化历史发展论

维果茨基把人的心理机能分为高级机能和低级机能,他认为心理发展就是从低级心理机能逐步向高级心理机能过渡,人的高级心理机能的发展是由社会文化历史因素所决定的。人类通过工具来适应社会,人的心理发展受到社会发展规律的制约。

1. 心理发展的实质

维果茨基探讨了"发展"的实质,认为认知发展是指心理的发展。他区分了儿童认知发展的两种心理机能:一种是作为生物进化结果的低级心理机能,如感觉、知觉、注意等;另一种则是作为历史发展结果即以符号系统为中介而形成的高级心理机能,如语言、思维、想象、逻辑推理、情感等。因此,儿童心理发展就是指儿童的心理在环境与教育的影响下,从低级心理机能逐渐向高级心理机能转化的过程。在整个认知发展过程中,虽有生物成熟的影响,但成熟主要是对低级心理机能起制约作用,高级心理机能主要是受社会文化环境的影响。所以认知发展不仅依赖于生理的成熟,更取决于社会和所处环境的影响。

2. 工具理论

工具是人类适应社会的方式,在人类使用工具的过程中逐渐形成了社会文化知识经验。

维果茨基认为,人类的心理机能起源于社会文化—历史的发展,所以受社会发展规律的制约。他把人类使用的工具分为两个层次:一个是物质生产工具,它指向外部,能够引起客体的变化;另一个是精神生产工具(人类特有的语言和符号),它指向内部,影响着人的心理结构和行为。

维果茨基的文化历史理论认为,语言是促进儿童认知发展的有力工具,儿童认知发展的结果在很大程度上依靠语言。儿童只有掌握语言,才能真正将低级心理机能转化为高级心理机能。语言对儿童认知发展有两大功能:一是将成人的生活经验和解决问题的方法传递给儿童,二是能够成为儿童适应环境和解决问题的工具。维果茨基也强调了自我言语的积极作用,认为它是语言发展从外部向内部转化的过渡阶段。当社会言语转变为自我言语,然后再转变为内部言语后,儿童所使用的思维方式和问题解决方式就逐渐地从由成人进行言语指导过渡到儿童自己进行思维。

(二) 内化学说

维果茨基认为,心理发展的实质就是社会文化历史通过语言符号的中介而不断内化的结果。内化是指外部的实际动作向内部心智动作的转化。高级的心理活动形式首先从外部动作开始,然后才内化为内部智力活动。维果茨基认为,在儿童的发展过程中,高级心理机能先后作为集体、社会活动和个体、儿童内部活动两次登台。从社会、集体的活动向个体、独立的活动形式的转换和从外部的活动形式向内部的心理过程的转化,其实质是个体心理发展的一般机制——内化机制。

语言在儿童认知发展内化的过程中起着至关重要的作用。它为儿童表达思想、提出问题和向别人学习提供了可能。维果茨基认为,儿童的自言自语并非认知不成熟的表现,而是儿童与自己交流并借此指导自己行为的特殊方式。随着儿童的成熟,这种喃喃自语会逐渐发展为耳语、口唇动作、内部言语和思维,进而完成内化过程。

(三) 教学与发展的关系

在维果茨基看来,社会文化历史对儿童心理发展的影响,集中体现在学校教学上,学校教学是儿童心理发展的源泉。维果茨基的教学概念有广义和狭义之分。广义的教学是指儿童通过活动和交往掌握精神产出的手段,它具有自发性;狭义的教学是指学校有目的、有计划地进行的一种交际形式,它促进了儿童心理的发展。在教学与发展的关系上,维果茨基提出了三个重要问题:一个是"最近发展区"思想,一个是教学应当走在发展的前面的观点,另一个是关于学习的最佳时期的问题。

1. 最近发展区

为了将内化的观点进一步深化,维果茨基提出了最近发展区(zone of proximal development)的概念。他认为在教学的过程中,应该至少确定儿童的两种发展水平:一是儿童现有的水平(existed developmental level),即由已经完成的发展系统所形成的儿童心理机能发展水平(如儿童已经掌握和理解了某些概念和规则);二是即将达到的水平(level of problem-solving),即儿童在有指导的情况下借助别人的帮助所达到的解决问题的水平,也是通过教学所获得的潜力。这两种水平之间的差异,实际上是两个相邻发展阶段间的过渡状态,它就是最近发展区。

维果茨基认为，教育不应以儿童发展的昨天而应以儿童发展的明天为方向，只有这样，教育才能在教学过程中激发那些目前尚处于最近发展区内的能力的发展。教学可以创造最近发展区来带动儿童发展，使学生从第一个发展水平不断向第二个发展水平迈进。

2. 教学应走在发展的前面

维果茨基认为，针对发展区的教学为儿童提供了发展的可能性，教与学的可能性激发了儿童的发展。在此基础上，他提出了"教学应走在发展的前面"，主张教学内容应略高于儿童现有的发展水平，这样教学才能够促进儿童的发展。维果茨基在论述教学与发展的关系时不仅强调教学与发展的关系，而且强调教学与智力发展的关系。教学决定了智力的发展，这种决定作用既表现在智力发展的内容、水平和智力活动的特点上，也表现在智力发展的速度上。

3. 学习的最佳时期

怎样发挥教学的最大作用？维果茨基认为，首先要弄清儿童发展的两种水平，考虑儿童学习的最佳时期（learning optimal period），他认为儿童在学习任何内容时，都有一个最佳年龄，如果脱离了最佳年龄，从发展的观点来看是相当不利的，它会造成儿童智力发展的障碍。因此，要开始某一教学，必须以儿童的成熟和发育为前提，在相应的最佳时期内进行。更重要的是，教学必须首先建立在已经开始发展但尚未完全形成的心理机能的基础之上，走在心理机能形成的前面。

三、认知发展的信息加工理论

1967 年，美国心理学家奈赛尔出版《认知心理学》一书，标志着信息加工认知心理学的正式建立。信息加工认知心理学主要探讨在个体认知过程中，信息是如何被感知以及理解、存储、提取和分析的。从 20 世纪 70 年代开始，信息加工理论开始渗透到儿童心理学的研究之中，使儿童心理学的研究出现了突破性的进展。

信息加工理论是认知心理学的重要范式之一，它在认知发展理论中独树一帜。由上述理论的来源可知，它注重的不是儿童认知发展的阶段，而是儿童的认知机制，即关心儿童在进行认知的时候会注意什么信息，产生什么样的表征和加工过程，以及记忆容量怎样限制儿童利用这些表征和加工过程等。

信息加工观点认为，人的认知发展过程包括基础发展和高级发展两个部分。在认知的基础发展方面，认为儿童预先存在一种精细的认知过程，儿童的认知水平表现为某一特定情境中的注意、记忆能力和信息加工方式，但单位时间内的信息数量会制约其表现。在认知的高级发展方面，认为儿童的实践和经验使其具有范围更广、更灵活的认知策略，并能更系统、精确地使用这些策略，从而引起信息加工数量的增加，并表现出认知水平的提高。

（一）认知的基础发展

认知发展的信息加工观点认为，认知的基础发展表现在记忆、注意与知觉编码、信息加工方式等方面。

1. 工作记忆容量与加工速度

认知的基础发展的一个重要方面是工作记忆的发展。工作记忆是指一个人对正在使用的信息进行储存和操作的系统,通常工作记忆的广度受到信息消退速度的影响。研究表明:工作记忆的容量和效率随着年龄的增长而不断地提高,或者说,信息加工速度随年龄的增长而发展。比如,当面对复杂任务时,年长儿童比年幼儿童有更好的表现。

2. 注意和知觉编码

认知的基础发展的另一个重要方面是注意与知觉编码能力的发展。研究发现,儿童的注意与知觉编码能力随着年龄的增长而不断提高,主要体现在儿童的注意内容的广度和集中注意的能力随着年龄的增长而提高。

3. 信息加工方式

认知的基础发展还表现在信息加工方式的转变上,具体来说,它是指较小的儿童从整体上进行信息加工,主要关注物体间的相似性,而较大的儿童和成人则更关注信息的某个方面。例如,让年龄较大和较小的儿童共同做一个实验,拿出一个黄色三角形、一个橙色菱形和一个绿色三角形,让他们把同类物体放到一起,较小的儿童倾向于把黄色三角形和橙色菱形放到一起,因为二者颜色相似性比较大,而年龄偏大的儿童一般会把黄色和绿色三角形放到一起,因为它们的形状相同。

(二) 认知的高级发展

认知发展的信息加工观点认为,认知的高级发展主要表现在认知策略和元认知水平两方面。

1. 认知策略

认知的高级发展的一个重要表现就是运用认知策略的能力。当我们面对一项复杂任务时,为了达到要求,常常会设计出某种系统的方法来帮助自己,这种方法就叫策略(strategy),策略有助于信息的加工。较小的儿童一般不能像青少年一样运用策略,因此在许多认知任务上处于劣势。有研究表明,较小儿童在记忆时可以学会使用复述策略,但不会自发地使用。较小的儿童比较大的儿童在运用策略方面有更大困难,到了青少年时期则往往可以像成年人一样熟练地运用策略。

2. 元认知

认知的高级发展的另一个重要表现就是元认知能力的发展。元认知是指对自己认知能力和局限性的认知。较大的儿童元认知能力相对较高,一般较大的儿童能精确地描述出自己的记忆能力、注意广度以及对某一特定领域知识的广度与深度,能了解自己的优缺点,知道哪些策略对自己有用。而较小的儿童对信息加工的元认知控制较弱,对自己的了解也不太多,不知如何判断任务的难度和选择解决问题的方法。

认知发展的信息加工理论为儿童认知心理发展的研究提供了一个新的视角和途径,虽然它远没有皮亚杰理论那么完整和系统,但是它对认知过程的细节描述得非常具体。认知发展的信息加工理论把人的感知、注意、表象、记忆和思维等心理过程纳入由信息的输入、加工、存储和提取组成的计算机操作过程中,从而更科学和现代化。当然它也有明显的缺陷。首先,它没有明确的理论指导。其次,将人的认知活动比喻为计算机,对信息的处理,显得过于简单,不能完全解释人脑内复杂的认知活动,从而缩小了心理学的研究范围。

第三节　儿童认知发展与培养

儿童认知的过程是指儿童对客观事物的认知过程,即儿童对信息进行加工处理的过程,它是一种由表及里、由现象到本质地反映客观事物特征与内在联系的心理活动。该过程由人的感觉、知觉、记忆、思维和想象等认知要素构成,各个要素之间关系密切,它们相互促进、相互制约。儿童认知发展是儿童心理发展的重要组成部分,儿童认知的发展必然会促进儿童心理的发展。因此,培养儿童认知能力对儿童身心发展有着十分重要的意义。

一、儿童感知觉的发展与培养

儿童认识世界的活动始于感觉,它是其他认知活动的基础。感觉提供了内外环境的信息,保持机体与环境的信息平衡。感知觉是婴儿认识世界和自我的手段,在语言产生以前,他们主要靠感知觉来探索世界、了解自我,以形成最初关于客观世界和自我的概念。

(一) 感觉、知觉概述

感觉是人脑对直接作用于感官的客观事物个别属性的反映。周围事物的个别属性作用于人的感觉器官时,就会在人脑中得到反映。例如,我们看到颜色、闻到气味、听到声音、尝到滋味和感觉到冷暖等。感觉不仅由外界事物引起,也可由机体本身的活动现状或内部的变化引起。例如,我们感觉饥饿和口渴等。感觉是其他一切心理现象的源头和"胚芽",其他心理现象是在感觉的基础上发展、壮大和成熟起来的。

知觉是人脑对直接作用于感觉器官的刺激物的整体属性的反映。知觉以感觉为基础,但不是简单地将感觉到的信息相加,而是将感官获得的信息转化为有组织、有意义的整体。[①] 因此,知觉是人对感觉信息的组织和解释的过程。例如,看到一个苹果,听到一首歌曲,闻到花香等,都是知觉现象。

(二) 儿童知觉的基本特征

随着儿童年龄的增长、生理的成熟和知识经验的积累,儿童知觉迅速发展,并体现出以下特征。

1. 相对性

儿童认识客观世界时,由于注意的有限性,总是有选择地把少数事物当成自己知觉的对象,而把其他事物当成知觉的背景。例如,在课堂上,教师的声音成为学生知觉的对象,周围环境中的其他声音则成为知觉的背景。物体与周围其他刺激之间的关系,势必会影响儿童对该物体的知觉经

---

① 刘电芝主编:《儿童发展与教育心理学》,人民教育出版社,2006 年,第 160 页。

验。如两可图所示：对象与背景的转换是知觉相对性最明显的例子。

2. 整体性

在儿童的知觉活动中，整体与部分的关系是辩证的、相互依存的。儿童的知觉系统有把个别属性、个别部分综合成整体的能力。此外，儿童对个别部分的知觉，又依赖于事物整体的特性。如图所示：从客观的物理现象看，这个图形并不完整，它由一些不规则的线和面堆积而成。可是此图明确地显示其整体是由两个三角形重叠，而后又覆盖在三个黑色方块上所形成。居于图中间第一层的三角形虽然在实际上并没有轮廓，但在知觉经验上却是边缘最清楚的图形。

3. 理解性

儿童在知觉过程中，不是被动地把知觉对象的特点直接记录下来，而是以过去的知识经验为依据，对知觉作出某种简单的解释，使之具有一定的意义。儿童语言的发展在知觉理解的过程中也扮演着重要的角色。知觉的理解性不仅有助于将两可图的对象从背景中分辨出来，也有助于对知觉的整体性的理解。

4. 恒常性

知觉恒常性是指外在刺激因环境影响而改变特征，但在知觉经验上却维持不变的心理倾向。世界在一直不停地变化，它向儿童的知觉系统输送的信息也在不断变化。在不同角度、距离、明暗度的条件之下，儿童看到的物体会有所改变，但他们对物体特征所获得的知觉经验却倾向于保持其原来状态不变。在视知觉中，知觉的恒常性表现得十分明显。例如，儿童在白天和晚上看同一个人，由于光线的变化，白天和晚上的效果明显不一样，但他们的脑海里始终认为这是同一个人。正由于知觉恒常性的存在，才使儿童能客观、稳定地认识事物，从而更好地适应环境。

（三）儿童观察能力的发展与培养

观察是有目的、有计划的知觉过程，它是知觉的最高形式。观察力就是观察的能力，它是在感知觉综合发展的基础上发展起来的。观察力的提高有助于儿童认知事物的隐蔽性。因此，提高观察力是儿童认知能力发展的重要组成部分。

1. 要让儿童明确观察的目的和任务

只有明确观察的目的和任务，才能使儿童的知觉指向应该观察的东西。教师要给儿童提出明确具体的观察目的和任务，培养学生观察的目的性。对于低年级的学生应提出比较明确的观察目的和任务，以利于其进行观察；而对于高年级的学生则应逐步放手，引导学生自己确定观察目的和任务，培养其观察的独立性与自主性。

2. 要教给学生具体的观察方法

由于认知水平的限制，儿童在观察中分不清主次，常常是捡了芝麻，丢了西瓜。教师要善于组织观察资料，用语言积极地引导学生的观察过程。同时教师要教给学生具体的观察方法，使其掌握观察的顺序，让学生学会用比较的方法进行全面细致的观察。

3. 在观察过程中，引导学生运用多种感官进行观察

观察过程中运用多种感觉通道，从而多方面、多角度地观察事物。要做到观察时分清主

次、由表及里，必须在观察过程中开动脑筋，积极思维，并及时总结观察到的内容和规律。

4. 要持之以恒，养成良好的观察习惯

世界在不断变化，所以不仅要从静态的角度，还要从动态的角度对事物进行跟踪观察，才能发现事物本质的特点和规律。持之以恒的观察习惯能培养儿童的观察兴趣，激发儿童观察与探究的欲望。

二、儿童注意的发展与培养

注意是儿童进行各种认知活动的必要条件，它本身不是独立的认知过程，而是认知过程的一种属性，伴随着认知过程而产生。这种属性是儿童在认识事物过程中意识的指向与集中。认知过程中如果没有注意的参加，就会变成"视而不见，听而不闻"。因此，没有对事物的注意就没有对事物的认知。

（一）注意概述

注意是心理活动对一定对象的指向和集中，具有指向性和集中性。它是选择者和放大器，是认知活动的指南针和认知资源的分派者。它不是单独的心理过程，它的发展是智力整合发展的保证。

1. 注意的分类

一般认为注意可分为有意注意和无意注意两种。有意注意是自觉的、有预定目的的注意，可以借助于词语来实现。无意注意是不需要有预定目的和意志努力的注意。儿童的注意是在无意注意的基础上随着言语的发展而发展的。

第一，有意注意是指有预定目的、需要一定意志努力的注意。它是注意的一种积极、主动的形式。例如，学生经过长时间的学习，身心疲惫，但为了迎接考试不得不好好复习，这就是有意注意。

第二，无意注意是指没有预定目的、不需要意志努力的注意。无意注意的引起与维持不是依靠意志的努力，而是取决于刺激物本身的性质。无意注意多由于周围环境发生变化而产生。例如，大家正在上课，忽然一个人推门进来，大家都不由自主地转过头去看他，这就是无意注意。

2. 注意的品质

注意的品质有四种：第一，注意的稳定性。它是指在同一对象或活动上注意所能持续的时间。第二，注意的广度，也称注意的范围。它是指同一时间能清楚把握的对象的数量。注意的广度受知觉对象的特点、个人知识经验和个人的知觉活动任务等影响。第三，注意的分配。它是指个体在同一时间内将注意分配到不同的活动中。第四，注意的转移。它是指注意的中心根据新的任务，主动从一个对象或者活动转移到另一个对象或活动上去。

（二）儿童注意发展与培养

注意在儿童认知发展中是不可缺少的一个环节，良好注意力的养成对儿童认知能力的发展有着重要的意义。培养儿童的注意，可从儿童注意发展的规律和注意品质的发展两个方面入手。

1. 儿童注意的发展与培养

阴国恩、沈德立等人对童年期儿童的无意注意和有意注意进行研究,发现小学二年级儿童的有意注意还处于发展初期,水平较低,自觉控制注意的能力较差,容易因其他刺激而分心,五年级儿童的注意较二年级有很大的发展。有意注意已经取代无意注意,占据主导地位。

因为无意注意在低年级儿童的学习中占主导地位,所以教师在对低年级儿童进行教学时,应充分利用学生的无意注意。教师可运用各种手段,如挂图、实物、声音的变化、醒目的颜色等,来吸引学生的注意。有意注意受意志的支配,具有明显的目的性。因此,教师在指导学生进行学习活动时,应该让学生深刻地认识到活动的目的和意义。对活动的目的、意义认识越清楚深刻,完成任务的愿望就越强烈,对此活动的有意注意保持的时间就越长。

2. 注意品质的发展与培养

注意品质是注意发展的重要组成部分,它们是整体与部分的关系。注意品质的提高促进了儿童注意的全面发展。注意品质的培养过程包括对儿童注意的稳定性、注意的广度、注意的分配和转移分别进行训练。

第一,儿童注意稳定性的发展非常迅速。心理学实验表明,7—10岁儿童保持注意稳定的时间约为20分钟,10—12岁的儿童约为25分钟左右,12岁以上的儿童升至30分钟左右。如果教法得当、教材新颖,高年级学生的注意可以稳定保持在40分钟左右。[①] 刘景全等人研究发现,小学二年级至五年级阶段,学生注意的稳定性发展很迅速。在注意的稳定性上,女生的成绩高于男生。

影响儿童注意稳定性的因素很多,如学生的兴趣爱好、理解能力、知识水平和活动性质等。因此,教师在教学时要充分利用各种手段使课堂气氛活跃起来。儿童的注意经常带有感情色彩,凡是能激发儿童情绪反应的活动或事物都容易引起学生注意,教师在讲解时应适当调动学生的情绪,激发学生的学习兴趣,使学生的注意在学习活动中保持更长。

儿童注意事物时间的长短受到周围环境特性的影响,如果存在很多无关刺激,学生的注意力就容易分散。如教师的发型和着装过于花哨离奇,或出现不适当的言行举止等,都会分散学生的注意。对于一些无法避免又与教学无关的刺激,应在上课之前让学生熟悉它们,从而减少其新异性。

第二,注意广度的发展。由于知识经验和思维发展水平的限制,儿童注意的广度发展水平较低。随着年龄的增长,儿童注意的广度不断扩大。注意的广度与儿童对材料的理解有关,而对材料的理解又与个体的思维水平和知识经验有关。因此,在教学过程中要教给学生提高注意广度的方法。因为注意的对象经常以组块为单位(组块就是意义单位或信息单元,它可以是一段话、一个句子、一个字),所以在教学中,教师应训练学生把较大的信息单元作为知觉组块,从而提高注意的广度。

第三,注意分配的发展。幼儿分配注意的能力很差,注意分配能力迅速发展的时期为幼儿期至小学二年级这一阶段。随后,儿童的注意分配能力发展减慢。姜涛等人使用"注意分配

① 陈威主编:《小学儿童心理学》,中国人民大学出版社,2009年,第111页。

仪"研究儿童注意分配的发展,结果表明,小学二年级和五年级儿童分配注意的能力基本处于同一水平。注意的分配与儿童的学习关系非常密切,因此,教师要结合学生的学习和个人情况,培养他们分配注意的能力,尤其是低年级的儿童。

资源链接 4-2：

鸡尾酒会现象

想象你在参加一个酒会。人们三五成群谈着不同的话题,你首先听到的是难以理解的杂音。后来,当你在酒会上待了一会儿并且和朋友聊起来以后,你就似乎听不到周围其他人的谈话了,你只能听到与你谈话者的声音。你的注意力完全集中在你的谈话对象身上,耳朵所接受的其他声音被忽略了。集中精力于某个谈话,忽略周围其他谈话的能力被称为鸡尾酒会现象。这一现象是柯林·切利在 1953 年首先发现的。

柯林·切利是麻省理工学院的一名电子学研究员。他发现我们集中注意于某个谈话的能力涉及我们所选择的感兴趣信物的物理差异。差异包括说话者的声调和位置。

切利使用双耳分听遮蔽任务考察了鸡尾酒会现象。被试者戴上两个耳机,两只耳机听不同的信息,其中一个信息被遮蔽。也就是说,被试者一听到信息马上进行复述。他发现,被试者听不到任何没有遮蔽的信息。实际上,被试者基本没注意到这一信息是颠倒的或是外语。他们能够发现从属信息的物理变化,如语言被音乐所取代、说话者的性别变化等。

切利所做的工作为一个简单的观察怎样发展成一个假说进而能够在实验室里进行研究、论证树立了很好的榜样。搬进实验室和使用耳机也许会因为与真正的社会环境相比过于人工化而受到批评。然而,实验室很好地帮助我们对注意进行理解,并且促进其他研究者进一步探索我们怎样选择和注意周围的感官信息。

资料来源:[英] 布丽姬特·贾艾斯主编,黄国强等译:《认知心理学》,黑龙江科学技术出版社,2007 年,第 25 页。

第四,注意转移的发展。儿童的注意转移能力随年龄的增长而提高。低年级的儿童注意转移能力比较差,不善于将注意从一个事物转移到另一个事物上。这要求教师在上课之余重视组织教学的作用,把学生的注意引到课程上来,让学生养成迅速转移注意的习惯。

注意转移的快慢难易,一方面依赖于原注意的强度,另一方面依赖于新注意对象或活动的特点。原注意的强度越大,注意转移就越慢、越难;反之则越快、越容易。新的对象或活动越符合人的需要,越能激发人的兴趣,注意就越容易转移。因此,在安排课程时,不宜将体育、音乐、综合等容易引起兴趣的课程安排在语文、数学等需要高度集中注意的课程之前。在新课开始前,教师有时不必马上进入正题,可以想办法用生动有趣的教学形式激发学生的兴趣,吸引学生对新课的注意。

三、儿童记忆的发展与培养

记忆是儿童经验和心理发展的重要前提,也是儿童学习的一个重要因素。没有记忆,儿童的心理活动在时间上就不能延续,原有的知识经验就不能对当前的心理活动产生影响,心理发展将会失去基础,儿童的认知能力也就不会发展,将永远停留在最初的水平上。

(一) 记忆的概述

记忆是在头脑中积累和保存个体经验的心理过程。运用信息加工的术语来说,记忆是人脑对外界输入的信息进行编码、存储、提取的过程。它是一个从记到忆的心理过程,在发生的时序上是先记而后忆。

1. 记忆的分类

记忆根据不同的标准有不同的分类。根据记忆的内容,可分为形象记忆、逻辑记忆、情绪记忆和动作记忆。根据记忆的目的性,可分为无意记忆和有意记忆。根据记忆中信息储存时间的长短,可分为感觉记忆、短时记忆和长时记忆。

2. 记忆的过程

记忆的过程包括识记、保持和再现三个环节。从信息加工角度来看,这一基本过程是信息的输入、存储和提取。[①]

第一,识记——信息编码。识记是识别和记住客观事物的过程,也是人脑对外界输入的信息进行编码的过程。所谓编码是指人脑对外界输入的信息进行加工、归类并纳入记忆系统的过程。影响识记的因素有识记的目的和任务、识记材料的意义、识记材料的性质与数量。

第二,保持——信息的存储。保持是把记忆过的事物以一定的形式存储到头脑中的过程。保持是记忆的重要环节,有了保持,识记的内容才能得到进一步巩固。同时,保持也是实现回忆和再认的条件。保持的反面是遗忘。遗忘是指对识记的内容不能回忆或再认的现象。保持和记忆是同一记忆活动的两个相对的现象。保持得好,遗忘的就少;保持得差,遗忘的就多。遗忘有一定规律,德国心理学家艾宾浩斯首先对人类的记忆和遗忘现象进行了实验研究,并绘制出著名的"艾宾浩斯遗忘曲线"(如图所示),它表明了遗忘过程的规律:遗忘的进程不均衡,先快后慢,呈负加速型。

第三,再现——信息提取。再现是指在不同情况下恢复识记内容的过程,从信息加工的观点来看,它是信息提取的过程。信息提取又分为再认与回忆。再认是指人们对感知过、思考过、体验过的事物,当它再度出现时,仍能辨认出来的心理过程。回忆是指人们对经历过的事物,以形象或概念的形式在头脑中重新出现的过程。回忆常以联想为基础,受到识记事物在头脑中巩固程度的影响。

(二) 儿童记忆发展的特点

儿童记忆发展特点可以从儿童记忆量方面的发展和儿童记忆质方面的发展来进行说明。

---

① 陈威主编:《小学儿童心理学》,中国人民大学出版社,2009 年,第 131-133 页。

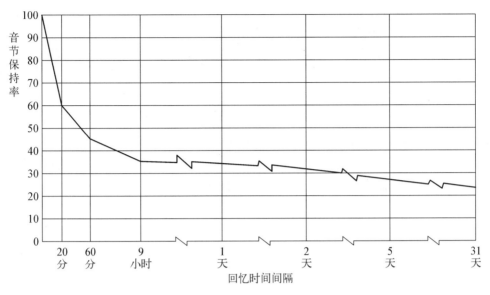

艾宾浩斯遗忘曲线

1. 记忆在量方面的发展

记忆在量方面的发展又可分为记忆广度与记忆保持的长度。

首先,记忆广度是指按固定顺序逐一呈现一系列刺激以后刚刚能够立刻正确再现的刺激系列的长度。儿童记忆广度的发展一般表现为记忆容量的变化。心理学的研究表明,成人的短时记忆容量为 7±2 个组块,儿童的短时记忆与成人有很大不同。钱含芬的研究表明,一年级、三年级与五年级的儿童数字记忆的广度差异明显,三年级与五年级的儿童数字记忆的广度则并无差异。[①] 这同时也表明 7—9 岁是儿童短时记忆容量迅速发展的时期。

不同年级儿童数字记忆广度比较

年 级	记忆的广度		记忆广度的成绩	
	平均数	标准差	平均数	标准差
一年级	5.70	0.84	7.40	1.67
三年级	6.83	1.05	9.60	2.02
五年级	7.12	1.09	10.23	2.14

资料来源:钱含芬:《小学儿童短时记忆发展特点初步研究》,《心理科学通讯》,1989 年,第 12 - 16 页。

其次,儿童记忆保持时间的发展。记忆保持时间是指从识记材料开始到能对材料进行回忆之间的间隔时间。洪厚德对儿童记忆的研究表明,儿童记忆保持时间随年龄的增长而延长,记忆保持时间在 8 岁、10 岁、12 岁有较大幅度的增长。[②] 儿童记忆保持时间的长短还受很多因素的影响,一般来说,儿童对自己感兴趣、能引起强烈体验的事物和易于理解的事物,记忆保持的时间更长。

---

① 钱含芬:《小学儿童短时记忆发展特点初步研究》,《心理科学通讯》1989 年第 1 期。
② 洪厚德:《3—4 儿童记忆发展的某些特点》,《心理科学》1991 年第 1 期。

2. 记忆在质方面的发展

记忆在质方面的发展主要表现在三个方面。[①]

第一，从记忆的态度来说，无意记忆占优势，有意记忆在发展。有意记忆是有明确的记忆目的，在意志努力的积极参与下进行的记忆。无意记忆是没有明确的目的，不用专门的方法，自然而然发生的记忆。总之，儿童从幼儿期到童年期的过渡，是由无意记忆占主导地位向有意记忆占主导地位的过渡，且有意记忆的效果好于无意记忆的效果。

第二，从记忆的内容来说，形象记忆占优势，抽象记忆在迅速发展，语词记忆能力慢慢提高。低年级儿童根据事物的具体形象来识记的能力较强，所以运用直观的教材可以取得较好的效果。随着年龄的增长，儿童的抽象能力也将不断地发展。在学习过程中，具体形象记忆与词的抽象记忆密不可分。

第三，从记忆的方法来看，是由机械、不理解的记忆向有意义、理解的记忆过渡。低年级的儿童一般采用机械的、逐字逐句的办法来识记。然而随着年龄的增长，他们必须学会对识记材料进行思维加工。机械记忆和理解记忆不是相互对立的，而是相辅相成的。

（三）儿童记忆力的培养

在了解儿童记忆发展的特点和规律后，如何促进儿童高效能地进行记忆和学习便有了实践价值。

1. 教师要明确记忆目的和引导儿童进行有意记忆和意义识记

只有通过有目的的识记过程，儿童才能获得系统的科学知识。低年级儿童还不善于自觉地提出识记的目的和任务。教师应引导儿童进行有意记忆，培养儿童识记的目的性和自觉性，使他们的识记由被动变为主动。不管哪个阶段的儿童，理解记忆的效果都优于机械识记的效果，因此，教师要引导儿童进行理解记忆。

2. 教师应教给儿童一些记忆策略

教师应教给儿童一些记忆策略来提高他们的记忆力，如复述策略、组织策略。复述是一种简单而又重要的记忆策略，如果不对要记住的东西加以复述，儿童很快就会忘记。组织则是一种较复杂的记忆策略。常见的组织策略有类别化、形象化、找关键词、列小标题、列表等。

3. 正确地组织复习

首先，合理安排复习时间。一是要及时复习，根据艾宾浩斯遗忘曲线可知，遗忘的规律是先快后慢，如果不及时复习的话，以后将耗费比及时复习成倍的时间。二是分散复习比集中复习效果好。其次，阅读和试图回忆相结合。试图回忆容易发现难点，可以集中精力去识记，而且它是积极的活动过程，需要注意高度集中，因而印象深刻，记得牢固。最后，复习方式可以多样化。这样做可以避免由于单调重复而引起厌烦情绪或疲劳现象。采用多种方式对所学的材料进行复习，并对学过的知识进一步组织加工，能使学生的记忆条理化、系统化。

四、儿童想象的发展与培养

想象在儿童认知发展中处于重要的地位。它是儿童认知发展的翅膀，有了它，儿童的认知

---

① 陈威主编：《小学儿童心理学》，中国人民大学出版社，2009 年，第 136 - 137 页。

才能飞得更高、更远。想象在人类认识世界和改造世界的过程中起到重要的作用。没有想象，人类就不可能有发明创造，不可能预测未来，也不可能有艺术创作。

（一）想象的概述

想象是个体在头脑里对已储存的表象进行加工改造形成新形象的心理过程。它是人类的高级认知活动，能突破时间和空间的束缚。想象的内容可能与现实相符合，也可能脱离现实。与现实相符合的创造想象是创造性思维，脱离实际的创造想象是空想或幻想。想象可分为无意想象和有意想象两类。[①]

1. 无意想象

无意想象是指事先没有预定目的、不自觉地产生的想象。无意想象是个体意识减弱时，在外界刺激的作用下，不由自主地想象某事物的过程。例如，人们白天受到一些事情的刺激，晚上就会做与之相关的梦。

2. 有意想象

有意想象是指事先有预定目的的想象。根据观察内容的新颖性、独立性和创造程度，又可将有意想象分为再造想象、创造想象、理想和空想。

第一，再造想象。它是根据别人的描述或图样，在头脑中形成新形象的过程。再造想象使人能超越个人狭隘的经验范围和时空限制，获得更多的知识，使人们更好地理解抽象的知识，使之变得具体、生动、易于掌握。

第二，创造想象。它是不根据现成的描述，在大脑中独立地产生新形象的过程。创造想象的特殊形式——幻想，是与个人生活愿望相联系并指向未来的想象。

第三，理想与空想。理想是符合事物发展规律且可能实现的想象。空想是不以客观规律为依据，甚至违背事物发展的客观进程，因而不可能实现的想象。

资源链接 4 - 3：

梦境究竟是什么？

在生活中每一个平常的夜晚，你都可能会进入到另外一个世界，这就是梦境。在过去，梦境只是哲学家、灵通者和心理分析师才去研究的领域，而现在梦境已成为了科学工作者们一个极其重要的研究领域。然而，梦境的实质究竟是什么，学者们还存在着争论。

精神分析学派的代表人物弗洛伊德和荣格认为，梦是潜意识过程的显现，是通向潜意识的最可靠的路径。或者说，梦是出现在意识中的改变了形式的被压抑的潜意识冲动和愿望，这些冲动和愿望主要是人的性本能和攻击本能的反映。

霍布森从生理学的观点出发，认为梦的本质是我们对脑的随机神经活动的主观体验，这种精神活动完全没有逻辑联系，也不存在任何内在的含义。

资料来源：[美] 格里格、津巴多著，王垒、王甦译：《心理学与生活》，人民邮电出版社，2003 年，第 146 - 148 页。

---

① 秦金亮主编：《儿童发展概论》，高等教育出版社，2008 年，第 110 页。

（二）儿童想象的发展特点

想象与其他心理过程一样，也有其自身的发展规律和特点。一般而言，儿童想象的发展规律为，从无意想象到有意想象，从再造想象发展为逐步呈现出创造想象的萌芽，从较为夸张的想象到符合现实逻辑性的想象，且幻想的成分逐渐增多。

1. 从无意想象发展到有意想象

儿童的想象萌芽一般出现在1岁半至2岁，主要通过动作和语言表现出来。儿童最初的想象可以说是记忆材料的简单迁移，没有情节的组合，对表象的改造很少。在幼儿想象中，无意想象占主体地位，有意想象在教育的影响下逐步发展。儿童进入小学后，在生活和教学中不断积累表象，言语和思维的发展也推动想象的发展。小学儿童想象的有意性迅速发展，想象的创造性成分增多，想象的内容更富于现实性。

2. 从想象的单纯再造性发展到想象的创造性

幼儿的创造性水平很低，想象具有模仿性和再现性。在他们想象的形象中，有许多是他们曾经看到过的事物，把过去的事物稍作加工便再现出来，创造的成分不多。这也与儿童抽象逻辑思维发展水平低、知识不足和生活经验贫乏有关。小学中、高年级学生由于教学的影响和要求以及语言的发展、知识的丰富，想象的创造性成分日益增多。

3. 从较为夸张性的想象发展到较为合乎现实的逻辑性想象

幼儿的想象常常不符合现实事物的特征，经常把事物的某一个部分或某个特点加以夸大。研究表明，随着年龄的增长，儿童想象中幻想的成分越来越少而现实的成分不断增加，表现为儿童的想象越来越合乎逻辑。①

4. 想象中幻想的成分日益增多

富于幻想是儿童重要的年龄特征之一。他们对丰富多彩的世界充满好奇、惊讶，对未来充满着各种幻想。他们有许多美好的憧憬：幻想将来当宇航员，遨游太空，飞出太阳系，寻找"外星人"；幻想当医生，治病救人；幻想当英雄，路见不平，拔刀相助……积极的幻想是儿童前进的动力。古人曾幻想有千里眼、顺风耳，这些幻想推动人们发明了望远镜、电话和传真。对于儿童的一些不积极的幻想，教师和家长应及早发现，并给予引导教育，不要让他们陶醉于空想之中。

（三）儿童想象力的培养

亚里士多德曾经说过："记忆和想象属于心灵的同一部分。"但对儿童认知过程来讲，想象比记忆更重要。因为想象贯串儿童认知的整个过程，从情感到意志，都包含着想象。爱因斯坦也说过："想象力比知识更重要，因为知识有限，而想象力概括世界的一切，推动着进步，并且是知识进步的源泉。"

1. 采用多种手段丰富儿童的表象和言语

表象是想象的材料，没有表象或者表象匮乏就不能产生丰富多彩的想象，表象的数量和质量直接影响着想象的水平。因此，要培养儿童的想象，首先要使儿童积累更多的表象。在实际

---

① 王耘：《小学儿童创造性想象发展的实验研究》，《心理发展与教育》1989年第2期。

生活中应引导他们广泛地接触各种事物,引导他们仔细、全面、准确地观察、比较、分析和综合,以获得更多丰富多彩和比较准确的表象。儿童的想象往往以语言的形式表现出来,维果茨基在《高级心理机能的发展》中指出:"不仅语言的本身,而且语言发展的最重要时刻,也是儿童想象力发展的重要时刻。"因此,努力发展儿童的言语能力,可以及时有效地把儿童的想象从形象的水平提高到符号的水平,从而使想象变得更加开阔、深刻和富有逻辑性。

2. 启发儿童在活动中独立思考

儿童的活动包括学龄前儿童的所有游戏、学习、劳动以及各种综合活动。这些活动为儿童想象的驰骋提供了广阔的天地。家长和教师应该在保护儿童人身安全的前提下鼓励儿童进行体验、尝试、独立思考,保护儿童的心理自由,并为这些活动提供必要的物质资料和必要的指导。

3. 鼓励儿童从模仿到创造,开展适当的训练,从而提高儿童的想象力

要使儿童的想象新颖、独特,并不是一件容易的事。老师可以先创设相关的激发想象的创造性情境,然后讲一些想象的技法,让学生先模仿,再独立创造。还可以适时组织有目的、有计划的训练,学生经过训练后会逐步掌握一些创造的技法,从而能独立地进行创造。

五、儿童思维的发展与培养

人类不仅能认识事物和现象的外部联系,而且能认识事物和现象的内部本质与规律,这种认识必须通过思维过程来完成。思维不同于感知觉、注意、记忆和想象,但又在感知觉的基础上发展而来。它是一种更复杂、更高级的认知活动,具有概括性和间接性等特点。儿童认知发展的核心是思维的发展。人类的一切创造性活动都与思维活动有关,恩格斯把思维誉为"地球上最美丽的花朵"。

(一)思维的概述

思维是借助言语、表象或动作实现的对客观事物的概括和间接性的认知,是认识的高级形式。它反映的是事物的本质和事物间规律性的联系,主要表现为概念的形成和问题的解决。思维具有概括性和间接性,正是因为思维的这种特性,儿童才可以认识那些没有或者不能直接作用于人体的各种事物或事物的各种属性,同时也可以预见事物的未来。根据不同的标准可将思维划分为不同的类别。[①]

1. 根据思维所凭借的对象,分为动作思维、形象思维和抽象逻辑思维

第一,动作思维。它是指以人的实际动作作为支柱的思维,具有直观性和行动性的特点。动作思维离不开对具体事物的感知,离不开动作。动作思维通常在幼儿和聋哑人身上较为常见。

第二,形象思维。它是指依靠直观形象和表象进行的思维。它分为两种水平:第一种水平的形象思维是幼儿的思维,具有形象性和具体性。第二种水平的形象思维是对对象进行加工的思维。

---

① 陈威主编:《小学儿童心理学》,中国人民大学出版社,2009年,第141-142页。

第三,抽象思维。它是指凭借概念、判断和推理来进行的思维,是人类特有的一种思维形式。抽象思维具有抽象性、概括性、自觉性和计划性。通过抽象思维可以认识事物的本质特性,并能揭示事物之间的必然联系。这种思维在中学生和成人身上最为常见。例如,中学生在数学课上运用已学过的概念、公式、定理去证明一个新的定理。

2. 根据思维探索的方向,分为聚合思维和发散思维

第一,聚合思维。它是指把提供问题的各种信息聚合起来,利用熟悉的规则,朝着一个方向得出一个正确结论的思维模式。这种思维的特点是利用已有的知识经验来解决问题,它有方向和范围,具有组织性和条理性。

第二,发散思维。它是指大脑在思维时呈现出一种扩散状态的思维模式,表现为思维视野广阔,呈现出多维发散状,即从给予的信息中产生多个结论的思维。这一思维的特点是,它没有一定的方向和范围,具有很大的变通性和创造性。

3. 根据思维的创造程度,分为常规思维和创造思维

第一,常规思维。它是指人们运用已获得的知识经验,按现成方法或固定模式解决问题的思维。例如,我们解决问题时常常按照头脑中已有的解决问题的模式来操作,这种思维往往缺乏新颖性和创造性。

第二,创造思维。它是指以新异和创造性的方法与程序解决问题的思维。我们经常说的"别出心裁"就是一种创造性思维的表现。

(二) 儿童思维发展的特点

思维在个体与周围客体相互作用的过程中产生和发展,儿童思维的发展是从直观的动作思维到具体形象思维再到抽象逻辑思维,元思维则从不自觉向自觉发展。在这个过程中,辩证逻辑思维也有了初步的发展。

1. 从具体形象思维向抽象逻辑思维过渡

学龄前儿童主要以具体形象思维为主,小学低年级儿童的思维虽然已经有抽象的成分,但仍以具体形象思维为主,到了小学中、高年级,儿童已能掌握一些抽象概念,并能运用概念、判断、推理等方式进行思考。随着年龄的增长,儿童思维的发展由以具体形象思维为主向以抽象逻辑思维为主过渡。这种过渡是思维发展过程中的质变。在这个过程中,存在着一个转折期,即儿童思维发展的"关键年龄"。林崇德研究发现①,在一般教育条件下,四年级儿童在数的概括能力发展方面有显著的变化,这一阶段也是儿童在掌握概念方面从以具体形象概括为主要形式过渡到以抽象逻辑概括为主要形式的一个转折点。

2. 元思维从不自觉向自觉过渡

元思维是指儿童对自己的思维过程的意识。例如,儿童在写作文时能意识到第一步该怎么写,第二步该怎么写。低年级的儿童尚不能自觉调节、监控自己的思维过程,所以家长和教师要给他们及时的辅导。高年级的儿童则不同,在教师的指导下,他们对自己思维过程的反省和监控能力会有很大提高,能说出自己的想法和见解,同时这也说明他们的元思维的自觉性有

① 林崇德:《小学儿童数概念与运算能力的发展研究》,《心理学报》1981 年第 3 期。

了发展。

3. 辩证逻辑思维初步发展

抽象逻辑思维的发展将经历初步逻辑思维、经验型逻辑思维和理论型逻辑思维三个阶段。小学儿童的思维主要属于初步逻辑思维,并有了辩证逻辑思维的萌芽。研究表明,小学儿童的辩证逻辑思维发展水平随着年龄的增长而提高;小学一、二、三年级是辩证逻辑思维的萌芽时期,四年级是辩证逻辑思维的转折期。[①] 整个小学阶段辩证逻辑思维发展水平尚不高,小学儿童的辩证逻辑思维发展在水平上无明显的性别差别,但在发展速度上存在着性别差异,一般来说男生略快于女生。

(三) 儿童思维能力的培养

思维是智力的核心,也是儿童认知发展的核心。思维可以使我们突破感官的限制,以已有的知识经验为媒介来理解或把握没有感知过或根本不可能感知的事物,推测事物过去的进程,认知事物现实的本质,预测事物未来的发展。[②] 因此,培养儿童思维能力十分重要。

1. 丰富儿童的感性经验,并逐步引导它向抽象概括发展

思维是在感知的基础上进行的高级认知活动,它的材料来源于丰富、生动的感性经验。因此,我们要发展儿童的思维。首先,要丰富儿童的感性经验。其次,要想思维实现质的发展,光有感性经验还不够,要把具体、感性的经验引向抽象概括。在这个过程中,教师要不失时机地引导儿童脱离具体的表象,逐步掌握抽象数的概念,引导儿童从具体形象思维向抽向逻辑思维发展。

2. 发展儿童的语言,加强思维方法和思维能力的训练

思维能力的发展与言语的发展密不可分。儿童思维能力的发展是在言语发展的过程中逐步发展起来的。因此,在教学中要积极引导儿童多掌握词汇、概念,训练儿童言语表达的规范性,给他们提供充分的机会表达和练习口头语言和书面语言,从而训练儿童思维的准确性和逻辑性。思维方法的训练就是在实际教学中引导学生对学习材料进行分析、综合、比较和抽象概括,提高思维过程的基本能力。逻辑思维的训练要求学生逐步学会运用概念进行判断和推理。所以,针对小学儿童以形象思维为主、抽象思维水平不高的实际,在教学中要运用直观材料帮助学生进行思维。

3. 创设问题情境,培养儿童善于发现问题和解决问题的能力

教师要善于用启发式的教学方法,激发学生的好奇心和求知欲,这是激发思维能动性的强大动力之一。思维总是从问题开始,教师要不断地给学生创设富有变化并能激起好奇心的问题情境,有了问题,才会有思考的动力。教师可以在每节课上留一段时间让儿童尝试提问题、谈看法和发表自己的见解。这样既可以活跃课堂氛围,又可以培养儿童独立思考和解决问题的能力。

---

① 殷炳江主编:《小学生心理健康教育》,人民教育出版社,2003年,第139-140页。
② 刘电芝主编:《儿童发展与教育心理学》,人民教育出版社,2006年,第163页。

第四节　儿童认知发展与学习

学习是人类最重要的活动之一,也是有机体适应环境的一个必要条件。儿童的学习与成人不同,在学习方式和态度等方面有其自身特点和规律。儿童认知与学习密不可分,儿童认知的发展是开展学习活动的基础,同时学习也促进了儿童认知的进一步发展。认知学习理论为儿童认知发展与学习提供了理论依据和指导。在教与学的实践过程中,儿童因性格不同会形成不同的认知风格,不同的认知风格要求教师采用不同的教学方法。

一、儿童学习的概述

学习是我们熟悉的现象,我们每个人每天都以不同的方式进行学习。世界迅速地发展,生活的变化要求我们不断地进行学习。学习是个体获得经验的过程,也是个体适应环境的手段。儿童学习的类型一般可分为知识的学习、技能的学习和行为规范的学习。

(一) 学习的含义

一般认为,学习是个体获得知识经验的过程,是个体适应环境的手段,通过学习,个体行为或能力会发生持久性的变化。

学习是一种活动过程,学习者由不知到知,由知之甚少到知之甚多,而且这个过程是由个体后天获得的,和与生俱来的本能行为不同。面对十分复杂的自然环境和社会环境,本能行为无法保证个体的生存。为了确保个体与环境的动态平衡,个体必须通过学习获得和积累各种知识和技能才能得以生存。学习能使学习者在行为、知识、技能或能力等方面发生持久的变化。此外,学习引起的变化有时并不是立即外显的行为,而是一种内部心理结构的变化。

(二) 儿童学习的特点

与成人学习不同,儿童在学习方式、学习态度、学习思维水平方面有自身的特点,只有把握儿童的学习特点,才能更好地对儿童进行教育。

1. 儿童的学习以间接经验为主

儿童的学习内容主要是掌握人类已积累的文化知识经验。从学习现有的经验、理论开始,教师可以创设一定的情景加以论证,帮助学生理解这些知识和结论。学生在学习的过程中,也可通过一定的实践活动获得一些直接经验。

2. 儿童逐渐形成初步的学习态度

其中包括儿童对教师、班级和作业的态度。

第一,对教师的态度。低年级学生无条件地服从教师,对教师有一种特别的尊敬和依恋之情。教师具有绝对的权威性。从小学中年级开始,学生对老师的看法有了自己的选择和判断。他们一般信任和尊敬思想作风好、教学水平高、对学生公平和公正的老师。

第二,对班级的态度。儿童在小学开始产生交往和归属的需要。低年级的学生还没有集体的观念,学生之间还没形成稳定的关系。从小学中年级起,学生初步形成集体的观念,逐渐把集体的要求当成自己的要求,把集体的荣誉当成自己的荣誉,和同学之间的关系也趋于稳定。

第三，对作业的态度。低年级的儿童还没有把作业看成学习的重要组成部分，作业有时能按时完成，有时不能按时完成，在教师的逐步引导下，才能逐渐养成自觉完成作业的习惯。

3. 学习的思维活动水平从直观向抽象发展

小学低年级的儿童思维活动水平基本处于具体形象思维阶段。因此，他们借助具体的实物、模型、挂图和形象性的语言等来获取知识和技能。小学中年级时，学生的语言能力有了较大的发展，尤其是书面语言有了很大的提高，他们能把自己的思维用语言、日记、作文等形式表达或记录下来。到了小学高年级，学生的抽象能力有了较大的发展，阅读、写作能力和空间想象能力都有很大的改善和提高。

（三）儿童学习的类型

我国著名心理学家冯忠良认为，学生的学习是对学校所传授经验的接受，因此，根据学习的内容，学生的学习可以分为知识的学习、技能的学习、行为规范的学习。[①]

1. 知识的学习

知识的学习是指通过一系列的心智活动，使学生在头脑中形成相应的认知结构。学生要掌握认识世界的基础知识，还要认知大自然中的花、草、树木、水等。通过这些知识的学习，学生获得认知的经验，用来解决各种问题。

2. 技能的学习

技能学习包括学习智力技能和学习动作技能。智力技能是指学生借助内部语言在头脑中进行认知活动时的心智操作，如感知、记忆、想象、思维等操作。动作技能是指由一系列的外部动作以合理的程序组成的操作活动方式，如体育活动中的跑步、打球等。动作技能的学习实际上就是掌握合乎法则的活动方式。我们所述的这些技能学习不仅包括认知过程，还包括执行过程，即不仅知道要做什么、怎么做，还要能够进行实际的操作，并达到熟练掌握这些技能的程度。

3. 行为规范的学习

行为规范的学习主要指道德行为技能和道德行为习惯的形成，这是一个品德形成的过程。这一类学习包括对行为规范的认知、情感的形成和行为的执行。通过这类学习，学生可以获得交往的经验和良好的品德等，从而能更好地适应社会生活。

二、认知学习理论

一般认为认知学习理论发端于早期认知理论的代表学派——格式塔心理学的顿悟说。认知学习理论的真正形成是在 20 世纪六七十年代，现代认知学习理论包括认知发现说和意义接受说。[②]

（一）格式塔——顿悟说

格式塔学派的观点直接影响了今天认知学习理论的形成与发展。它的代表人物是考夫

---

① 冯忠良著：《教育心理学》，人民教育出版社，2000 年，第 194 页。
② 岑国桢主编：《教育心理学》，中国人民大学出版社，2006 年，第 37 - 40 页。

卡、韦特海默、苛勒等。该派认为,学习的实质是构造与组织一种完形,而不是形成刺激与反应的联结。

1. 顿悟发生的机制是心理具有格式塔的功能

所谓顿悟就是对问题情境的突然理解。"格式塔"和"形状"、"形式"同义,可以理解为是一种心理的模式。它原意是整体结构,即心理对外部刺激具有组织功能,能填补缺口并重新组织相关的信息,进而形成对事物的完整认知。

2. 知觉在学习中占有重要地位

对情境的了解和把握离不开知觉,人和动物的知觉是对外界事物的整体认知。知觉会遵循一定的原理,如相似性、整体性等,这些上一节已经作过介绍,这里不再具体讲述。

3. 知觉的情境是一个具有新质的整体

其含义包括:第一,知觉的情境不只是物理性的性质,也是心理性质;第二,知觉到情境的内涵比其组成部分更为丰富,即"整体大于部分之和"。

(二) 认知—发现说

认知—发现说的代表人物是布鲁纳(J. Bruner),他长期研究思维和知觉方面的认知学习,重视学习理论对现实教学的领导和应用。认知—发现说的主要旨意为:通过发现学习,使具有基本结构特点的学科知识变成学习者头脑中自己的认知结构。

1. 学习的实质与表征

布鲁纳认为,在学习过程中,学习者主动地获取知识,积极地把新知识与已有的知识结构联系,并建构自己的知识体系,而不是被动地接受知识并因受到强化而形成刺激—反应。学习者的知识体系和框架是其头脑中的"表征系统"或"内在模式",学习就是把已获得的信息与已有的框架联系起来。

2. 学习的编码与过程

布鲁纳认为,人类具有归类能力,能认识复杂的环境。在学习中,不仅要把感觉输入归于某一类别,还要进行推理,思考这一类别与相关类别的关系,由此就构成了含有输入信息的系统,即编码系统。编码系统的特点为:各种相关类别的编排有层次,类别的层次越低,相对就越具体,且编码系统会随着学习的进展而变化或重组。

在研究学生学习活动的具体过程后布鲁纳认为,学习一门学科的知识包括三个过程:第一,新知识的获得。可能是在原有知识的基础上增加,也可能是对原有知识的补充或提炼。第二,知识的转化。把学到的信息转化成其他形式。既可以适应新的学习任务,同时也增加了知识的积累。第三,知识的评价。就是考察获得知识的方法是否恰当,是否能正确运用知识。

3. 教学的目的与方法

布鲁纳认为,教学最终目的是促进学生"对学科结构有基本的理解"。一门学科的基本结构是指其基本概念、原理和方法。学生掌握一门学科的基本结构后,就容易掌握学科的具体内容了。

布鲁纳的认知发现说强调主动学习的意义和学习者的主动性,重视认知结构、知识结构和学生的独立思考在学习中的重要作用。布鲁纳提出的发现法具有重要的教育价值。他认为学校教学不应当使学生处于被动地接受知识的状态,而应当让学生成为自己知识的发现者。发现法能激发学生的好奇心和探索未知事物的兴趣,但实施起来比较困难和费时间,很难保证儿童的学习水平。

(三)意义—接受说

意义—接受说的代表人物是奥苏贝尔,其学习接受理论的提出基于对意义学习和接受学习方式的分析,提倡学生有意义地学习。

1. 主张意义学习

奥苏贝尔考察学习材料与学习者认知结构的关系时,把学习分为意义学习和机械学习。意义学习是指新材料与学习者的认知结构中已有的表象、概念命题等能够建立实质性、非人为的联系的学习,否则就是机械学习。教学要关注学习的客观条件,尽可能地使学生的学习是意义学习。

2. 重视接受学习

接受学习是教师将知识作为定论,以系统组织的形式讲解给学生的一种学习方式。接受和发现这两种学习方式与上文提到的意义学习和机械学习不是简单机械的对应关系。接受学习可以是意义学习,只要符合意义学习的条件;如果不符合意义学习的条件,发现学习也可能是机械学习。只要教师对学习材料精心挑选、有序组织,学生就可以进行意义学习,接受最有用的东西。

与布鲁纳不同,奥苏贝尔主张学习更应通过接受而不是发现来进行,接受新信息的学习应该有演绎的过程。但是实质上,二者的理论并不矛盾。布鲁纳的发现学习法强调学生通过积极的思考去亲自获得知识,奥苏贝尔的接受学习强调充分发挥学生原有认知结构的同化作用。

三、儿童认知的发展与学习的关系

儿童的认知发展与学习有着密不可分的关系。儿童认知的发展为其学习提供了基础,认知发展水平是儿童从事学习活动的前提,也是教师了解学生、进行教学设计、评定教学结果的主要依据。儿童的学习受认知发展的制约,同时学习活动也为儿童认知发展提供了平台,促进了儿童认知的发展。

(一)儿童认知发展是学习的必要条件

我们都知道认知能力是学习过程中不可缺少的因素,它是儿童学习的基础。儿童要有效地学习必须具备两个基本要素:成熟和认知能力。这两个因素是构成学习的条件和基础,儿童未达到成熟的水平自然很难收到良好的效果,如果强迫学习,还会有害于身心健康。同样,儿童的认知能力低下,学习的效果也难以保证。

(二)学习促进儿童认知的发展

学习也是认知能力发展的条件,古今中外的教育家和心理学家都肯定了这一点。人的智能或认知能力是在先天基础上通过后天学习而形成起来的。荀子说过"好学近乎知","君子有三思,而不可不知也;少而不学,长无能也","故智能之士,不学不成,不问不知",等等,从中我们也可得知,在学习的过程中,个体的认知能力将得到发展。

四、学习中的认知风格

认知风格又称为认知方式,是指个体偏爱的信息加工方式,表现在个体对外界信息的感知、注意、思维、记忆和解决问题的方式上。目前研究较多的认知风格主要有场依存型与场独立型、沉思型与冲动型、聚合型和发散型。每个学生都有自己的认知风格,学生在认知风格上存在的个体差异,也是我们因材施教必须考虑的心理变量。[①] 认知风格各有千秋,没有好坏之分。

1. 场独立型和场依存型

所谓场,就是环境,心理学家把外界环境描述为一个场。场独立与场依存这两个概念来源于美国心理学家赫尔曼·威特金(Herman Witkin)对知觉的研究。威特金在20世纪30年代发现了场依存—场独立问题,开创了认知风格的现代研究,被称为"认知方式之父"。

研究认为,场独立型的学生在认知加工的过程中较多参考自己的内部标准,不易受外来因素的影响和干扰,喜欢独立对事物作出判断。场依存型的学生在认知加工过程中喜欢以外部的信息作为参考依据,他们的认知和态度易受周围环境的影响和干扰,善于察言观色,在人际交往中占有优势。

场独立与场依存两种认知风格与学习有着密不可分的关系。不同认知风格的学生在学习中表现出不同的特点,不同的认知特点需要我们用不同的教学方式。下表总结了场独立型与场依存型学生不同的学习特征。

场独立型与场依存型学生的学习特点及各自适应的教学特点

方面 \ 类型	场 独 立 型	场 依 存 型
学习兴趣	自然科学、数学,喜欢学习一般原理	社会科学,喜欢学习具体知识
学习成绩	自然科学和数学成绩好于社会科学	社会科学成绩好于自然科学
学习优势	解决需要灵活思维的问题	解决熟悉的常规问题
学习策略	独立自主地学习,由内部动机支配	易受暗示,学习前主动性由外部动机支配
对教学的要求	不强调"社会敏感性"的教学,结构不严密的教学	强调"社会敏感性"的教学,结构严密的教学

资料来源:郭德俊主编:《小学儿童教育心理学》,中央广播大学出版社,2002年,第49页。

2. 沉思型与冲动型

沉思型与冲动型的认知风格由心理学家铠根(J. Kagan)及其同事提出。学习者被分为两个不同的类型:一类在简短地考察各种可能性后迅速地作出决定,被称为"冲动型";另一类在进行反应前进行深思熟虑,仔细考虑所有的可能性,被称为"沉思型"。

---

① 郭德俊主编:《小学儿童教育心理学》,中央广播大学出版社,2002年,第48页。

沉思型学生的特点是反应慢、精确性高、有耐性。他们总是把问题考虑周全以后才作反应,因为他们重视解决问题的质量,而不是速度。沉思型学生在完成需要对细节作分析的学习任务时,学习成绩会更好些。因为他们采用的信息加工策略多为细节性加工方式。

冲动型学生的特点是反应快、精确性差、易冲动。他们的发散思维相对较差,面对问题时急于求成,不能全面细致地分析问题的各种可能性,不管答案正确与否总急于表达出来,有时甚至还没弄清问题的要求,就开始对问题进行解答。在完成需要作整体型解释的学习任务时,学习成绩会更好些。因为他们使用的信息加工策略多为整体加工方式。

沉思型的学生阅读能力、记忆能力、推理能力、创造力等方面都表现比较好,而冲动型学生会出现阅读困难,常伴有学习能力缺失等问题。学习成绩不是太好。

3. 聚合型与发散型

聚合型与发散型风格模型由吉尔福特(Guilford)提出。聚合型的认知方式是指,个体在解决问题时经常表现出集合思维的特征,他们经常会注意问题的某一方面,然后逐渐缩小解答范围,局限在特定领域内直接找到答案。发散型的认知方式是指,个体在解决问题过程中会表现出发散的特征。发散型思维表现为个体的思维沿着不同的方向发展,不只局限于某一个方面,这种发散具有广泛性、松散性,最终产生解决问题的答案。

研究表明,聚合型思维的学生偏好形式性的问题和结构化的、需要逻辑思维的任务。发散型思维的学生,偏好目标更为开放、需要创造性的任务。一般而言,聚合型思维的学生喜欢自然科学,而发散型思维的学生喜欢人文科学。吉赛尔和杰克逊研究发现,尽管所有的学生智力水平相当,而且发散思维型的学生更有想象力和创意,但教师还是喜欢低发散型思维(如从众、听话)的学生,而不是高发散型的学生。[1]

因此,对教师而言,要善于识别不同思维倾向的学生,采用不同的教学方法。尤其要充分了解发散型思维学生的个性特征,并适时引导和给予欣赏,培养和激发他们的创新能力。

思 考 题

1. 简述教育与儿童认知发展的关系。
2. 比较皮亚杰的儿童认知发展理论与维果茨基的认知发展理论的异同。
3. 简述艾宾浩斯遗忘曲线以及如何利用艾宾浩斯遗忘曲线来提高记忆的效果。
4. 根据儿童思维和想象的发展特点,简述如何提高学生的思维水平和创造性。
5. 简述儿童的学习特点以及儿童的认知能力与学习的关系。

---

[1] 连榕、李宏英编著:《教育与发展心理学》,福建教育出版社,2007年,第398-399页。

第五章　儿童自由与教育

个体在生命的不同阶段有着不同的人格发展,儿童时期是成长为人的初级发展阶段,此阶段儿童的自由发展,关系着人一生的发展方向。合理的教育应当遵从人的身心发展的自然进程,这就需要保证人在儿童期间的身心获得自由和谐的发展,免受外界不良因素的影响。教育就是要追随儿童的天性,反对压制儿童的个性自由;重视儿童的积极活动,培养他们的想象力与创造力。教育是人的教育,应当把人作为社会历史活动的主体来培养,应该关注儿童的主体性特征,推进儿童生命自由意志的成长。但是由于社会生活中人们对自由的误读,以及由此产生的对儿童自由的误解,教育往往在不自觉地限制着儿童自由的获得,从而不能够形成儿童可贵的自由人格。本章从自由的概念入手,探讨自由的渊源、儿童的自由,以及教育中儿童自由的维护等问题,对于教育中儿童的自由发展有重要意义。

第一节　自　由　的　概　念

自由是人的天性,是生命的内在需求。自人类诞生开始,自由就是人们不懈追求的理想,不同的社会形态中人们追求自由的形式不同。人们使用同一个"自由"概念,但是所指的可能并不是同一个意义。

一、自由的历史建构

不管是在学习工作还是生活交往中,人们都会想到各种各样的自由,人身自由、恋爱自由、政治自由、权利自由等。到目前为止,有关"自由"的概念界定多达数百个。这些概念各有侧重,有的甚至相互矛盾。之所以出现这种状况,不仅是因为不同的人对自由有不同的认识,更与一定社会所处阶段有关。

(一)"自由"一词的起源

在英语中,代表"自由"的有两个词语:liberty 和 freedom。前者包括三个基本含义:(1) 指作为一种社会身份的自由、自主,是一种不依赖于他人的独立者所拥有的资格,这种资格是可以传代的;(2) 指那种没有担任任何社会职务,赋闲在家的人;(3) 指没有任何障碍、负担或羁绊的行为状态。[①] 这三种含义从不同方面论述了自由:第一种含义说明自由是有特权性的,它不是所有人都可以享有的平等权利,而只是一部分特权阶层能享有的,如奴隶就是没有"自由"

---

① 石中英著:《教育哲学》,北京师范大学出版社,2007 年,第 189 页。

的,因此,人们对这种自由的追逐更多的是政治意义上的,这是典型的古希腊时期的自由;第二种自由说明了这种角色的经济地位以及阶级基础——闲赋在家的人而不是劳作的人;最后一种含义则说明了这种社会身份给予个体的行为权利。这三种含义是相互联系的,liberty 一词在历史发展中演化为不同的形式,随着时代背景的变化,自由的概念也逐渐有了丰富的含义。詹姆斯·穆来尔(James Murray)在 1901 年编撰的词典中,概括了 liberty 的八种含义:(1) 免于囚禁、奴役或束缚;(2) 免于蛮横的、暴虐的或专制的控制;(3) 按照自己的意愿去做自己喜欢的事情的状态;(4) 被允许去做某些事情的机会或范围;(5) 不受强制的行动、行为或态度;(6) 一种女性的化身;(7) 主权国家赋予个人的一种法律权利;(8) 言论自由。[①]

Freedom 起源于古希腊语 prays,意思是"不受外部的控制或屈从"。同样,詹姆斯·穆来尔概括了 freedom 的十四种含义:(1) 免除或解除被奴役或监禁;(2) 免于蛮横的、暴虐的或专制的控制;(3) 自由的或高贵的品质;(4) 能够不受强制地行动的状态;(5) 摆脱命运和自然性的控制;(6) 行动的意愿;(7) 诚实、开放、亲和、直爽的品格;(8) 一种独自做事的能力;(9) 执行任务的胆量和勇气;(10) 物理学中表示运动的量;(11) 不被失败等影响的一种状态;(12) 免于特别的负担、责任或服务;(13) 参与公共生活的权利;(14) (苏格兰语)分配给自由民的一块土地。[②] 这些解释中,有很多仍是现代不同语言文化背景下自由的不同概念。从 liberty 和 freedom 的释义可以看出,虽然两个词来源不同,但其基本含义却是基本相同的。无论是 liberty 还是 freedom,其核心都是指"免于……"和"能够……"的态度、能力或权利。[③]

(二) 关于自由的历史考察

每一个时期的自由观都有与之相对应的社会制度基础和思想基础。古希腊主要是政治意义上的自由,有自由人和奴隶人的区分。自由人无需从事实际工作,他们有闲暇时间。而奴隶却是一种"非自由"的职业,他们不管在思想上还是身体上都受到束缚和约束。中世纪,僧侣与俗人之间的差别代替了在希腊哲学著作中自由人与工匠之间的差别。

1. 古代自由理论

古希腊是欧洲文明的摇篮,西方关于人的自由的观念即发端于此。从希腊人诞生开始,希腊人的生活就是自由的。但希腊人的自由观念源于哲学家。哲学家称,自由是对于主体而言的,是主体对自我的思考与追求。而只有主体的自我意识形成以后,主体的自由观念才会随之明确。也就是说,"人们意识到自我,就会对自我的行为和思想的范围有所意识。一方面,这范围是一种肯定性,是主体价值与尊严的确认;另一方面,这范围是一种否定性,是对主体的限制。人们要保持已有的确认,又要冲破这限制。正是在这肯定与否定之间、保持与冲破之间,人们产生了自由观念"[④]。

在希腊哲学中,最早提到"自由"这个词的大概是德谟克利特。在此之前,赫拉克利特曾提

---

① James Murray, A. H., *a new english dictionary on historical principles*, vol. vi, l to n, oxford university press, 1901, pp. 240 - 241.

② James Murry, A. H., *a new english dictionary on historical principles*, vol. vi, l to n, oxford university press, 1901, pp. 524 - 525.

③ 石中英著:《教育导论》,北京师范大学出版社,2007 年,第 190 页。

④ 邹铁军著:《自由的历史建构》,人民出版社,1994 年,第 37 页。

到"自由人"一词,他说,对立的东西由于斗争而转化,战争是万物之父,也是万物之王。战争使一些人成为神,也使一些人成为人,使一些人成为奴隶,使一些人成为自由人。① 赫拉克利特在这里提到"自由人"是无意识的,并没有考虑自由问题,但这说明,希腊人在其哲学产生时,语言中就有"自由人"这个概念了。自由人是与奴隶相对的,它表明人的社会身份和地位。生活于希腊人主体意识萌芽和觉醒时代的德谟克利特并没有专门地讨论自由问题。但是,他谈到了伦理生活的选择性和政治制度下人们的自由问题,他说:"在民主制度下贫穷也比在专制制度下享受所谓幸福好,正像自由比受奴役好。"②他的伦理和政治思想预示了一种趋势——哲学家们逐渐开始关心伦理政治等社会问题,逐渐开始关心人在自然和社会中的地位和活动,这是主体意识觉醒的先兆,是希腊哲学自由理论产生的令人惊喜的一丝曙光。

古代西方思想家大多从政治角度看待自由,在他们眼里,自由是公民享有的一系列合法的政治权利。这种认识在古希腊时期就已经存在。自由人享有自由,而奴隶则没有自由。这种自由不仅仅是行为不受限制的状态,更重要的是一种政治上的自由。它表现为公民有参与政治的权利,自由天然等同于权利。德谟克利特区分了"个人自由"和"社会自由",并讨论了它们的关系问题;苏格拉底对哲学的探讨实际上也表达了对政治自由的追求,他最后为捍卫哲学的尊严而死,也是为捍卫思想的自由而死,其中包含了对自由权利的维护;柏拉图将自由看成"个人对于社会的政治权利";亚里士多德在《形而上学》中第一次提出"人本自由"的命题,作为"人天生是政治动物"的前提条件。显而易见,在古希腊,自由就是指政治自由,意味着"自由民"这一特殊社会阶层从事政治活动的权利——言论自由、集会自由、选举自由以及诸如此类的东西。

在中国古代,随着对天与人之间关系的探索,人们已逐渐认识到自身在判断人的吉凶得失中所起的作用,这种承认人可以不受制于神秘的天意的思想包含了对自由的追求。春秋战国时期,诸子蜂起,百家争鸣,各家提出了种种关于自由的主张,其中儒、道二家在中国历史上产生了较大的影响。儒家追求"入世的自由",就是不逃避现实,本着负责的态度,生活在现实之中,在承担义务中获得自由。在儒家看来,个体必须"意识到"自己是在如其所是地生活,这才是自由的境界,自由就是个体对自己如其所是的生活的觉悟,真正如其所是地生活,便是真正的自由。孔子说:"吾十有五而志于学,三十而立,四十而不惑,五十而知天命,六十而耳顺,七十而从心所欲,不逾矩。"一方面能够不逾规矩,不触法犯规,在礼的规范下,获得自己的精神自由;另一方面也能遵从自己内心的想法率性而为,不刻意伪装。

道家追求"忘世"和"避世"的自由。"道"即自然,也是自由。因此,道家眼中真正的自由是忘怀现实、回避现实。道家向往大自然的自由生活,认为现实生活只会给人造成更大的桎梏和羁绊,只有逃离现实选择隐遁的生活才能得到真正的自由,道家追求的乃是心灵的精神自由。《史记·老庄申韩列传》中讲述,老子从宋国辞职后,面对楚威王的隆重聘请仍表示"终身不仕,以快吾志焉",后来隐退,著《老子》。庄子也秉承"无己无功无名"的心态过着逍遥豪放的生活。

① 北京大学哲学系西方哲学史教研室主编:《西方哲学原著选读》上卷,商务印书馆,1981年,第27页。
② 北京大学哲学系外国哲学史教研室主编:《古希腊罗马哲学》,商务印书馆,1962年,第120页。

虽然老子和庄子都是隐居之士,但他们与消极面对生活的人不同。他们的"隐"不是毫无追求地消极面对现实,而正是为了寻求精神自由。

2. 近代的自由理论

作为政治权利的自由,在近代西方资产阶级革命时期得到了进一步确认和发展。被马克思称为"自由思想始祖"的洛克认为,自由与生命和财产一起,构成人的三大"天赋权利",是应该受到法律保护的。密尔在《论自由》开篇就指出:"这篇论文的主题不是所谓的意志自由,不是与那被误称为哲学必然性的教义不幸相反的东西。这里所要讨论的乃是公民自由或称社会自由。也就是要探讨社会所能合法施用于个人的权力的性质和限度。"①将自由问题总结为"社会所能合法施用于个人的权力的性质和限度"问题,也是因为密尔认为,所谓的民意,不过是"多数的"或最活跃的一部分人民的意志。因此,需要防范"多数人民"以"全体人民"的名义滥用权力来压制其中"一部分人民",从而防止"多数的暴虐"。在公立主义立场之上,"唯一实称其名的自由,乃是按照我们自己的道路追求我们自由的好处的自由,只要我们不试图剥夺他人的这种自由,不试图阻碍他们取得这种自由的努力。每个人是其自身健康的适当监护者,不论是身体的健康,或是智力的健康,或者是精神的健康。人类若彼此容忍各照自己所认为好的样子去生活,比强迫每人都照其余的人们所认为好的样子去生活,所获是要多的"②。比起洛克和密尔"自由最大化"的主张,卢梭和孟德斯鸠主张将自由限制在法律所许可的范围之内,认为自由是"对法律的服从"。卢梭说:"我愿意自由地生活,自由地死去。也就是说,我要这样地服从法律:不论是我或任何人都不能摆脱法律的光荣的束缚。这是一种温和而有益的束缚,即使是最骄傲的人,也同样会驯顺地受这种束缚,因为他不是为了受任何其他的束缚而生的。"③同样,在孟德斯鸠看来,"自由是做一切法律所允许做的事情的权利。然而,如果一个公民能够做法律所禁止的事情的话,那么他就不再有自由,因为其他人同样有这个权利"④。而《人权宣言》也指出,自由就是不做一切损害他人的行为的权利。可见,从政治的角度来看,自由一方面意味着公民从事政治活动的权利,另一方面也意味着公民遵守法律的义务;一方面意味着公民个人的权利,另一方面意味着政府权力的限度。

除此之外,在西方思想史上,许多思想家分别从认识论意义、宗教意义、存在论意义以及实践论意义等多种角度来论述自由。认识论意义上的自由,是"对必然性的认识"或"对偶然性的克服",是对人类心灵无知或感性冲动状态的超越。斯宾诺莎最早提出"自由是对必然的认识"这一命题:"凡是仅仅由自身本性的必然性而存在,其行为仅仅由它自身决定的东西,就叫作自由。反之,凡物的存在及其行为均按一定的方式为他物所决定,便叫作必然或受制。"⑤黑格尔详细阐述了这一思想:"对自由最普通的看法是任性的看法——这是在单单由自然冲动所规定的意志和绝对自由的意志之间经过反思选择的中间物。当我们听说,自由就是指可以为所欲

---

① [英]约翰·密尔著,程崇华译:《论自由》,商务印书馆,1996年,第1页。

② 同上书,第13页。

③ [法]卢梭著,李常山译:《论人类不平等的起源和基础》,商务印书馆,1994年,第51页。

④ [法]孟德斯鸠著,孙立坚等译:《论法的精神》(上),陕西人民出版社,2001年,第182页。

⑤ [阿]斯宾诺莎著,贺麟译:《伦理学》,商务印书馆,1983年,第4页。

为，我们只能把这种看法认为完全缺乏思想教养。"①黑格尔进一步指出："任性的含义指内容不是通过我的意志的本性而是通过偶然性被规定成为我的；因此我也就依赖这个内容，这就是任性中所包含的矛盾。通常的人当他可以为所欲为时就信以为自己是自由的，但他的不自由恰好就在任性中。"②显然，黑格尔强调自由与理性的关系，认为自由是建立在理性基础上的，是人类理性本质的内在要求和外在实现。恩格斯也在一定程度上接受了斯宾诺莎和黑格尔的主张，认为自由不在于幻想中摆脱自然规律而独立，而在于认识这些规律，从而能够有计划地使自然规律为一定的目的服务。因此，自由必须是理性自由，否则，就是不可能的。

宗教意义上的自由主要是指"信仰自由"，这是一种区别于政治自由和理性自由的自由形式，也是从神学的角度对"自由"概念的阐述。在大多数今人的意识中，信仰自由即指"信仰什么的自由"，如"信仰基督教的自由"、"信仰伊斯兰教的自由"、"信仰佛教的自由"等。自然，这是"信仰自由"的应有之义。但是，信仰自由不仅指"信仰什么的自由"，它更指"人只有在信仰中才能真正获得自由"，或者"人只有依赖信仰才能得到最好救赎而获得自由"。因此，诚挚的信仰，既是通向人性复归的道路，又是通向人的自由的道路。

存在论意义上的自由是所有存在主义所理解的自由，是一种"绝对的自由"，是人之为人的前提条件或根本标志。众所周知，存在意义的基本命题是"存在先于本质"。在存在主义者看来，"存在"本身不是"给定的"或"自在的"，而是"自由创造的"。萨特认为："如果存在确实先于本质，人就永远不能参照一个已知的或特定的人性来解释自己的行动，换言之，决定论是没有的——人是自由的，人就是自由。"③显然，这种自由观和宗教意义上的自由观非常类似，是对政治或认识论意义上的相对自由的超越。

实践论意义层面上的自由是马克思和恩格斯等马克思主义经典作家对于"自由"概念的新发展。马克思和恩格斯早期继承和发展了西方思想史上有关政治自由和理性自由的思想，将其作为反对不合理的资本主义社会制度的思想武器。后来，马克思和恩格斯超越了早期对于自由的认识，对资产阶级的自由观进行了深刻批判，指出他们所鼓吹的自由不过是资产阶级的财产自由和行业自由，而只有劳动的自由和实践的自由才是人类真正的自由。袁贵仁认为："根据马克思和恩格斯的论述，人的自由可以看作是人在活动中通过认识和利用必然表现出的一种自觉、自为、自主的状态，自由活动就是自觉的、自为的、自主的活动。"④其中，自觉是相对于盲目而言的，自为是相对于自在、自发而言的，自主是相对于强制、被迫而言的。因此，在马克思主义看来，"自由不是主体的随心所欲、为所欲为，而是主体和客体的统一，是权利和义务的统一，是自由和责任的统一"⑤。

在西方的思想史上，还有一些思想家从各自的角度对自由的概念进行了重要的阐述。阿克顿(J. E. E. D. Acton)认为："自由的含义包括以下五个方面的内容：(1) 它是对身处弱势

① ［德］黑格尔著，范扬等译：《法哲学原理》，商务印书馆，1961年，第25－26页。
② 同上书，第27页。
③ ［法］萨特著，周煦良、杨永宽译：《存在主义是一种人道主义》，上海译文出版社，1988年，第12页。
④ 袁贵仁著：《马克思的人学思想》，北京师范大学出版社，1996年，第215页。
⑤ 同上书，第217页。

的少数人权利的保障。(2)它是理性对理性的支配,而不是意志对意志的支配。(3)它是对超越人类的上帝所尽的义务。(4)它是理性支配意志。(5)它是公理战胜强权。"①这一论述基本上涵盖了上述政治意义、宗教意义和认识论意义上的三种自由。罗素认为,"我们所要追求的自由不是压制别人的权利,而是在不妨碍他人的前提下按照我们自己选择的方式进行生活和思考的权利"②。这个定义兼顾了"自由"的权利和界限两个方面,富于哲学的意义。当代著名的自由主义哲学家哈耶克认为,自由是一种状态,是"社会中他人的强制被尽可能地减到最小限度"③的状态,它表明一个人能够在多大程度上自行其是。这个定义接近洛克和密尔的自由观,将自由看成私人领域范围的权利和对国家权力的限制,倾向于"自由的最大化"。

从上述三个层面的分析来看,自由一方面是一个含义比较丰富的概念,另一方面也是一个富于变化的概念。任何试图得出一个标准定义的做法都是徒劳无益的。这里,我们根据上述的分析,给自由下一个规定性的定义,以便为下文讨论自由与教育的关系提供一个概念基础。自由,是指人们在私人和公共生活领域中自主地思考和采取行动的一种权利或状态。这个定义试图表达:第一,自由不仅涉及私人领域,而且也涉及公共领域;第二,自由不仅是一项社会权利,也是一种思想、活动或情感状态;第三,自主是自由的核心,它包括"免于强迫"和"按照自己的意愿或计划去做某事",因此,自由既是消极的,也是积极的;第四,自由不是少数人的政治特权,而是每一个人广泛的社会权利与基本的存在需要。因此,我们这里所说的自由,根本不同于有着特殊含义的"自由化"或"资产阶级自由化",也不局限于政治自由、言论自由等部分社会自由,它更接近于哲学意义上或一般意义上的自由,是各种具体自由的核心或概念基础。

二、自由的涵义与实质

自由是指人们在私人和公共生活领域中自主地思考和采取行动的一种权利或状态,包含三层基本涵义。

(一) 自由的涵义

要实现教育中的自由问题,首先要弄清自由的涵义和实质。在汉语中,自由有三层涵义。

1. 自由是对必然的认识

17世纪荷兰哲学家斯宾诺莎明确地提出了自由的必然性,他说:"凡是仅仅由自身本性的必然性而存在,其行为仅仅由它自身决定的东西,就叫做自由。"④黑格尔则系统地论述了自由和必然性之间的联系。在黑格尔的论述中,必然性指的是精神本身的必然性,这种必然性是从绝对理念中发展出来的,而不是在力学中物体由于受外力作用而发生运动状态的改变这样的必然性。精神自身的必然性是内在的必然性。自由是在他物中自己依赖自己,自己是自己的决定者。"物质的实体是重力或者地心引力,而精神的实体或本质是自由。精神的一切属性都是从自由而得以成立的,一切都是为着要取得自由的手段,一切都是在追求自由和产生自由。

---

① [英]阿克顿著,侯健、范亚峰译:《自由与权力》,商务印书馆,2001年,第308页。
② [英]罗素著,李国山等译:《自由之路》(上),文化艺术出版社,1998年,第221页。
③ [奥]哈耶克著,杨玉生等译:《自由宪章》,中国社会科学出版社,1999年,第27页。
④ 北京大学哲学系编:《十六—十八世纪西欧各国哲学》,三联书店,1958年,第165页。

所以，'自由'是'精神'的唯一真理。"①必然性可以决定自由活动的方式，可以决定自由活动的可能性。

2. 自由是对人们行动的限制不存在的状态

当一个人在一定范围内能够选择行为目标和达到目标的途径，他的行动不被其他个人和组织故意设置的障碍所限制，或者不被他人强迫做他自己不愿意去做的事情，他就会被认为是自由的。古今许多自由主义思想家都强调这一点。边沁(J. Benthan)认为，自由是指强制的不存在。霍布斯(T. Hobbes)说，自由"就是外界障碍不存在状态"②。法国《人权宣言》中的自由强调人有权从事一切无害于他人的行为。按照人们的一般用法，人们在社会生活领域的自由，意味着一个人有可能依照他自己的愿望行事，而不受其他人的故意强制或干涉，也不受其他人故意设置的障碍所阻碍。

3. 人们作为主体的思想自由

即公民在法律规定的范围内，享有自己的意志活动不受限制的权利。如言论自由、思想自由、集会结社自由等。这里的自由意指由宪法或根本法所保障的一种权利或自由权，能够确保公民免于遭受某一专制政权的奴役、监禁或控制，或是确保公民能获得解放，即人们在政治生活领域享有法律规定范围内不可侵犯的人权。

(二) 自由的实质

人们对自由的追求源于人血脉深处的动力，是人对于自身摆脱外界束缚的本能体现。自由的个体具有自主的能力，能够在自我引导中提升和拓展自己的才智和品格。自由是造就良好个体的核心条件，因为个体只有在自由中才能获得自主的发展。

1. 人的自由是意志自由、行动自由和人格自由三者的统一

首先，意志自由是人的潜在本质，人有自我思考和利用与改变外界使自我得以生存的本能。从这点来看，意志自由属于人类自由的第一层次，它在个体身上的表现是不明显的，而只是以潜在的方式存在，这是个体与生俱来的特性。其次，行动自由是个体根据客观发展规律和生活世界中的法律道德规范要求，有效地控制自己的活动而得到的自由，它是从人的现实层面上说的，强调人的行动要受到客观规律和社会规范的制约。行动自由是人类自由的第二层次，属于个体自由。第三，人的自由的理想境界就是人格自由。人格自由是人不受复杂社会关系的束缚，通过扬弃和创新改造来超越现有社会关系的自由。人格自由是个体自我实现的理想境界，是自由的最高层次。以上三种自由中，意志自由属于心灵层面，即人的本质；行动自由是理性自由，是一种本体论和认识论意义上的自由；人格自由则是一种哲学思维层面上的自由。三种自由分别阐述了人与自然、人与社会和人与人自身的关系，而这些关系也即人的潜在本质、现实本质和理想本质的统一。

2. 自由集中体现了人的价值

人类追求的理想境界是自由。在自由的环境中，人的价值可以得到充分体现。所谓人的

① ［英］黑格尔著：《历史哲学》，商务印书馆，1956 年，第 55 页。
② 霍布斯·利维坦著，乔继堂主编：《人生哲学宝库》，中国广播电视出版社，1992 年，第 221 页。

价值,是人作为客体对于人作为主体的需要的满足程度。作为手段和目的统一的个体,个体既能通过自身的行动努力实现自我指导、自我做主,实现自己和社会的发展目标,又能摆脱束缚,满足自己的需要,实现自我的价值与全面发展。作为手段和目的统一的人的自由,才是人的价值的集中体现。在这一过程中,手段和目的互相促进,互相发展,不仅能使人的自由范围得到扩展,而且能使人认识和改造自然的活动在更高层次上进行。

3. 自由并不意味着随心所欲

就像身体里的细胞,个体作为社会中的一员,是维持社会稳定的决定性因素。个体发展为社会发展提供基础,社会发展为个体自由发展创造条件和环境,但自由并不意味着个体可以随心所欲,毫无限制、为所欲为的自由会给别人的自由空间造成限制。同样,他人毫无限制的自由也会反过来影响个体自身自由的获得,从而造成更大的不自由。因此,在没有理性控制的区域中,只有由法律和社会规范限定范围中的自由才是真正的自由。这样,表面上的限制其实扩充了每个人的最大自由空间。在社会的发展中,个体要不断协调自身与他人的关系才能得到充分自如的发展。因此,个体自由的实质应当是在法律和道德允许的范围内,人们在自己的道德理性的选择下决定自己要做的事情的自由。

(三) 自由的表现形式

同人与人自身、人与社会、人与自然的关系三个领域相对应,自由可分为个人自由、社会自由和理智自由三种表现形式。在个人的生活领域中,个人有自由选择和自由意志。个人心理不同于物质世界,不遵循因果关系,也不受必然规律的支配,不能预测。因此,个人的行为只能是他选择的结果。

1. 个人自由

个人自由体现在人与外部世界关系中的主体自由。人生活在外部世界与自身内在世界的关系中,作为主客体统一的个体,人的活动也受到自身有意识的能动作用和外在客观规律的共同制约。个人自由表现在个体能通过自己的实践活动能动地认识和改造外部世界,它是人在面对外部世界时所表现出的自由,是人自身能动性充分发挥所获得的自由。在主体的这种实践下,外部世界作为客体被主体认识和改造。个体只有认识到自然发展的必然性和规律,才能在必然性的基础上,选择适合自己的发展需要,才能追求自由和实现自由发展。

2. 社会自由

也称公民自由,是指人与人之间关系的自由。社会关系是生活在社会中的个人与他人之间的关系,包括政治、经济和文化等方面的关系。人与人之间体现的是一种利益的划分。社会关系的维持必须使每个人在政治、经济、思想文化方面得到各自的利益,享受应有的权利,同时承担相应的义务,体现权利和义务的统一。所以,人与人关系中的社会自由,是人与人之间在社会地位和社会权利意义上的自由。人们按照自己在社会关系中所处的地位和所拥有的权利,在一定的范围内,也就是在不妨碍他人的地位和权利的范围内,可以按照自己的意愿去决定自己的行动,从而实现自己的利益,这就是社会的自由。在这个意义上,自由是从事无害于他人的活动的权利,是在一定社会关系中得到许可的、按自己的意志活动的权利,是做法律许可的事情的权利。

3. 理智自由，又称意志自由或个性自由

是人与自身关系的个性自由。人与自身的关系是人已有发展水平与自身生命本性要求的关系。在理智自由中，自由表现为个体按生命内在本性要求支配自身的存在和发展。这种自由来自生命本性的要求，表现为人按照自己的意志实现自身的发展。由于人内在本性的要求在个体存在形式中体现为个性的要求，所以，主体在自身存在和发展意义上的自由就称为理智自由。

三、两种自由概念

英国政治哲学家和历史学家以赛亚·伯林（Isaish Berlin）在对传统自由局限性的批判和合理性的继承基础上，提出了"积极自由"和"消极自由"这两种不同的自由概念。

（一）积极自由的概念

积极自由是从主体能动性方面考虑的，它意指个体成为自己的主人、实现自身理性自主的愿望。伯林认为："'自由'这个词的'积极'意义源于个体成为他自己的主人的愿望。我希望我自己的生活决定取决于我自己，而不是取决于随便哪种外在的强制力。我希望成为一个我自己的而不是别人的意志活动的工具。我是一个主体，而不是一个客体；希望被理性、有意识的目的推动，而不是被外在的、影响我的原因推动。我希望是个人物，而不希望什么也不是；希望是一个行动者，也就是说是决定的而不是被决定的，是自我导向的，而不是如一个事物、一个动物、一个无力起到人的作用的奴隶那样只受外在自然或他人的作用，也就是说，我是能够领会我自己的目标与策略且能够实现它们的人。此外，我希望意识到自己是一个有思想、有意识、主动的存在，是对自己的选择负有责任并能够依据我自己的观念与意图对这些选择作出解释的。我相信这是真实的，我就感到我是自由的；如果我意识到这并不是真实的，我就是受奴役的。"[①]

积极自由的意义产生于个体成为自我主人的愿望，源于个体渴望成为自身意志的决定者和自我导向的行为者的愿望。主要表现如下。

首先，自由既意味着个体摆脱外在干涉的需求，也表现为个体能够以某种方式或习惯自主行动的权利和能力。这是自由普遍层面的表现，在这种自由下，个体可以做自己认为值得做的事情，它是一种真正的行为能力，是人类社会所有成员都能处在一种最佳状态的最大限度。因此，积极自由也就是个体作为行动者自身所具有的自己做自己值得做的事情的能力和权利。在这个意义上的自由强调的是个体对自己生活方式的把握。

其次，自由是个体理性的向导，是个体的理性自主。个体希望自己成为自己生活的决定者，而不受外在强制因素控制。个体希望成为自己意志活动的指引者。在这个意义上的积极自由就是个体做自我的主人，实现主体自身的能力和权利。

积极自由，简而言之即"做……的"自由。在积极自由下，个体的自我超越性可以得到充分体现，在这种主动的追求下，个体能够自己做主，也会有更高的自我创造性。但这并不意味着个体在社会实践中可以为所欲为，而是强调在自我一分为二的情况下，个体的理性自主在社会实践中适应社会发展而取得的个人自由。

---

① ［英］以赛亚·伯林著，胡传胜译：《自由论（两种自由的概念）》，译林出版社，2002年，第200页。

儿童教育哲学

（二）消极自由概念

伯林对消极自由的界定与邦雅曼·贡斯当（Benjamin Constant）对人的自由的认识大体一致，指个体在不受他人限制的情况下能够自由活动的范围，在这个范围内，消极自由试图回答这样的问题：在怎样的限度之内，个体可以做自己所想做的事，而不受外界因素制约？个体能够在某一范围内做他想做的事情而不受他人干涉，这样他就是自由的；反之，就是不自由的。

消极自由有以下特征：

第一，消极自由的优先性。伯林在价值多元想法的基础上，认为个体自由只是人类的要求之一，除了自由，安全、幸福、正义等价值也是人类的追求。因此，为了保护其他价值，有时不得不放弃一些自由。人们追求的终极价值是相互冲突的，不可兼得。伯林同意法国自由主义者贡斯当的观点，认为"应该存在最低限度的、神圣不可侵犯的个人自由的领域，因为如果这个领域被践踏，个人将会发现他自己处于一种，甚至对于他的自然能力的最低限度发展也嫌狭窄的空间中，而正是他的那些自然能力，使得他有可能追求甚或领会各种各样人们视为善良、正确或神圣的目的"[1]。伯林认为应当维护个人自由的最低限度，因而他主张划定一条个人的私人生活和公共权威的界限。但是这个最低限度的界限范围又是不确定的，消极自由在不同的社会、不同现实条件下的范围和界限是不一样的。

第二，消极自由"与某些专制政体，或至少自治之阙如，并非不能相容"[2]。伯林这样描述消极自由的作用："消极自由起作用是由于没有消极自由，就会有压制。消极自由意味着，排除或者不存在种种多余障碍以实现其他最终的人类价值。"因此，伯林认为消极自由本质上是对外在强制的否定，消极自由具有绝对价值，它是个体不可被剥夺的生活态度和个人权利。

（三）两种自由概念之间的关系

分析两种自由概念后，我们可以总结认为：积极自由概念强调的是个人的主人，强调自身权利的可能性，消极自由概念则强调个体在多大程度上能够免于外界的约束和限制。积极自由强调积极主动地获得自由，是主动的；消极自由强调的是在何种程度上他自己的自由不受侵犯、不被制约，是被动的。实际上，这两个概念不是独立存在的，而是辩证统一的。

第一，消极自由离不开积极自由。无干扰、无阻碍、想要做什么就做什么的自由是不可能存在的。任何一个人，无论是在社会或精神方面都存在约束和干涉，因为任何一个人在社会生活中都无法回避法律和道德的约束和强制。伯林对消极自由概念的分析，明确指出自由是一个人不被阻碍的行动领域。根据这个定义，对他人的强制干预将使自由减少，但并不意味着人不可以或不应该受到限制和约束。自由必须受法律限制，但这种限制是有限的。我们不得不承认，为了自由而限制自由与为了其他价值而限制自由是不同的。

第二，积极自由不依赖消极自由。积极自由强调个体作为自己主人的权利和可能性，是个体主动地追求自己的自由。按照这个概念，积极自由的存在并不取决于消极自由的存在。谁或什么决定个体的行为，或者控制个体的行为，与个体是否受到外部障碍干涉或压迫是无关

---

① ［英］以赛亚·伯林著，胡传胜译：《自由论（两种自由的概念）》，译林出版社，2002年，第192页。
② Isaiah Berlin. Two Concepts of Liberty, in his *Four Essays on Liberty*, New York: Oxford University Press, 1969, p. 175.

的。无论外界限制怎样，个体可以用理性控制自我，成为自己领地的主人。个体可能处在受限制的空间或状态中，但只要个体有坚强的意志，就能够把握自己的行为。在这个意义上，个体将继续享受积极自由。取得积极自由不在于外部压力的存在与否，而在于内在力量的有无，这个意义上的积极自由也就是自由的意志。

第三，只有缩减消极自由才能获得积极自由。我们已经分析了积极自由的获得并不意味着人们得到了真正的解放，而只是意味着拥有一种意志的自由。伯林说："如果有人认为，积极自由是真正的自由，那么就有可能在屈服于寡头或独裁的同时，声称这种状况在一定程度上解放了他们。"[1]可见，积极自由的获得并不需要消极自由，甚至是以减少消极自由为代价的。我们必须明确的是，人类所受的干扰和阻碍主要是外部干扰和阻碍，消极自由不受人为的干涉和阻碍，只与主体活动范围有关，而积极自由控制自己行为的程度恰恰与主体自身是相关的。主体对自己控制的程度越大，对其他主体施加的人为干涉范围就会越小。可见，积极自由和消极自由是张弛有度、辩证统一的。

资源链接 5-1：

以赛亚·伯林简介

以赛亚·伯林（1909 年 6 月 6 日—1997 年 11 月 5 日），英国哲学家和政治思想史家，20 世纪最著名的自由主义知识分子之一。出生于俄国拉脱维亚的里加（当时属于沙皇俄国）的一个犹太人家庭，1920 年随父母前往英国。

1928 年进入牛津大学攻读文学和哲学，1932 年获选全灵学院研究员，并任哲学讲师，其间与艾耶尔、奥斯丁等参与了日常语言哲学的运动。第二次世界大战期间，先后在纽约、华盛顿和莫斯科担任外交职务。1946 年重回牛津大学教授哲学课程，并转向思想史的研究。1957 年成为牛津大学社会与政治理论教授。1966 年至 1975 年担任沃尔夫森学院院长。主要著作有《卡尔·马克思》(1939)、《概念与范畴》(1958)、《自由四论》(1969)、《维柯与赫尔德》(1976)、《俄国思想家》(1978)、《反潮流》(1979)、《个人印象》(1980)、《人性的曲木》(1990)、《现实感》(1997) 等。

以赛亚·伯林主要是因为对政治和道德理论的贡献而闻名的。首先，他在消极的和积极的自由之间作出了著名的区分，并主张对于可能的误用，消极概念是更为安全的一个。第二，他将价值多元主义观念作为伦理学中的中间立场，确立于一元论和相对论之间，并对道德生活提出了一种独特的描述。两种观点的结合导致了自由思想中一个新的学说——自由多元主义 (liberal pluralism)——的建立。

资料来源：http://baike.baidu.com/view/373034.htm。

---

[1]［英］以赛亚·伯林著，胡传胜译：《自由论》，译林出版社，2003 年，第 231 页。

第二节　儿童的基本自由

自由是生命的内在要求,因此,人的发展必须是自由的发展。同样,自由也是儿童的天性,只有儿童的天性得到保护和正确的引导,才能保证儿童自主全面地发展。随着儿童主体性的成熟,尊重儿童天性,给予儿童越来越多的自由,不仅是儿童的权利,更是教育的责任。

一、什么是儿童自由

儿童具有不同于成人的生活和世界,他们的思想和行为方式都和成人不同。儿童这些特点意味着在实际生活中,他们有自己的自由,只有获得了自由,儿童潜在的无限发展的可能性才有可能变为现实,才能保证儿童个性的和谐发展。因此,对儿童自由的探讨,对于在教育中维护儿童自由、实现教育目的有重要意义。

(一) 儿童自由的涵义

自由就是个体自由在主体自由和社会自由中的实现。从积极自由和消极自由的层面理解,积极意义上的儿童自由主要指儿童能够积极按照自己意愿和计划去行事的权利,即成为自我的主人。消极意义上的儿童的自由指儿童能在多大范围内免于他人的强制。具体来说,儿童自由包括以下涵义。

1. 儿童自由是儿童按自身成长规律自主发展的可能性,是儿童潜能充分表达的基础条件

儿童的创造力和想象力是丰富多彩的,他们天生就有"吸收"文化的能力,正如蒙台梭利所言:"儿童不是一个事事依赖我们的呆滞的生命,好像他是一个需要我们去填充的空容器。不是的,是儿童创造了成人。不经历童年,不经过儿童的创造,就不存在成人。"[①]成人不能强求,不能硬造,不能揠苗助长,而应该给儿童自由,让他们在自己的行动中发现问题,产生新思想,应该为儿童提供机会,让儿童自己开发自己的潜能。只有儿童的思想、行动、语言、时间和空间都得到解放,儿童才能有学习的兴趣和进一步发展的潜力,儿童的创造性才能得到提高。所以,成人要保障儿童自由选择、自由表达的权利,只有这样,才能培养出发明家和创造家。

2. 儿童自由并不意味着放纵

任何自由都是相对的自由。儿童享有自由并不意味着儿童可以随心所欲,并不意味着成人就要无条件尊重儿童做任何事情的权利。儿童所享有的自由,是在儿童成长这一阶段被允许范围内的自由。这表现在两个方面:一方面,儿童在某些领域是不被允许做一些事情的,如儿童吸烟、喝酒的行为是不被允许的。另一方面,对于某些领域内的事情,儿童享有做的自由,但是必须在一定的限度之内,也就是说,这种自由是有限度和纪律约束的。儿童必须意识到,在行使自由权利的同时不能妨碍他人自由或超过限度。康德认为,只有在不妨碍他人自由的前提下,自身的自由才能实现。

---

① [意] 蒙台梭利著,任代文主译校:《蒙台梭利幼儿教育科学方法》,人民教育出版社,1993年,第334页。

(二) 儿童基本自由构成要素

个体处在人类与个体、社会与个体、自我与个体交错的关系网络之中,在各个不同的关系层面上,个体自由也表现出不同的特征。在人类与个体的关系之中,个体自由是尊严自由;在社会与个体的关系之中,个体自由是权利自由;在自我与个体关系之中,个体自由是选择自由。一般来说,儿童的自由也由三个要素组成,即儿童的尊严、权利和选择。儿童的自由必须结合儿童的特征和学校教育的特点,作进一步的细致分析。

1. 儿童的尊严自由

尊严表明人存在的状态,是人作为社会成员应具备的人格尊严与应获得的他人的尊重。从尊严的积极含义来看,个体尊严是指个人努力达到理性的程度。儿童尊严的积极含义即儿童在社会生活和学习过程中获得道德感和理智的进步,通过不断融入人类文明而获得提升。尊重不仅是对儿童有公正和理性的态度,更是一种对儿童的信任态度,即相信他们自己管理自己、控制自己的能力,相信他们有自我发展的能力。[①] 只有得到充分信任的儿童才会有健全的自尊,才能尊重别人,养成对规则的尊重。从尊严的消极含义来看,尊严即不被轻视、侵犯、侮辱、贬损、诽谤、遗弃等。儿童的尊严自由在于,作为发展中的个体,儿童不被仅仅看作工具,不被教育者以某种不平等的方式对待。具体有两点:第一,尊重具有普遍性和平等性的特点,人格尊严也具有平等的特点,这意味着儿童和教育者拥有同样的人格尊严,理应互相尊重。教育者不应因为儿童的童稚状态、不成熟和易犯错误等特征而不去尊重他们,而是应该遵从儿童现行世界的逻辑,去理解和征求儿童的想法和意见。在对话和交流的过程中,能够遵循儿童的逻辑思维和情感方式,在此基础上,发现儿童心理或行为的积极和消极方面,并加以引导。第二,尊重儿童,意味着尊重儿童形成自己的目的。现实中的儿童往往生活在许多预先存在的强迫和枷锁之中。国家制定一系列明确的教育目标,试图将儿童塑造成社会需要的有用之材;老师制定一系列课堂规则与行为限制,希望儿童守纪律、便于管理,希望他们成绩好、能考上大学;家长也不断设置各种规则与规划,试图让儿童按照自己的意愿发展,长大后找到好工作,或是成为科学家、银行家等。这些要求和愿望在为儿童的发展提供规则和支持的同时,也使儿童的生活多了许多条条框框。在这种环境下,儿童只能被迫去接受并适应成人世界,达到成人的愿望,以至于最终成为成人满足自己愿望的一种工具,享有越来越少的自由。儿童是独立发展的个体,他必须在自己的摸索和探索下不断生成自己的目的、兴趣和价值。成人可以帮助和引导儿童发展,却不能替代儿童发展。儿童是自成目的的,这意味着儿童不应该是国家追求快速发展的工具,不应该是学校和教师追求升学率的工具,也不应是父母光耀门楣或实现个人愿望的工具。儿童的价值在于他自身的成长、发展和变化,在于儿童成为一个独立的、独特的个体,在于儿童努力实践自己设定的目标。唯有这样,儿童的尊严自由才有基础。

2. 儿童的权利自由

随着人权思想的普及,对儿童研究的深入,人们对儿童权利的保护意识逐渐觉醒并意识到应在国际范围内保护儿童的权利自由。1924 年,国际联盟通过了《日内瓦宣言》,从生物学角

---

① 程红艳:《儿童在学校中的自由》,华东师范大学博士学位论文,2004 年。

度论述了儿童是弱小的个体,理应受到保护和帮助。联合国 1959 年通过的《儿童权利宣言》,明确了各国儿童应当享有的基本权利,其中包括儿童的健康成长、发展以及受教育的权利。联合国在 1989 年通过的《儿童权利公约》,更加全面地论述了儿童应享有的自由,它认为儿童是具有生存、受保护和发展权利的积极个体,而不是只靠成人施舍而生存的被动者,拥有生存、保护、发展和参与四大权利。从这个方面可以看出,儿童的权利自由已经成为人权的重要方面。

儿童的权利自由,将儿童世界与成人世界区分开,并把儿童的权利与最大福利作为社会考虑的重点。对于儿童权利的保护,很大程度上依赖于教育者和社会其他人的自觉意识和心理认同。我国在 1991 年通过的《未成年人保护法》,规定了保护未成年人的四条原则:保障未成年人的合法权益,尊重未成年人的人格尊严,适应未成年人身心发展的特点,教育与保护相结合。

3. 儿童的选择自由

人处于多种社会关系之中,必须在处理和自我的关系之中过个人的生活。同样,儿童也需要有充分的空间去选择自己想要的生活与价值。儿童年龄越大,生活的范围越广,他们自由选择的范围就应该越大。从最初最简单的事情开始,选择对应的范围,随着生活范围扩大,慢慢涉及复杂的事情,最后选择事业和自己人生的道路。有些人可能会认为儿童的选择非常困难,对孩子的智力是一种负担。因此,他们不同意孩子自己作决定,而是用成人的眼光和视野去决定孩子的每一步。其实,既然选择是非常困难的,成人应该有意识地培养孩子的选择能力。从最简单的事情,如读什么书,用什么文具,一步步过渡到最终选择自己的事业和理想。这样才能让儿童一步一步走向独立,并逐步承担起责任。选择能最大限度地促进儿童积极性和自主性的发展,并促进儿童的自我发展和自我教育能力。

儿童选择的过程是其逐渐独立和成熟的过程。儿童的发展,自然经历了一种从认同和建构主导的社会价值,到解构主导的社会价值的过程。最初儿童是服从于家长的选择的,而儿童抗拒这种状态,变得"叛逆"和"不听话",就表现了他们的成熟和独立。当这种情况出现时,教育者直觉地感到这是对他们权威的挑战,从他们的立场来说,他们一般并不鼓励甚至压制这种独立思考。这种对独立思考、成熟的压制侵犯了儿童的自由。对意义重大的事情作出自己的判断,如选择理想、职业、朋友等,往往是儿童自由程度的标志。在选择的过程中,儿童逐渐认识到选择的各种可能性以及选择的条件,并形成理性选择的能力。

儿童在选择中不但体现了自己的意愿,更重要的是逐渐培养了自己的兴趣。兴趣具有重要的教育力量,这种教育力量是不应该被我们所忽视的。兴趣导致了个性的多样化。可以说,只有兴趣,才能使人获得实践活动的"内在利益"。虽然从性质上说,它是个人的,但正是因为它各不相同,所以多个不同兴趣的人的联合,反而能最大限度地满足社会的各种需要,促进社会的发展。从这个角度来说,个人的兴趣能促进社会利益。因此,学校需要更为广博的课程、更加灵活的教育计划与教育制度,以及更加多样的评价方式和校园文化。这样儿童在选择课程与学校方面才能有更大的自主性,儿童的兴趣才能有生长的空间。

在儿童选择的过程中,自然也会出现错误。家长和教师的责任并不是袖手旁观,他们可以培养儿童掌握选择的方法,可以向儿童提供建议和意见,说服他们选择某一种事物,拒绝另一种事物。在危险和危害不大的情况下，家长应容忍他们犯错误。错误会比家长的语言更能让他们学到东西，这就是卢梭所说的"消极的教育"。在某种意义上，选择正是一个不断尝试—错误的过程。

（三）自由三要素之间的联系

尊严、权利和选择是自由不可或缺的三个构成要素。它们从不同的方面保证了人的自由。尊严是人之为人的根本，而权利则用法律的手段去保障人的尊严。消极意义上的尊严是所有生物人都应得的，而积极意义上的尊严是生物人在进入文明的过程中获得的，意味着人类的不断超越、提升，拒绝奴性和动物的生活。概括地讲，尊严、权利和选择相互联系、相互补充，有重合之处，但又各有侧重。

对于儿童来说，没有尊严和权利，儿童仍可能有选择，但是他们的选择的客观范围将是很有限的，会受到各种方式的烦扰或压迫。尊严和权利，在很大程度上，却又是通过儿童自愿的而非强迫的选择明确地体现出来的，正因为在选择的过程中体味了尊严和权利，个人的选择所带来的责任才不至于成为个人不得不终身背负的负担。这三者指出了儿童自由的基本方向：自由是儿童的自律和自我发展的结合体。

二、儿童自由的可能性

作为人类的一分子，儿童的某些自由（消极意义上的尊严、生存等权利）是他一出生就拥有的，而其他自由（积极意义上的尊严、选择）则是随着他的认识能力、经验、理性等不断增加而逐渐获得的。一般地说，儿童获得自由由是否有足够的理性、对规则的服从和反思程度、承担责任的能力以及对他人尊重的程度来决定，同时也和儿童追求自由的自觉意识和行动关系紧密。

（一）足够的理性

所谓足够的理性，主要是指具有因果推理能力，能明确预见自己行为的后果。随着年龄的增长，儿童的因果推理能力逐渐增强，具备一定的理性，可以理性地对待所获得的自由。

1. 具有因果推理的能力

随着年龄增长，儿童对外部客观世界的认识以及逻辑能力逐渐增强，对诸如时间和空间的认识程度逐步加深。儿童的这些认识与逻辑推理能力的发展是紧密联系的。皮亚杰的认知发展阶段论指出，随着儿童年龄的增长，其认知发展水平也不断提高，儿童在7—8岁由前运算阶段进入具体运算阶段，此阶段的基本特征是以运算为中心，运算的基本特点是恒常性和可逆性，这些特征是处在本阶段的同一心理水平的人所共有的。因此，儿童在进行因果运算时，能够逐渐克服现实的阻碍，随着儿童年龄的增长，儿童动作的协调性和与人交流的可能性越来越大，儿童会把外部世界同化于运算之中。有一点是确定的，7岁以上的儿童，因果推理能力是不断增强的，对周围环境的意识也逐步增强。

2. 延迟满足的能力

儿童的自我控制能力是儿童理性的又一重要标志。自我控制能力的一个明显表现就是延迟满足的能力。能够推迟欲望的满足，使他们的行动超越了生理欲望的冲动。这并不意味着儿童一直处于自我控制的状态，不能实现自己的价值，而是指儿童能够放弃即时的满足，从而得到一个更有价值的东西,这是一种心理成熟的表现。

陈会昌的研究表明,儿童的延迟满足能力在认知发展水平和有效的训练下会得到明显的提高。2 岁的儿童已有一定程度的自我控制能力,可以使用一些策略来延迟自己的满足,这一特点并没有明显的性别和性格差异。小学三年级的儿童可以使用更高层次的抽象认知和更加有效的转移策略。六年级的儿童可以非常明显地采用这种策略。年龄越大,延迟满足的能力越强。另外,积极鼓励儿童的独创性和独立性,也有利于儿童延迟满足能力的提高。有了延迟满足能力,儿童就能理性地对待自由,自由也会真正成为促进儿童自主发展的有效手段。

(二) 承担责任的能力

能承担多少责任,就意味着能享有多少自由。哈耶克指出,"它(责任)假定一个人能够从经验中习得知识和教训,并能够用通过这种方式习得的知识和教训去引导他的行动;因此对自由的主张,对于那些从经验中尚未习得足够的知识或无能力习得知识的人,不具有适用力"。显然,儿童属于尚未习得足够的知识的一类人,但是,他们具有学习的能力,而且知识和教训也能指引和改变他们的行为。在这一点上,他们显然不同于精神病患者。更重要的是,"只要我们有理由认为,一个人关于他将被视为具有责任能力的意识可能会影响他的行动,那么我们就有必要视他为有责任能力的人,而不论在特定的情形中对他的这种认定是否会产生可欲的影响或效果"。虽然从法律的角度来讲,儿童并不是完全行为能力人,但是从教育的角度讲,有必要根据儿童身心发展的特点,鼓励他们逐渐承担责任,包括成长的责任和道德的责任,这无疑会增强儿童的独立感和自主性。

从儿童心理发展来讲,7 岁以后的儿童逐渐脱离自我中心,逐渐形成与他人(包括父母)的合作关系,掌握与他人交往的原则,从单方面要求别人的尊重,到能够做到互惠的相互尊重。正如皮亚杰指出的一样,其发展水平逐步从他律,到自律,再到公正合作阶段。根据科尔伯格的理论,处于习俗水平的儿童,开始能够逐渐地承担个人的责任。重视良好的动机,重视承诺,这不仅意味着在人际交往的过程中,儿童自我意识和动机增强,同时也意味着儿童的视野中出现了其他人的存在,儿童开始考虑自己的行为对其他人所产生的后果,也有可能开始尊重他人的权利。虽然儿童的经验缺失、无知可能仍然会为他们承担责任带来障碍,但是,让儿童在有限的范围内承担责任,鼓励他们通过努力来达到一定的目标,对他们来说既是保护的措施,也是鼓励发展的策略。

虽然存在个体差异,一般地讲,可以得出如下结论:7 岁以上的儿童在心理发展的形式上,开始抽象思维能力的发展,8 岁左右开始明确区分社会风俗和道德原则,9 岁左右进入习俗道德水平,10 岁左右开始使用比较抽象的延迟满足的策略,这也表明儿童的意志力开始发展。皮亚杰指出:"道德上的'自律'出现在 7 岁到 12 岁阶段,以人与人之间关系的水平表现出来,借助于形式思维,进一步获得了一个能运用理想或超越个人价值的新境界。"[①]

---

① [英]弗里德利希·冯·哈耶克著,邓正来译:《自由秩序原理》,三联书店,1997 年,第 91 页。

第三节　教育中儿童自由的维护

教育中给予儿童恰当的自由能够保证儿童自主性的发挥,同时也有利于儿童创造性的培养,但过分的限制则会阻碍儿童的发展。因此,我们必须明确教育中限制或阻碍儿童自由的因素,并最大限度地维护儿童的自由,才能更好地保证和促进儿童的自由发展。

一、教育中的儿童发展与自由

教育的最终目的是促进儿童的发展和自我实现,而儿童发展又与儿童自由有很大关系。从某种意义上讲,儿童的发展在很大程度上与儿童拥有多少自由有关。儿童发展需要自由,探讨儿童自由和儿童发展的关系,对于教育中儿童自由的维护,有重要意义。

(一) 儿童发展与教育的辩证关系

儿童发展遵循其自身的自然规律,如同自由落体遵循万有引力定律一样。要改造物理世界,首先必须尊重物理规律。同样,旨在培养人的教育,欲达其效,亦必须遵循人的发展规律。

1. 儿童发展决定着教育

儿童的发展受遗传、教育、环境、文化等影响,但是这种影响是局限于一定阶段的,除非发展停滞下来,儿童发展的速度和持续时间并不受制于外部条件。例如,有的家长会在儿童无任何数的概念的时候过早地教儿童数数(譬如从 1 数到 50 或 100),这时候即使儿童学会了数数,也并不意味着儿童获得了这些数的概念,这种过早的习得只是一种言语记忆游戏,并不是影响儿童形成数的概念的"必然途径"。因此,不考虑儿童发展阶段的"加速发展"教育是行不通的。根据维果茨基的"最近发展区"理论,教育必须在儿童现有发展水平之上创造儿童的最近发展区,使儿童获得成长。因此,儿童的发展状况决定了教育所应当采取的内容和方式。教育是由发展制约着、决定着的,或者说,教育从属于发展。

2. 教育创造着发展

生物学上的成熟为儿童心理发展提供了可能性,这种可能性是一种抽象的存在,而具体的、现实的发展则要依赖主体与文化的相互作用以及主体自身内部矛盾运动的发展变化。教育使生物学方面提供的儿童发展的可能性变为现实。教育通过学校和家庭等各种途径向儿童传递知识经验,知识不仅是一种工具,而且还构成了儿童健全的生存生活方式,通过知识,儿童认识外部世界,理解外部世界,获得完整的意义世界。进步主义者试图通过从儿童已有的经验、活动中去积累、归纳知识,他们把教儿童学习知识、运用知识的过程看成儿童主体的自由活动与创造的发展过程。

3. 教育所创造的发展必须遵循儿童发展规律

儿童的自由成长遵循着他自身内在和谐的、自由的发展规律,顺应生命发展的自由意志。儿童的心智发展水平有其自身的规律性,教育应当顺应儿童生命发展的自由意志。贾谊强调,要将儿童心智发展水平与教育紧密结合在一起,儿童有什么样的能力,就应当施行什么样的教育。他指出,早期教育的成功与否,还取决于教育者是否能根据儿童不同的年龄特征恰当转换教育方法。[①] 在儿童与教育的互动过程中，只有正确分析、了解儿童的年龄与心智特征，适应儿童天性发展的需要，选择恰当的教育内容、方法和手段，才能促进儿童自由而完善地发展。

(二) 儿童自由与儿童发展

教育中的儿童自由和儿童发展互为手段和目的，是辩证统一的。儿童自由促进儿童发展，而儿童发展为儿童获得更多自由打下基础、创造条件。因此，那些认为儿童发展与自由毫无关系的观点是不成立的。

1. 儿童发展需要自由

自由是儿童的本性需求，也是儿童成长和发展必不可少的前提条件。正如皮特斯(R. S. Peters)所说，"自由与公正一样，具有独立价值"[②]。那些以为发展需要严厉惩罚和威胁的教育观念不能促进儿童的发展，反而会使儿童更容易形成顺从和怯懦的性格，阻碍儿童的发展。因此，教育在保护儿童的基本安全和权利、维持最低限度的秩序、保证提升儿童积极品质的前提下，应当倡导尽可能地为儿童创造自由活动的机会和空间。

2. 儿童发展促进儿童自由

发展使儿童的个人意识不断增强，儿童不断意识到他与成人一样是社会的个体性存在，同样也具有自身的自由意志。这样，在获得知识经验和发展的同时，儿童能够充分地运用学到的知识经验，促使他们"自由的存在"，而不是作为一种"自在"的存在去消极生活，最终使人格发展圆满完成。

(三) 教育中影响儿童自由的因素分析

教育给予儿童知识，促进儿童发展，但是教育也在不自觉中限制着儿童的自由。传统的教育一直没有认识到儿童自由的本体价值，无论是教育体现的社会意志，还是教育教学过程的精致化和设计化，都在自觉不自觉地限制儿童的自由。儿童的自由不仅受教育过程、教育方法以及儿童自身特点的影响，也受制度、目标、文化传统以及教育者的儿童观的影响。

1. 教育制度

教育制度是影响儿童自由获得的重要因素。它是一个国家各级各类教育机构与组织体系有机构成的总体及其正常运行所需的种种规范、规则或规定的总和。从整体上看，教育制度的主要作用在于抑制教育活动中的非正常竞争，以维护正常的教育教学活动秩序。杜威曾就自由与社会体制的关系进行过探讨，他认为，人向往自由的本性应当得到尊重与满足，这不仅是教育的义务，而且也是社会应承担的责任，只有在社会体制的保障下才能真正实现自由。这意味着教育体制需要为教育者和受教育者提供公平、合理和透明的制度保障，使其自我发展的权利能够在实际的教育生活环境中得到满足。但由于时代和国家的原因，目前中国的教育仍有不利于教育自由的因素，如教育制度管理相对集中，教育体制管理模式相对落后，以及教育体制很难照顾到因地域或民族环境影响而不能实现自我转变的部分地方。

---

① 孙培青主编：《中国教育史》，华东师范大学出版社，2000年，第114页。
② R. S. Peters. *Ethics and Education*. George Allen and Unwin Ltd, 1966, p. 118.

2. 教育目标

教育中对儿童自由的限制或者说是纪律管束是一定存在的，但是却并不意味着对儿童的限制越多越好。事实上，对儿童的约束是与教育目标联系在一起的。不同的教育目标，其对待儿童的方式不同。杜威说："纪律只能是和目的有关的东西。如果你的目的是使40—50个儿童学习某些现成的课文，并在教师面前背诵出来，那么你的训练方法必定力求达到这个结果。但是，如果目的是培养一种社会合作和社会生活的精神，那么训练方法必须从这个目的出发并和这个目的相联系。"[①]

正因为如此，杜威反对传统教育中对儿童严格的纪律限制和约束。他强调民主社会应培养具有独立意识和自由精神的公民，这与我国当前社会的培养目标是一致的。但是教育实践中对儿童往往要求得过急，总希望儿童能够尽快摆脱童稚状态，进入成人世界，由此带来的，是对儿童过多的约束和限制，使儿童失去了本真的儿童世界。

3. 教学方法

在教育过程中，教师为传授知识和便于管理而运用一定的方法，由于其程式化，对儿童的学习过程具有显而易见的约束力量。一定的教学法规定了学习的过程、时间和条件，而且还不分对象强制一律。更为可悲的是，它以科学的名义在课堂中获得了合法的地位，同时还将一系列成型的规章制度辅以执行。教学法的控制实际上是两种力量在教师行为中的集合，一是由科学技术所规定的程序，二是教师的合法权威。它们合二为一，限制着儿童的自由。

资源链接 5-2：

教学中对儿童自由的限制

从历史上看，近代以前的教育过程中，教师并没有固定的教学方法可以遵循，只有因循守旧的教学经验或随心所欲地指导儿童学习，他们只是用合法的权威来控制儿童。不论效率如何，儿童毕竟还有一定的自由度。如我国过去的蒙学、书院的教学就无法可循。像近代的教育家舒新城在看到了现实中儿童饱受教学法控制之苦之余，不由十分怀念过去的那种自由的书院式学习方式。但教育学研究的崛起，其目的就是使教师以固定的技术程序来控制课堂，其结果就是使儿童多了一层约束。尤其是随着师范教育的普及，每个教师都必须学习教学法，教育行政亦以权力的方式来规定教师的教学行为。这样，教学法中的技术控制力量大大加强，儿童的学习只能在教的程序约束之下进行。

教学中对儿童自由的限制体现在：

（1）标准答案唯一，教学围绕标准答案进行；在语文和社会、历史等科目中，对一个问题的回答，可能有不同意见、多个答案的地方，而教师只以一种答案为准，不鼓励儿童的独立和深入的思考。

（2）灌输的教学方法，不容学生提出质疑，不给学生讨论和发表自己意见的机会。

---

① ［美］杜威著，赵祥麟等译：《学校与社会——明日之学校》，人民教育出版社，1994年，第33页。

（3）传授各种固定的知识、固定的道德信仰，而不说明其理由，或设置知识的禁区。

（4）害怕和掩饰自己在知识上的不足，反感或不能容忍学生指出自己在知识上的错误，不鼓励学生有超过自己的更好的解决问题的方法。

（5）根据与学业无关的因素来评价学生，不能给学生以公正的评价。

（6）根据学生的成绩来区别对待学生，成绩差的是"被遗忘的角落"，被批评和忽视，某些时候甚至被剔出课堂；成绩好的则得到教师更多的提问机会和在教室中占据较好的座位，有更多的担当班干部的机会。

（7）以班级排名为唯一标准来衡量学生的才能和智商，而忽略或漠视儿童在不同的方面所表现出的不同的能力倾向和兴趣、爱好与潜力。

（8）剥夺学生自学的机会，不给予他们自学的时间，用大量的功课和考试来占有他们自由支配的时间（自习课、课外活动、双休日和节假日，以及其他课外时间），经常拖堂。教师主宰了学生的学习过程，使学生变成学习的机器，处于被动、机械的状态之中。

（9）强制学生放弃与书本学习无关的兴趣和爱好，例如阅读课外书籍、参加体育运动、制作航模、参加兴趣小组等，这些可以发展学生兴趣爱好的活动，在学校统统成为不合法的"地下活动"。

（10）向学生传授个人的偏见，如男女在智力上是不平等的，种族优劣论，读书的目的是挣大钱、娶美女，等等。

资料来源：程红艳：《儿童在学校中的自由》，华东师范大学博士论文，2004年。

4. 文化

儿童在教育过程之中除了遭遇以上种种显性的力量制约以外，还遭遇了无形的文化力量的控制。无论是知识、语言方式、行为规范、道德准则、生活方式、组织原理，还是其他的各个方面，文化一直在或隐或显地对儿童起着控制作用。文化作为一种外在的力量控制着教育过程，使儿童的自由受到限制。

5. 儿童观

教育者在教育中如何对待儿童，是否给他们自由，在一定程度上取决于教育者如何看待儿童。儿童的本性是善还是恶？儿童是父母的财产，还是具有独立的价值？对此类问题的不同回答，直接影响教育中给予儿童自由的程度。

资源链接 5—3：

不同的人性观

典型的儿童观即性善论和性恶论。中国古代的思想家对人性有不同的看法。孔子没有直接谈论人性的善恶，孟子讲人性善，荀子讲人性恶。孟子说："人性之善也，犹水之就下也。人无有不善，水无有不下。"人的本性有四种善端：恻隐之心，人皆有之。羞恶之心，人皆有之。恭敬之心,人皆有之。是非之心,人皆有之。恻隐之心,仁也。羞恶之心,义也。恭敬之心,礼也。是非之心,智也。仁、义、礼、智,非由外铄我也,我固有之也,弗思耳矣。荀子对人性的看法与孟子相反,他说:"今人之性恶,生而有好利焉,顺是,故争夺生而辞让亡焉;生而有疾恶焉,顺是,故残贼生而忠信者亡焉;生而有耳目之欲,有好声好色焉,顺是,故淫乱生而礼义文理亡焉。然则从人之性,顺人之情,必出于争夺,合于犯分乱理而归于暴。"

西方有代表性的儿童观是洛克和卢梭的。洛克反对儿童天生有"原罪"的说法,认为他们生来是纯真无瑕的,儿童的心理更是一块"白板"。这样,儿童就没有了应受体罚的理由。洛克认为,对儿童的鞭笞虽是常用的管理儿童的手段,却是"教育上最不适当的一种教育方法",这种方法不能克服儿童的缺点,相反,还会形成更恶劣的缺点,而且会养成儿童的奴性气质。

卢梭是西方教育史上在儿童自由问题上的真正具有划时代意义的人。卢梭有一句名言:"人是生而自由的,但却无往不在枷锁之中。"在卢梭看来,儿童的本性是自由,正是由于不良的社会环境和社会教育使儿童变得不自由。那种试图决定儿童发展的教育方式最终只会抑制儿童的发展。他认为教育应当顺应儿童的自然发展,给儿童自由,将儿童培养成一个人,而不是将他培养成一定社会的公民。

资料来源:马凤岐著:《自由与教育》,北京师范大学出版社,2006 年,第 91 - 92 页。

二、儿童的教育自由与限度

儿童的自由意味着儿童能做自己喜欢的事情,能够发挥自己的积极主动性,这个过程也就是儿童成长的过程,儿童的自由活动就是儿童生命潜力的冲动,但是,无限度的自由也会出现负面的影响,它会导致儿童的放任自流和盲目自大。因此,只有将自由和纪律统一起来的教育才是适切的教育。

(一) 教育中儿童的尊严自由

教育中儿童的尊严自由是指儿童在学校生活中,享有基本的思想和言论自由、道德自由和个性自主发展的自由。具体来讲,包括以下几个方面。

1. 儿童有思想自由和言论自由

儿童有独立形成自己世界观、人生观和价值观的自由,它表现在儿童的思想不受教育者已定思想规范的限制,这就是儿童的思想自由。同样,自由地表达自己的思想和观点也是儿童成长过程中必不可少的。思想自由和言论自由是儿童合理运用自己理性行为的体现,它可以促使儿童在判断和表达过程中逐渐摆脱蒙昧和无知的状态,更加自如地认识和探索新思想、新方法,进而形成更为稳定和正确的世界观和价值观。因此,儿童思想和言论的自由能够帮助儿童实现个性发展,是儿童认识自我与实现自我价值的前提条件。

2. 儿童享有道德自由

儿童的道德自由意味着儿童在生活和学习中有权追求自己认为正确的道德理想和价值,

有权选择自己认同的社会规范与道德准则。按照皮亚杰的道德认知发展阶段论，儿童的道德发展经历前道德阶段、他律道德阶段、自律道德阶段和公正道德阶段。这意味着在成长的不同阶段，儿童能够按自己的道德判断去选择自己的道德行动。儿童的道德自由是形成儿童良好德性和优秀品格的基础。因此，成人不能按照自己的想法对儿童灌输自己的道德价值观，也不能强迫儿童遵守或者服从道德行为的范式将道德理想和道德榜样强加给儿童。那种对儿童进行道德监督、给儿童树立道德榜样、对儿童进行品质比较的行为是对儿童道德自由的侵犯和阻碍，其后果就是令儿童失去形成自己道德理想的权利，成为被禁锢在预定好的道德囚笼之中的囚徒。

3. 儿童享有个性自主发展的自由

每个儿童都是独特的个体，都享有自主发展的自由。这一自由强调儿童获得自身发展、实现个人价值、展现并创造自己独有的精神气质的权利。儿童拥有能够自主发展其个性空间的权利，是儿童批判性思维发展的关键，也是儿童自尊心和自信心得到满足的条件之一。这种自尊与自信能够保证儿童充分了解自己与周围环境，使他们在充分表达自己思想观点、行为方式的同时，也能实现自我的价值。儿童个性自由的获得，需要教育者和教育影响合力在保证教育资源合理分配的基础上，重视发挥儿童的自主性。

（二）教育中儿童的权利自由

儿童的权利自由意味着儿童是自主的、自治的，而非以各种形式受到强制的。具体来说体现在，儿童在教育中享有学习、行动和教育资源平等利用的自由。

1. 儿童有学习的自由

在儿童的成长过程中，学习自由是必不可少的。学习自由意味着儿童在家庭、学校和社会生活中有权制定自己的学习目标，选择自己的学习内容以及学习方法和时间空间等环境。学习自由是儿童非常重要的自由，它允许儿童确定自己的学习目的，深化儿童学习兴趣的自主性，保证儿童能够以自己独有的特点和方式充分发挥其自身才能，是实现儿童多元生活方式和个人理想的重要条件。任何单位和个人都不应该用苛刻的筛选去限制儿童的学习自由，在一定的范围内，儿童的学习内容和学习方式都应当是自由的。

2. 儿童有行动的自由

儿童的行动自由，是指在教育和生活中，儿童能够在他力所能及的范围内去发现他能做什么事，并运用自己的行动"从做中学"。教育者应为儿童提供机会，让他们充分发挥自身行动的能力，使他们能够在与周围人的接触中感受到自身力量的优势和局限，发现他能做些什么，能用哪些方法来做，以及哪些事情做得不对。当儿童自身的好奇心和求知欲被激发出来的时候，只要教育者加以积极的引导，便会发现儿童自身的活泼和创造性使得教育教学变得容易通畅。此外，儿童的行动自由还表现为儿童有自由活动的权利，他们能够不受强迫制度的压制而去做自己想做的事情。行动自由是教育过程中儿童的重要自由，只有儿童的行动自由得到尊重，才能实现发展的目的。

3. 儿童享有平等利用教育资源的自由

儿童的这一自由主要体现在，每个儿童在教育教学活动中都能平等地接受教育，享有同样的教育教学资源,而不因为成绩和地区以及性别的差异遭受排挤和歧视。通过公平公正、平等开放的教育环境,儿童能够认识和参与到教育过程中,并享有均等的教育机会,这不仅可以保证儿童的学习,而且也能使他们形成公平公正的处世态度和做事风格,增强社会责任感和提高处理问题的能力。

(三) 教育中儿童的选择自由

一百个儿童有一百种思想和行为方式,这与儿童自身的选择有关。儿童的选择造就了儿童丰富多彩的精神和现实世界。教育要尊重儿童多样化的选择,尊重儿童对交往、兴趣和志趣等的自由选择。

1. 儿童有交往的自由

儿童在教育和生活中有选择朋友与伙伴等交往关系的自由。交往自由是儿童自由形成健康、积极人格的必要条件,很难想象,一个连为自己选择朋友的自由都没有的儿童能够拥有多样化和创造性的生活,这样的儿童也很难获得个人认同和社会认同。因此,交往自由是儿童获得自尊与社会价值感的重要条件。除此以外,交往自由也是儿童判断与选择能力发展的基石,通过与同伴的交往,儿童将形成积极的个性与健康的人格。

2. 儿童享有兴趣发展的自由

求知和探究是创造性的根源。密尔认为,兴趣和志趣自由是指个体有自由为自己制订计划并按照自己喜欢的方式去做的权利。只要无害于他人,即使这种行为被认为是愚蠢和错误的,也应该得到尊重。而对儿童来说,给予他们这种自由,意味着成人要尊重儿童自身的个性和兴趣爱好,保护儿童的好奇心,允许儿童按照自己内心的想法去实践,而不必刻意去关注这种实践结果的成败。因此,需要正名的是,自由并不仅仅意味着完美、成功和快乐,相反,它还意味着容忍不完美、失败和悲伤。人生就是充满酸甜苦辣和喜怒哀乐的综合体,儿童成长的过程也必然是一个复杂的过程,只有在自己的探索和创造的过程中,儿童才能不断地发现和认识自己,体会到自己的力量与不足之处,才会有能力来思考人生的真正意义和价值,才会有毅力去探索一个个未知的问题。

在教育中,儿童的这种趣味和志趣主要通过兴趣表现出来。因此,教育作为一种训练的手段,应该与兴趣一起构成有目的的活动的两个相关方面。而在兴趣和目的之间,是一段需要作出连续努力的过程。因此,以兴趣为出发点所进行的有目的的教育,不仅可以调动儿童的积极主动性,而且还可以培养他们的忍耐力和注意力。可见,教育要尊重儿童的趣味和志趣,首先意味着教育要将儿童的兴趣并入有目的的活动之中。

(四) 教育中的儿童自由与纪律

儿童是正在成长的个体,其心智发展还处在待完善阶段,无限度、无纪律的自由会导致儿童的随心所欲、盲目自大,甚至会限制他人自由的获得,造成负面影响。因此,在实际的教育中,必须将自由和一定的规则纪律结合起来,只有这样,才能真正实现儿童和他人的自由。

资源链接 5-4：

在教育中给儿童多大程度的自由是一个问题

在教育中给受教育者多大程度的自由，不仅是一个事实问题，还是一个价值问题。对这个问题的回答，不仅受教育过程、教育方法以及儿童自身特点的影响，也受文化传统、社会政治背景以及教育者的教育哲学的影响。

从教育学的角度看，在教育过程中对学生的自由进行一定的限制是不可避免的。一些孩子不愿意上学，但义务教育法要求他们的父母必须送他们进学校。在要不要选择上学这个问题上，孩子是没有自由的。

孩子到了学校，要接受教育者的管理。学校是一个集体。在一个集体中，特别是一个人数众多的集体中，因相信人的天性善良，而允许他们想做什么就做什么，通常是不现实的。事实上，正是规则和纪律，限制了集体中每个成员之间的相互干涉。在没有秩序的情景中，仅有最强者的自由。对于个体来说，规则和纪律限制其随心所欲，同时限制其他人随心所欲，才可能实现其自由。普遍的自由意味着普遍的限制。这个自由的基本原理，在学校同样适用。

不仅如此，学校是未成年人组成的集体，未成年人的道德意识水平、自制水平都比较低，他们中的很多人还没有学会尊重他人的自由和权利，没有纪律，他们可能屈从于欺小凌弱的肆意的欲望，欧洲的一些"新学校"因此而声名狼藉。皮特斯讲到，一次他问他的一位同事，他的父母为什么不再让他就读于这种学校，同事说，校长不在的时候，学校简直就是一个地狱，到处是欺小凌弱的事情。更不用说维持最低限度的教学秩序，顺利完成教学任务了。著名的自由主义者密尔曾经提出一个自由主义的原则——"人类之所以有理有权可以个别地或者集体地对其中任何分子的行动自由进行干涉，唯一的目的只是自我防卫"，但他又马上说："或许无需多加说明，这条教义只适用于能力已达成熟的人类。我们不是在论幼童，或是在论尚在法定成年男女以下的青年。对于尚处在需要他人加以照管的状态的人们，对他们自己的行为也须加以防御，正如对外来的伤害须加以防御一样。"

在学校教育中，纪律的意义不仅是防止欺小凌弱，维持必要的教学秩序，而且纪律本身也是教育的一部分。"教育者的任务之一，是要改变儿童的愿望，包括在质量和稳定性方面。为了改变儿童的愿望，对他们的愿望的限制是必要的……同时，施以一些强制的教育行为，以发展学生新的兴趣。比如，要求学生就他们毫无兴趣的问题写一篇论文，结果，他们可能会对这个问题产生兴趣。"教育是人们精心设计的情境，在这个情境中，人们希望在受教育者身上培养有积极价值的品质。这是教育的本质特征所在。

在一些人给"教育"下的定义中，特别关注了教育的这个特征，比如，教育"是指一个人或一群人以道德上可接受的方式善意地对另一个人或另一群人施加的积极的精神影响"。尽管对于何为"道德上可接受的方式"，何为"积极的精神影响"，不同的人有不同的解释，但几乎在所有的教育情境中，教育者都是采取积极的措施、有目的地促进受教育者素质的提升,放任学生自流,肯定是有负教育者的责任的。在尼尔的教育实践中,儿童的自由确实得到了尊重,但是尼尔被一些人批评为大唱高调,不切实际。如果教育真的对儿童没有任何干涉,"让儿童随意去做,不摆布他,不教他东西,不对他说教,不提高他的水平",那么,教育能做什么呢?如果儿童有自然发展的天赋能力,远离成人的要求和提示就能够充分发挥自己的才能,那么,他们还有什么必要进萨默希尔呢?

教育中对受教育者的自由的限制必不可少,并不意味着对他们的限制越多越好。事实上,对儿童的纪律管束是与教育的目标联系在一起的。

资料来源:马凤岐著:《自由与教育》,北京师范大学出版社,2006年,第102-104页。

三、教育中儿童自由的恰当维护

有一种儿童观认为,儿童最明显的特征是无知。持有这种儿童观的成人总是以居高临下的态度对待儿童,儿童在他们眼中是幼稚和不成熟的,他们认为成人是儿童生命的赋予者,成人有更多的社会生活经验和更高的身份,因此他们总是以各种借口和理由限制儿童的权利和自由。虽然这种儿童观到现在已经有所改变,人们对儿童的认识与过去相比已经有了很大的进步,成人能够意识到儿童有不同于成人生活世界的独特心理世界,但实际上,在如何对待儿童的问题上,成人还是很难改变以儿童"生命赋予者"和"抚养者"的身份教育和限制儿童的现状。这造成了儿童生理和心理上的负担,儿童在失去许多自由的同时也错过了积极主动发展的机会。因此,成人必须反省对待儿童的态度,逐步树立正确的儿童观。面对儿童这一独特的待成熟的个体,以尊重和平等的态度,给儿童应有的自由,进而促进儿童顺利全面的发展。从儿童生活的社会、学校和家庭环境考虑,成人必须为儿童提供足够的自由生长的空间,才有可能使儿童的自由得到维护。

(一)学校教育中儿童自由的维护

蒙台梭利说过,教师的主要任务是保护指导儿童,不阻碍儿童的发展,只要儿童不冒犯或干扰他人,没有不礼貌或粗野的行为,其余的所有看似"随心所欲"的行为,教育者都应当尊重并且适时引导儿童,这才是教育取得成效的关键所在。

1. 建立合理的规范和管理制度,保证儿童有足够的自由时间和空间

规范和管理制度的建立,是学校教育中不可缺少的一部分,与纪律相似,它们都是维持教学秩序必不可少的部分。没有规范和限制,学校教育就会成为一盘散沙,但是,如果一味限制,也会妨碍儿童的自由发展。因此,学校必须探索有效的管理方式,只有在合理有序的管理下,儿童才能享有自由的时间和空间。

2. 教学过程以儿童为中心,鼓励儿童自由表达

杜威强调"教育即生长",他认为,教育的目的是促进儿童的不断生长,民主社会中的儿童应该是精神上独立的个体,传统的为"静听"做准备的课堂是不合理的,只会导致儿童心理上的依赖,进而会形成儿童被动、呆板和拘谨的学习与表达习惯。儿童在课堂中的自由应当体现在儿童能够在教师的引导下自由地表达自己的思想,形成自己对于知识的理解和应用。

（二）家庭教育中儿童自由的维护

卢梭曾经用"寄存"这个词来形容父母与儿童之间的关系。每一个儿童最终都要离开父母，走向社会。良好的家庭教育应当是将儿童视为独立的个体，在理解和尊重儿童的基础上培养儿童的独立意识和自由精神，唯有这样，家庭教育才能为儿童的自由独立成长奠定基础，铺平道路。

1. 尊重儿童自由

人生来是自由的，我们也不能剥夺儿童享受自由的权利。随着年龄的增长，儿童对自由的要求也会越来越多。我们不能指望一个人在18岁以前毫无自由，18岁以后就自如运用相当多的自由，这是危险而不负责任的。作为儿童的"第一任"老师，我们认为父母有尊重儿童自由的责任。这主要表现在两个方面。首先，抛弃成人本位主义，真正认识到儿童生而自由的深刻意义，这也是家庭教育中培养儿童的前提。父母应当创造环境，使儿童的天性得到真正释放，应当深刻了解儿童享有的各项自由并尊重儿童的这些自由。其次，给儿童自由生活的权利。父母应认识到儿童是有独立思想和自由行动的个体，摒除"应试教育"和急功近利的心态。只有这样，家长才能给予儿童适当的自由，并指导儿童正确运用自由。

2. 丰富儿童精神世界，培养儿童创造能力

儿童的创造能力是其精神世界的重要组成部分，而儿童的精神世界决定了他现实的自由范围。父母应尽可能为儿童提供多样化和鼓励创新的生活环境，儿童在丰富的生活环境中才能逐渐扩展自己的"思想范围"，进而形成丰富的精神世界，有丰富的愿望和丰富的自由行动。

除了家庭和学校对儿童自由的保护之外，社会也应当为儿童的自由成长提供条件。随着网络技术的发展和多元化的生活方式的产生，儿童接受知识、学习知识的渠道逐渐增多，社会应当保障教育由传统的"知识至上"向"自由的实践"转变，使儿童能够获得自由的权利，充分地运用自己的自由，实现全面可持续发展。

百年大计，教育为本。教育过程中给予儿童自由是促进儿童发展必不可少的要素。在教育孩子的过程中，教育者应当遵循儿童生命自由意志的成长规律，注重儿童的自然、自由的养成与发展，重视儿童独立自主活动的能力，遵从儿童生命自由意志的增长与发展规律。在教育与儿童的互动过程中，教育者应深刻了解儿童的特点，以儿童天性为出发点，选择符合教育规律和儿童自然选择的教育方法和教育手段，确保教育是儿童发展的手段，是为儿童服务的，而不能使儿童成为教育的附属，为教育所困扰。必须意识到，只有以儿童为本、给儿童充分自由、充分舒展儿童天性的教育，才能充分发挥儿童的创造力与想象力，成为我们所需要的教育。

思 考 题

1. 从不同角度看，自由有不同解释。从教育哲学的角度来看，你认为儿童的自由主要包含哪些方面？

2. 有人说，教育中给学生自由意味着放纵学生，你同意这种观点吗？为什么。

3. 教育中的儿童自由是不是无限度的？维护儿童自由应当遵循哪些原则？

4. 简述教育中儿童自由应当怎样维护。

第六章　儿童权利与教育

联合国儿童基金会常务总干事卡罗尔·贝拉米认为："以儿童基本没有权利开始的世纪，正在以儿童不仅意识到他们的权利，而且要保护他们的人权，并拥有更强有力的合法手段而终结。"人们关注儿童权利是社会发展和进步的一种必然趋势。随着人们儿童权利意识的不断增强，与儿童生活相关的各个领域都必须考虑如何保障和实现儿童的权利，尤其是在教育领域。

第一节　儿童的基本权利

儿童是祖国的花朵，是祖国的未来，在这个意义上，赢得儿童就等于赢得了未来，强健儿童就是播种了希望，发展儿童就为人类的更加繁荣提供了机会。儿童与成人具有同样的价值，是平等的人，尊重儿童的权利、保护儿童的权利、发展儿童的权利是我们不可推卸的责任，即"一切为了孩子，为了一切的孩子，为了孩子的一切"。

一、儿童权利概述

儿童是人类、社会和经济发展的未来，儿童的发展状况已经成为衡量社会公平与进步的重要指标，从权利保护的视角来审视儿童，关注儿童的生存与发展，实现儿童的合法权利，具有重要的现实意义。

（一）权利的概念

"权利"一词最早在汉语里出现，大抵都是消极或贬义的意思。如："接之于声色、权利、忿怒、患险，而观其能无离守也"[①]；"或尚仁义，或务权利"[②]。19世纪中叶，美国学者丁韪良先生（W. A. P. Martin）等把维顿（Wheaton）的《万国律例》（*Elements of International Law*）翻译成中文时，用"权利"来对译英文"rights"。自此，"权利"在我国逐渐作为一个褒义的、至少是中性意义的词语开始被广泛使用。

对于权利的界定，归纳起来，大致可以分为两个维度。

1. 伦理学维度

代表人物有胡果·格劳秀斯（Hugo Grotius）和19世纪的形而上学法学家们。格劳秀斯把权利看作道德资格；霍布斯、斯宾诺莎等，将自由看作权利的本质，或者认为权利就是自由；康

---

① 荀子：《荀子·君道》。又，《荀子·劝学》："是故权利不能倾也，群众不能移也，天下不能荡也。"
② 桓宽：《盐铁论·杂论篇》。

德、黑格尔用自由来解说权利，但偏重于意志。黑格尔认为："权利的基础是精神，它们的确定地位和出发点是意志。意志是自由的，所以意志既是权利的实质又是权利的目标，而权利体系则是已成现实的自由王国。"①这些都是从伦理学角度把权利看作基于道德上的理由或超验的根据，人所应该享有之物。

2. 实证维度

主要代表是实证主义哲学。实证主义从现实的利益关系和功利关系来理解与诠释权利。德国法学家鲁道夫·冯·耶林(Rudolf von Jhering)把权利看作受到法律保护的利益。同时，不是所有的利益都是权利，只有为法律承认和保障的利益才是权利。功利主义者从权利的实质是普遍的功利原则出发，认为应由社会功利规定全部的权利和义务并派生出所有的道德标准。②

综合有关研究，我们认为，权利是指法律赋予人实现其利益的一种力量，就是人在相应的社会关系中应该得到的价值回报，是权利主体作为或不作为的许可或认定。

（二）儿童权利的概念

儿童权利观有一个逐步形成的过程。从传统意义上来说，人们爱护儿童，往往是把儿童当成自己生命或自己族群"类"的延续。在古代西方，儿童被视为父亲的私有财产；现代的《经济、社会和文化权利公约》和《公民权利和政治权利国际公约》，也只是在儿童福利中侧重儿童保护和关心的方面作出强调，体现出一种保守和恩赐的态度；直到 20 世纪初，人们才开始意识到儿童不仅仅是被保护的对象，更是权利的主体；真正确立儿童权利主体理念的是《儿童权利公约》，它是保护儿童权利的最高标准。"有权利就意味着有能力要求尊重，有能力提出要求，并有能力要求对方听取。"③

随着《儿童权利公约》的出台，尊重和保护现实生活中每个儿童的权利才渐渐进入人们的视野中，这就要求家庭、学校和社会都要平等地对待每一个儿童。尽管从某种意义上来说，儿童的活动大多限定在家庭和学校的范围内，作为一个独立的个体或一个不愿接受管束的群体，在公共生活中似乎并不怎么受到欢迎，但是，至少现在的人们已经接受了儿童权利的观念，认识到对儿童的保护不仅仅限于家庭、学校，还应该包括社会的全面的保护。尽管这种理念和儿童保护的需要还有一段距离，儿童权利也没有形成社会政策和规划中的"基本的社会价值"，然而，至少儿童权利观念为我们树立了一个家庭生活和社会政策的广泛标准。虽然人们对儿童权利的概念有多种不同的解读，但儿童的重要性是不容置疑的，儿童权利与普遍意义上的人权相比，更能够鲜明地反映一个国家人权发展的状态和水平。我们主张儿童权利，并不是要把儿童置于成人的对立面，正如我们主张妇女解放，并不是把女性和男性看作绝不相容的对立体一样。我们倡导儿童权利，是在承认儿童与成人间的差异性和双方的自主权的前提下，认真对待这种差异性并探寻双方利益的最佳结合点。

综上所述，关于儿童权利已形成以下共识：第一，儿童权利的观念源自西方，半个多世纪以

---

① Cohen & Cohen Litile, *Readings in Jurisprudence and Legal Philosophy*, Brown and Company.
② 夏勇：《权利哲学的基本问题》，《法学研究》2004 年第 3 期。
③ Kate Faderle, "Right Flow Downhill", *International Journal of Children's Rights*, 1994.

来对其理论和实证上的研究已趋于成熟,但在实际运作的层面还存在着各种各样的冲突和问题,这些冲突和问题是由它本身不可避免带有的、与西方价值观念相联系的特性所导致的,还是儿童权利概念本身的问题,是值得认真分析和总结的。第二,随着西方人权观念的发展,包括儿童权利观念在世界范围的传播,中国儿童权利保护的意识正在提高。然而,博大精深的中华文化造就出的却是别样的价值体系,这个缺乏儿童权利意识的价值体系与源自西方的儿童权利观念必然会发生冲突,这些冲突的研究对我国实现尊重和保障儿童权利有着重要的现实意义。第三,对儿童权利的尊重和保护既是人类文明的产物,也是衡量社会文明程度的重要指标,对文明、和谐的追求和向往是全世界人民的共同要求,怎样把发扬中华文明的优秀传统与西方现代文明成果相结合,建立适合民族文化要求并能够与世界对话的儿童权利保护机制,是我们努力的目标。

二、儿童基本权利的种类

联合国《儿童权利公约》所确认的儿童权利多达几十种,比如姓名权、肖像权、名誉权、受教育权、健康权、娱乐权、隐私权、受父母照料权、表达权……我们把儿童所享有的各项权利概括为四种基本权利,即生存权、发展权、受保护权和参与权。所有儿童,不分性别、国际、民族、种族、健康状况、文化背景、宗教信仰、居住地区和其他影响因素,平等地享有这些权利。其中生存权和发展权是最基本的人权,是实现其他权利的基础。

(一)儿童生存权

儿童生存权是指每个儿童都享有其固有的生命存活权、身体健康权、获得基本生活保障的权利和受到人格尊重的权利。具体包括儿童享有的生命权,最高标准的医疗保健权,国籍权,姓名权,获得足够食物、拥有一定住所以及获得其他生活保障的权利。保护儿童免受暴力、剥削和虐待是保护他们生存、成长和发展的权利不可分割的一部分。

生存权是儿童权利的核心内容,是儿童享有其他权利的基础,强调儿童的生存权,也就是强调国家、社会对儿童承担保护和照顾的责任。保障每个儿童的生存权是政府、社会和每个公民义不容辞的责任。

1. 降低婴幼儿死亡率,向所有儿童提供必要的医疗援助和保健

随着我国社会经济水平的不断提高,人们追求健康的意识也逐渐提高,加之医疗卫生事业的发展,人们的健康水平也不断提高。据报道,截止到 2011 年,我国的婴儿死亡率由 200‰ 下降为 13. 1‰,[①]取得显著成就。

2. 加强儿童保护的立法建设,完善法律保护体系

20 世纪 90 年代以后,我国陆续颁布了一些有关儿童权利保护的法案,但客观来讲,这些立法对儿童生存权利的保护还缺乏总体的规划。1999 年颁布的《中华人民共和国未成年人保护法》以后的十多年里,中国社会发生了巨大变化,但专门保护儿童生存权利的立法却屈指可

① 陈烨菲:《我国婴儿死亡率由 200‰ 下降为 13. 1‰》,http://news. 163. com/11/0718/16/798QSBSE00014JB6. html,2011 - 7 - 18。

儿童教育哲学

数,难以形成完善的儿童生存权利的法律保护体系。而且,现行的儿童权利保护法缺乏规范性,内容虽然广泛,但缺乏对儿童生存权利的确认,对行为主体职责的规定也不具体,尤其未规范政府、社会和公民保护儿童生存权利的具体责任。所以制定并形成完善的宪法、法律和有关行政法规政策,以及对保护儿童生存权利的政府职能、社会参与、工作原则以及相应的法律责任形成比较完整的规范,有着重要意义。

3. 完善儿童监护制度

随着市场经济的深入发展,现行儿童监护制度的缺陷日渐凸显,在我国的《民法通则》中,对未成年人的监护采取大监护的立法模式,即父母是未成年人的监护人,未成年人的父母死亡或无监护能力的,由未成年人的祖父母、外祖父母或兄、姐承担监护责任;关系密切的其他亲属、朋友愿意承担监护责任的,经未成年人父母所在单位或者未成年人居住地的居委会、村委会同意进行监护。没有上述规定的监护人的,由未成年人的父母所在单位或未成年人所在地的居民委员会、村民委员会或民政部门担任监护人。在计划经济体制下,单位确实对有些无父母的未成年人起到了一定的照顾保护作用。但在现行的市场经济体制下,单位已经无法继续履行这种职能了。政府要把保护儿童生存权的事项提上议事日程,切实保障儿童的生存权。①

4. 家校合作,促进儿童的健康发展

由于应试教育的影响根深蒂固,家长和教师往往过于看重孩子的成绩,甚至以牺牲孩子的健康为代价来换取学业上的进步。针对这一现象,我国《未成年人保护法》明确规定:"学校应当与未成年学生的父母或者其他监护人互相配合,保证未成年学生的睡眠、娱乐和体育锻炼的时间,不得加重其学习负担。"家长和学校要调整对儿童的期望值,使期望值能符合儿童的实际情况,让儿童真正能够"跳一跳,够得着",使儿童获得成功的体验,从而实现其身心健康发展。

(二) 儿童发展权

儿童发展权是指每个儿童都享有充分发展其全部体能和智能的权利。包括儿童有权接受正规和非正规教育,有权参与文化和社会生活,享有思想和宗教自由,有权得到个性发展,有权享有与其身体、心理、精神、道德与社会发展水平相适应的生活水平。

保护儿童发展权是实现儿童权益的核心,因为它涉及的范围非常广,所以需要通过政府积极引导,促进各个方面密切配合,才能全方位保障实现儿童的发展权。

1. 强化儿童发展权的意识

《儿童权利公约》明确表示:"各方有义务尊重所有儿童,应将其视为家庭、社区和社会的积极成员,有自己的具体需求、关切和观点。"在传统意义上,由于受到意识形态的影响,儿童权利保护问题往往被忽视,即使对儿童权利给予一定尊重,也只是把儿童当作受保护的对象,而不是权利的主体。所以,改变传统观念、提高儿童发展权意识尤为重要。国家要加强对儿童发展权的相关知识、《儿童权利公约》以及相关的法律法规的宣传力度,促进人们形成正确的儿童观,明确保护儿童发展权的重要性,为保障儿童发展权营造良好的氛围,为实现儿童发展权铺平道路,促进儿童健康发展。

---

① 李云萍:《坚强法制建设保障儿童生存权》,http://news.sina.com.cn/c/2003-10-25/1025989051s.shtml。

2. 建立健全儿童发展权的有关法规

《宪法》、《刑法》、《婚姻法》等一般性的法律虽然涉及一些儿童发展权的内容,但对如何保障和实现儿童发展权的具体措施缺乏明确的规定。在《未成年人保护法》、《预防未成年人犯罪法》等专门性的法律法规中,要尽可能地吸收地方性法规中有关保护儿童发展权的做法,并能够根据现阶段我国保障儿童发展权的实际情况进行整合修改,使保障儿童发展权的法律条文更具可操作性,进一步完善相关司法制度,"就具体内容来说,就是要使办案队伍专业化,使办案程序合理化、人性化,扩大司法机关受理儿童案件的范围,从而为儿童健康发展提供强有力的法律保障"[①]。

3. 具体分析儿童发展权进程中出现的新情况

由于保障和实现儿童的发展权涉及的范围大、面积广,各种各样的问题层出不穷,对不断出现的问题,若采取整齐划一的解决方式,可能会使问题扩大化,只有具体问题具体分析,对不同领域的不同问题采取有针对性的解决措施,才能真正保障儿童的发展权。

第一,保障儿童的受教育权。由于我国东中西部地区经济发展不平衡,表现在教育领域就是教育资源配置不平等,弱势群体儿童的受教育权得不到保障。政府要采取特别的措施,将相关的优惠政策向中西部贫苦地区倾斜,加大财政投入力度,改进教育教学方法,提高教育教学质量,改变儿童受教育不平衡的现象,促进学生全面发展。

第二,营造民主平等的家庭氛围。受传统价值观念影响,家庭教育过分看重孩子的学习成绩,忽视儿童其他方面的发展,严重压抑儿童个性。儿童是家庭里的重要成员,对与儿童相关的事要听取儿童的意见,对于家庭的生活事务也要让儿童积极参与,不要包揽本应孩子自己做的一切,积极引导儿童主动地参与到社会生活中去,为儿童的健康成长创造良好的条件。

4. 提高儿童发展权保障水平

儿童的发展问题不仅是一个国家一个民族的事情,更是一个国际性的问题,提高我国儿童发展权的保障水平应该加强与其他各国以及联合国儿童基金会、儿童权利委员会、人权委员会等组织的合作与交流,学习和借鉴有关儿童发展权保障方面的成功经验,争取国际社会的资金和技术方面的支持,建立起促进儿童发展权的信息交流平台,提高儿童发展权保障水平。

(三) 儿童受保护权

儿童受保护权是指儿童有权获得国家、社会、家庭的保护,享有不受歧视、虐待和忽视的权利。保护儿童的人身权利,反对一切形式的儿童歧视,使每一个儿童都得到平等的对待,能够在健康、平等的环境中得到发展。

儿童正处在身体、心理和智力的快速发展时期,由于身心发展尚未成熟,儿童享有的很多权利无法通过自身来实现,比如保障生存的权利,接受教育的权利等。而且儿童缺乏自我保护意识和能力,在自己的合法权利受到侵害时又往往意识不到,即便意识到,也没有足够的能力来保护自己,所以要使儿童得到切实有效的保护,家庭、学校、社会等方方面面必须给予关心。

[①] 包运成:《我国儿童发展权的保障——以〈儿童权利公约〉在中国的实施为视角》,《辽东学院学报(社会科学版)》2011年第4期。

1. 强化政府职能

我国的专门性法律条文对于保护儿童、维护儿童权益的规定还不够完善,养育儿童似乎只是家庭的任务。保护儿童权利,要充分借鉴和吸收各国儿童权利保护的成功经验,完善我国现有法律法规制度,明确政府的责任和义务,特别是特殊家庭的经济和法律援助、贫困儿童的生活及升学保障等;同时也要完善自身的供给能力,即包括有关儿童权利保护的信息收集能力,及时有效地杜绝侵害儿童权利的行为。

2. 社会通力合作

保护儿童不仅是政府的职责,更是全社会的事情,是每一个公民的责任和义务。《儿童权利公约》指出:"使世界上每个儿童享有《公约》中所保护的权利,需要各国政府、国际组织、非政府组织和私人团体及个人的一致努力。"诸如营造儿童身心健康发展的良好环境、消除拐卖儿童的违法行为、保证每一个儿童都有接受教育的机会等问题,都需要社会各方协同合作。

3. 突出家庭的教育功能和责任

家庭的和谐有助于儿童的健康发展。现代社会不断攀升的离婚率、不稳定的家庭环境,往往对孩子身心健康发展带来巨大伤害。构建和谐的家庭环境,关注儿童的身心发展状况,培养儿童良好的行为习惯,促进儿童身心健康发展,是每个家长义不容辞的责任。

4. 学校重视儿童权利的保护

学校是儿童生活的重要场所,学校教育的目的是促进每个儿童的健康发展,教师要公平对待每一个学生,明确师生之间不仅仅是教育者与被教育者的关系,更是保护者与被保护者的关系,因此,学校应注重构建良好的师生关系,促进学生成长,增强学生的自我权利意识,维护自己的合法权利。

(四) 儿童参与权

儿童参与权是指每个儿童能够主动参与家庭和社会生活,并能够对影响他们生活的各项事务发表自己意见的权利。参与权不仅仅是儿童的基本权利,更是他们成长和发展的基本需要。儿童参与权的具体内容是:所有有主见的儿童都有权发表自己的意见,有权对与自身有关的一切事务发表言论,成人应正确看待儿童提出的意见,不能因其年龄和成熟程度而忽视儿童的意见。

现实生活中,社会很少真正给予儿童参与的机会。比如:儿童节目的评选一般不征求孩子们的意见;一些有关儿童的会议,儿童虽然出席但却没有发言的机会。一名上海少年在全国少年代表大会上曾表示,他虽然只是个小学四年级的学生,但参与意识十分强烈。他提出质疑:为什么少年代表大会上的少年儿童代表不能参加有关章程的讨论,成人代表却可以?[①]

作为权利的主体,儿童具有参与家庭、文化和社会生活的权利,应尽量让儿童最大限度地参与和自己有关的事情,并使儿童能够在参与的过程中最大限度地提高自己应对各种问题的能力,使自己的个性、才智、身心得到全面发展。

---

① 郝卫江著:《尊重儿童的权利》,天津教育出版社,1999 年,第 17 页。

1. 尊重儿童的发言权，认同儿童对活动的参与

儿童对与自身有关的事务最有发言权，要真正地认同儿童对社会生活各个方面的参与，让儿童真正成为自己的主人。这个过程不能一蹴而就，政府、家庭、学校和社会都要根据各自的特点，从机制体制和法制层面着眼，为儿童参与提供机会，疏通儿童表达意见的渠道，充分尊重儿童的权利主体地位。

2. 完善儿童参与权的法律保障制度

目前我国还没有建立起一套全面的保护儿童参与权的法律体系。针对儿童参与权所存在的问题，要遵循联合国《儿童权利公约》的要求，依照其原则，在"尊重儿童"的理念指导下加强儿童参与权立法，克服立法过于抽象、空泛的倾向。实践方面，应建立具体的法律实施机构，保证《儿童权利公约》以及国内立法的有效实施，加强对儿童权利的宣传，增强儿童的参与意识和参与的积极性，确保成人社会对儿童参与权的尊重。

第二节　世界儿童权利的现状和启示

儿童是积极主动的权利主体，是拥有权利并有能力行使自己权利的人。许多国家在善待儿童、尊重儿童、重视儿童的社会价值、为儿童创造良好的生活与教育环境以促进其身心健康发展和提高生活质量等方面作出了努力。

一、世界儿童权利的现状

为了保障儿童的权利，使儿童能够更好地行使自己的权利，几乎世界上所有的国家都积极采取措施，从法律、道德、政策等各个层面积极保护儿童的权利，有效实现儿童权利。但由于社会制度和经济背景的差异，不同国家在保护儿童权利方面存在差异。

（一）美国

1899 年，伊利诺斯州制定的《少年法庭法》开创了美国儿童立法的新纪元。之后，美国各州相继制定符合本地情况的儿童保护法。根据美国宪法的规定，联邦政府的权力是有限的，与儿童权利保护有关的大多数民事和刑事法律是各州的立法范围，尽管如此，美国联邦政府还是出台了一系列保护儿童权利的法律法规，如 1951 年《联邦青年矫治法》、1961 年《青少年犯罪法》、1964 年《青少年犯教养法》、1966 年《少年法庭和家庭法院的标准》、1969 年《少年法庭模范规则》、1974 年《防止虐待儿童和待遇法》、1990 年《儿童电视法》、1998 年《儿童网络保护法》等。除此之外，美国各州也都有自己的儿童立法，但由于各州对儿童权利的具体内容的理解不同，制定法律的具体内容也各有不同，以致形成包括联邦政府法在内的 51 个法律系统。但遗憾的是，在适用国际条约方面，美国至今尚未批准联合国《儿童权利公约》。美国儿童的基本权利保护存在很多问题。

1. 儿童生活贫困

2010 年 11 月 21 日的《华盛顿邮报》报道：大概每四个美国儿童中就有一个面临饥饿问题。在某种程度上说，美国的公立学校已成为生活贫困儿童的集中营，吃不饱是困扰学校发展的一

个难题,超过 60％的教师有过给饥饿学生买食物的经历。2009 年,美国 18 岁以下儿童贫困率达 20.7％,比 2008 年增加了 1.7 个百分点。华盛顿黑人儿童贫困率高达 43％,加州约有 270 万儿童居住在贫困家庭。旧金山湾区 6 个郡的贫困儿童人数增加了 15％至 16％。2009 年的某些时段,美国至少有 1 700 万儿童生活在无法确定拥有或者得到足够食物的家庭。[①]

2. 儿童暴力现象严重

美国"关爱我们的儿童"官方网站数据显示,美国每年有超过 300 万的儿童遭受暴力侵害,实际数字比这还多 3 倍;大约有 180 万的儿童遭到绑架;有近 60 万的儿童住在福利院。每天 1/7 的少年儿童在网络上被一些"狩猎者"跟踪,25％的儿童受到欺凌,43％的少年、97％的中学生受到网络欺凌。90％的同性恋、双性恋以及变性学生在学校遭受过骚扰,约有 16 万学生因为害怕被欺负而每天都待在家中。[②]《华盛顿邮报》2010 年 10 月 20 日报道,17％的学生表示在一个学期内每月至少受到 2 至 3 次欺凌,其中小学三年级最为严重,受欺凌学生占 25％。联合国教育权问题特别报告员报告称,美国 20 个州和数百个学区长期以来允许体罚小学生,残障学生遭受体罚的概率更高。[③]

3. 儿童身心健康难以保障

健康安全的生存环境是儿童身心发展的重要保障,虐待、忽视,以及来自经济、精神、色情等方面的伤害和剥削,对儿童心理和精神造成严重后果。纽约市健康和心理卫生局儿童死亡评估小组 2010 年的报告显示,2001 年至 2008 年,美国 1 至 12 岁儿童年均伤害死亡率为万分之 0.89,纽约市为万分之 0.42;芝加哥一家残障儿童护理院自 2000 年以来,由于管理松懈等原因导致 13 名儿童死亡;美国儿童与青少年精神病学会期刊 2010 年 10 月 14 日公布的研究显示,全国约半数 13 至 19 岁的青少年存在情绪、行为、焦虑或吸毒酗酒问题,男孩和女孩的比例分别为 51％和 49％,其中 22.2％的青少年症状非常严重。据不完全统计,大概每 10 个儿童中就有 7 人无意中接触过网上的色情暴力内容,有 1/3 的儿童有意在网上搜索色情内容。儿童首次接触色情内容的年龄平均为 11 岁,最小的 8 岁。另据报道,美国预防青少年怀孕组织发表的一份调查报告显示,20％的美国青少年在互联网上发送过自己的全裸或半裸照片或视频。[④] 美国至少有五百多个由青少年创办、以盈利为目的的"裸聊"网站,涉及的色情图片数以万计。

(二) 英国

英国的儿童立法有着悠久的历史,早在 1808 年就制定了《少年法》,这被认为是英国最早的有关儿童的立法。随后英国先后制定了大量儿童方面的法律。这些法律主要包括 1874 年《未成年人救助法》、1886 年《未成年人监护法》、1908 年《儿童法》和《未成年人犯罪法》、1933 年《青少年法》、1948 年《子女法》、1937 年和 1956 年的《苏格兰教育法》、1950 年《爱尔兰青少年法》、1958 年《(少年)婚姻诉讼法》、1956 年《性犯罪法》、1959 年《婚生子女地位法》和《精神健康

---

① 国新办发布 2010 年美国人权纪录(全文),http://news.ifeng.com/mainland/detail_2011_04/10/5650577_1.shtml。
② http://www.loveourchildrenusa.org.
③ 联合国文件编号 A/HRC/14/25/ADD.1。
④ www.co.jefferson.co.us.

法》、1960 年《猥亵少年儿童法》、1962 年《苏格兰教育法》、1980 年《儿童监护法》和《收养照管法》、1991 年《儿童扶养法》等。其中许多法律屡经修订，至今有效。如《儿童法》，就分别有 1908 年《儿童法》、1948 年《儿童法》、1958 年《儿童法》、1975 年《儿童法》等，现行的《儿童法》是 1989 年修订的；再如 1933 年的《青少年法》，先后于 1938、1948、1951、1955、1958、1959、1963、1965、1968、1969、1972、1975 年进行过修改和补充，现行的《青少年法》一般称作"1963 年青少年法"。虽然英国的达德列·托马斯认为，英国有关未成年人的 19 项立法中，概念混淆不清，彼此之间凌乱无系统，但不可否认的是，在儿童立法方面，英国积累了丰富的实践经验。不论从数量还是从质量上看，其立法都居世界前列。

然而，英国儿童的现状仍然不容乐观。2012 年初，一份"儿童贫困地图"揭示了英国各地贫困儿童最集中的地区：英国贫困儿童占全国儿童总人数的 1/5，这份贫困地图生动描绘了一个社会分化隔离的英国，数以百万计的儿童生活在贫困和不平等之中。[1] 可以说，生活在世界排名第五的富裕国度里的英国儿童，却过着"最垫底"的生活。虽然近年来英国政府已经就儿童健康和教育投入大量精力和财力，但是与其他国家的同龄人相比，英国儿童的境况仍然十分糟糕。

1. 儿童吸烟喝酒，私生活相对混乱

1979 年至 1999 年间，英国儿童处于相对疏于照管的状态，儿童贫困的比例迅速上升，生活在失业家庭中的人数剧增，贫困儿童与家境富足的儿童差距越来越大。[2] 研究显示，英国少女生育率一直排在欧洲各国的第一位，这给她们自身及政府和社会带来了沉重的负担。[3]

2. 儿童人身安全得不到保障

英国儿童的各种意外死亡率比较低，然而较低的婴儿出生率和相对较高的婴儿死亡率，以及 12 个月到 23 个月大的婴儿中接种主要可预防疾病疫苗的百分比也比较低，使得儿童的生命健康得不到保障。

3. 部分儿童幸福感不高

根据 2010 年约克大学与儿童协会的一项关于儿童幸福感的调查结果显示，大多数英格兰儿童感受到正向的幸福感，平均分数达到了 7.7 分（满分为 10 分）。值得注意的是，虽然调查结果显示英格兰儿童所感知到的幸福感是正向的，但仍然有大约 7% 的儿童明显感到不开心。若以儿童人口数为 180 万来进行计算，即意味着在 10 到 15 岁的儿童当中，有高达 12 万的儿童觉得不快乐。[4] 调查发现，造成儿童不快乐的因素，主要包括社会、家庭以及成长过程中遇到的问题等。

4. 缺乏自信

父母对孩子的过分担忧破坏了儿童的自信心，家长担心儿童遭到陌生人的骚扰，大多数孩

① The Guardian:the Child poverty map of Britain. http://www. portaltraining. co. uk/news/2011/02/23/the-child-poverty-map-of-britain/.
② 《儿童现状研究报告》，《独立报》2006 年 6 月 10 日第一版。
③ ［英］杰西卡·威廉姆斯著，王晶、成芬、包特日格勒译：《大事件：决定人类未来的 50 件事》，中央编译出版社，2008 年版，第 13 页。
④ BBC Education：http://epaper.edu.tw/print.aspx? print_num=401&print_sn=5300&print_type=window.

子被父母禁止单独到商店购物或者到公园去玩耍。家庭中的冲突和家庭结构的变化,影响儿童与父母的关系,儿童的安全感缺失,加剧了儿童的不自信。

(三) 德国

在德意志联邦共和国成立之时,儿童被视作家庭的一部分,认为儿童个人发展的权利可以通过对家庭即主要对家长的及时帮助得到有效的保障,抚养儿童是个人事务,政府只有在特殊情况下才可以干涉。随着时间的推移,这一观点逐渐被取代,现在人们普遍认为,儿童有自己的权利,并且是独立于家长的,保证儿童健康成长日益被看作公众的责任,而不仅仅是家长的责任。

2005 年 2 月,德国政府开展"建设一个适合儿童发展的德国"国家行动计划,这是一个综合性的计划,通过一系列的方法,将不同领域政策综合起来,为儿童创造一个良好的环境。①

德国儿童发展仍存在一些问题。

1. 儿童生活贫困

在德国,贫穷意味着没有很好的营养供给、比较差的教育以及业余活动条件,而不仅仅意味着挨饿。德国儿童的出生率一直在下降,但贫困儿童的数量却一直在上升。自 1965 年以来,新生儿的数量已经由每年 130 万下降到了 68 万,到 2010 年,德国出生率为 8.3%②,儿童日益成为"稀缺而宝贵的资源";但同时,贫穷儿童的数量却翻了 16 倍。2011 年 8 月公布的联邦统计局研究报告表明,德国有 15% 的儿童属于贫困或者濒临贫困,这些儿童中多数都生活在单亲家庭中。③

2. 儿童肥胖严重

德国长期以来有一个高质量的全民医疗体系,在过去的几十年中很多严重的传染病和先天缺陷性疾病都得到了很好的控制,但目前不良的饮食和缺乏锻炼导致新的健康风险——儿童肥胖。

3. 儿童教育机会匮乏

德国在儿童和家庭上花费了大量的资金,国内生产总值的 3% 都用在了家庭的现金资助或服务上,但在政策上却并没有表现出令人信服的成功迹象。④ 联合国儿童基金会研究人员指出,德国儿童和青少年的教育机会匮乏,制定的家庭和儿童政策往往互相不协调,很多时候制定的目标难以细化和实施。

(四) 日本

明治维新以后,日本的儿童权利保护进入新的发展期,尤其表现在保护儿童权利的立法层面上。1903 年公布的《感化法》中规定的收容对象为 8 岁以上、未满 16 岁的违法少年及依法被判处应到"惩治场"服役的违法犯罪少年。1922 年日本出台的《少年法》(称"旧少年法")是一

---

① 史秋琴、杨雄、陈建军著:《儿童权益保护与社会责任》,上海文化出版社,2008 年,第 98 页。
② 《德国遭遇"儿童荒"出生率为 8.3%》,http://news.21cn.com/world/guojisaomiao/2011/08/05/8800884.shtml。
③ 《德国贫困儿童状况》,http://www.ouhuanews.com/eu/2011/11-17/9215.shtml。
④ 尼克莱特·克莱瑟尔:《建设一个适合儿童发展的德国——德国儿童发展行动计划》,选自史秋琴主编:《儿童权益保护与社会责任》,上海文化出版社,2008 年。

部"充满爱的法律"。日本现行的儿童权利保护相关法律法规大多是第二次世界大战以后陆续制定的。特别是20世纪90年代以来，为适应国内儿童权利保护的需要，日本先后于1992年出台《少年保护事件补偿法》、1999年《对嫖稚妓、儿童色情行为的处罚及儿童保护法》、2000年《防止虐待儿童法》。日本儿童保护的地方立法也十分完善，从1950年开始，各都、道、府、县都制定了本区域的《保护青少年条例》。日本儿童权利的立法相当完备，既有针对全体儿童的《日本儿童福利法》，又有针对特殊儿童的《日本少年法》。通过立法确认儿童权利，其真正意义在于体现国家和政府对儿童权利的重视以及对实现儿童权利所承担的责任。

第二次世界大战以来，日本还建立了以儿童保障为根本的新的儿童福利体系——《儿童福利法》(1947)，这是日本第一部有关儿童福利的基本法。儿童福利政策进一步充实，儿童福利设施进一步完善，逐步完成以保障每一个儿童身心健康成长和儿童自我实现为目标的儿童福利体系的建构。

日本在儿童权利保护方面仍存在一些问题。

1. 儿童因使用手机、互联网的"交友网站"而遭受性侵犯的事件逐年增多，各手机开发商和营销商为寻求更大的经济利益，利用网站信息寻找儿童进行性交易，严重侵犯儿童身心健康发展。

2. 家庭、学校和社会机构认为儿童是成人的附属品，儿童的权利是由成人来维护的，儿童只是被保护的客体，不重视儿童权利观念的培养，过分地强调儿童的社会责任感，这不仅与《儿童权利公约》及儿童是权利主体的观念相悖，而且容易使儿童以自我为中心，当自己的欲望得不到满足和控制时，就容易发生恶性犯罪。同时，这也严重影响着儿童立法执法等制度的完善及儿童保护工作的顺利开展，使用童工、虐待儿童等问题也是层出不穷，教育体制机制的缺陷使得学生的意志表达权得不到充分的保障，校园暴力屡禁不止。这些事实都严重侵害儿童的身心发展健康，儿童的权利得不到切实的维护。

（五）南非

大多数发展中国家都建立了各自的儿童权利保护的法律制度。儿童立法主要体现在宪法、刑法、民法等法律相关条款的规定和专门的儿童立法中。但是由于发展中国家的政治、经济、文化、传统等因素的影响，它们对儿童权利的保护很不全面，也很难落实。随着儿童观念的深入，尊重儿童、保护儿童在发展中国家取得了一定的进展。

20年前，南非刚开始放松种族隔离，许多儿童的权利受到侵犯，包括受攻击，折磨，未经审讯被拘，限制接受卫生保健、教育和保护。在1990年到1993年间通过协商解除了制度上的隔离。在1995年7月16日批准《儿童权利公约》后，南非将《公约》的精神融入国家宪法中。《南非权利法案》第28部分的内容为保障儿童在身份、基础服务、教育及在法律范围内受保护等方面的权利。其他在后种族隔离时期制定的保护儿童权利的主要法规包括《电影与出版物法案》、《劳工基本条件法案》、《家庭暴力法案》、《儿童审判法案》及《性侵犯法案》。2005年的《儿童法案及修正案》对儿童权利框架进行了最全面的补充，它强调了《南非权利法案》的规定，并详细说明了父母与监护人的责任。其中重要的规定包括作为户主的16岁以上儿童获得国家补助的权利,青年人更多地获取卫生保健包括征询其同意进行艾滋病病毒检测和治疗的权利。[1]

法律为保护儿童权利提供了有力的保障,然而普遍的儿童贫困、艾滋病的流行以及教育设施的落后严重阻碍儿童权利的实现。南非儿童主要面临如下问题。

1. 新生儿大量死亡,儿童普遍贫困

约有14%的儿童在出生时体重低于2 500克,妇女卫生保健和营养不足导致新生儿大量死亡,每年约有400万新生儿在出生后一个月内死亡。据最新估计,南非地区有超过1/4的人口每天生活费不足1.25美元,该国收入分配属于世界上最不平等的国家之列。[2]

2. 艾滋病流行

抗击艾滋病并减少其对儿童的影响一直是南非政府的当务之急,从预防到治疗虽然取得了很大的进步,但艾滋病的流行范围——2007年有570万人携带艾滋病病毒,有140万(约8%)的18岁以下儿童失去了父母双方或一方[3]——等事实迫使南非政府在所有层面上作出更大的努力,以降低艾滋病的感染率。

3. 教育落后

由于贫困及其导致的刺激智力发育机会的缺失,约有2亿名5岁以下儿童面临无法充分发挥其潜力的风险。教育上的性别歧视,入学机会不平等,教育质量不高,没有足够的经过培训的教师、充足的资源及适当的学校环境等,使得南非地区的教育水平始终不高。[4]

(六)中国

1989年,我国开始参与《儿童权利公约》的起草工作,并成为第44届联合国大会通过该公约决议草案的提案国之一。1991年,我国被批准加入《儿童权利公约》,开始接受并维护有关儿童生存和福利标准的国际人道主义原则。1990年,我国政府参加在美国纽约举行的世界儿童首脑会议,并向全世界作出庄严承诺:"我们将保障履行我们的义务。我们相信在联合国的帮助下,中国儿童一定能够达到文件所提出的一些要求。"这不仅体现了我国政府对儿童的关心和爱护,更重要的是体现了我国政府对儿童权利的认识和尊重。1991年通过《中华人民共和国未成年人保护法》,于1992年1月1日施行,这是我国保护儿童权利的专门法律,从国家、学校、社会、司法等方面对儿童权利作了全面的保护性规定,集中体现了《儿童权利公约》的基本精神。1999年颁发的《中华人民共和国未成年人犯罪预防法》的性质也没有超出保护法的范围,可以看成对保护法的补充。[5] 除了为保护儿童权利而制定的专门法律外,还有一系列涉及儿童权利保护的法律法规,如《中华人民共和国母婴保健法》、《中华人民共和国义务教育法》、《中华人民共和国继承法》、《中华人民共和国民法通则》和《中华人民共和国婚姻法》等,以上法律法规及各地区保护儿童权利的法规和有关保护儿童权利的相关文件,共同构成我国儿

---

① 派翠西亚·莫恰主编:《世界儿童状况特别专刊:庆祝〈儿童权利公约〉颁布20周年》,联合国儿童基金会,2009年,第14页。
② 同上注。
③ 同上注。
④ 同上注。
⑤ 史秋琴、杨雄、陈建军著:《儿童权益保护与社会责任》,上海文化出版社,2008年,第254页。

童权利保护的法律体系。

随着一系列相关法律的出台，儿童权利保护工作在我国取得了不小的成就，但是在确保儿童权益的法律实践方面，还存在不少问题。

1. 立法方面，由于立法机关对儿童权利保护的立法缺乏总体规划，难以形成完整的儿童权利保护法律体系

现行的《中华人民共和国未成年人保护法》经过修订，使得儿童权利得到了确认，并明确了行为主体的职责。但是不得不承认，修订后的《中华人民共和国未成年人保护法》仍然是缺乏可操作性的法律，仍然没有摆脱原来的基本框架，不能完全适应保护儿童权利的需要。

2. 社会上没有专门的权威性机构保护儿童权利

在我国，专门从事儿童权利保护工作的国家机构主要是国务院所属的妇女儿童工作协调委员会，实际上，保护儿童权利的具体工作大多由非政府组织开展，国务院妇女儿童工作协调委员会在协调非政府组织与各地区的儿童权利保护工作中发挥积极作用，但由于其终究只是一个协调机构，无论是在人员编制还是在经费保障上，都有一定程度的困难，这些问题严重影响了儿童权利保护工作的顺利开展。由于人力和经费的不足，儿童权利保护的宣传力度不够，社会中一些机构和组织对《儿童权利公约》和儿童权利保护了解并不多，侵害儿童权利的事情屡屡发生。其原因在于人们把儿童权利保护理解为儿童只是被保护的对象，忽视了他们是权利的主体，他们的权利应当受到尊重，所以在设计与儿童相关事宜的时候，并没有真正地考虑或者很少考虑儿童的要求。

二、世界儿童权利现状的启示

所有的儿童——不论是来自发达国家还是发展中国家，不论是来自富有的还是贫困的社区，不论是处在和平与安全的环境还是处在冲突和紧急情况中——都需要得到保护，免受忽视和虐待。实现儿童权利，是一个长期的过程，需要政府、社会各界、学校和家庭的通力合作。

1. 政府主导

国家应发挥其主导作用，通过立法保障儿童权利。首先，通过制定和颁布一系列有关儿童生存、保护和发展的法律，形成完备的保护儿童权益的法律体系。如2004年英国政府颁发的《儿童法》，将儿童的权利进一步系统化和合法化，强调每个儿童都不能被忽视，缩小处境不利儿童与其他儿童的差距。其次，国家重视基础性投入，特别是在与儿童有关的教育和卫生方面效果显著，为保证儿童最基本的生存和发展权奠定了物质基础，如我国针对少数民族地区的学生设置双语或者三语教学的教育专用资金等。

2. 社会支持

儿童是人类社会的未来和希望，维护和保障儿童权利是实现社会发展的基础，儿童权利的实现需要社会各界的广泛参与和支持。社会各界应积极努力，净化儿童的生长环境，承担起保护儿童的责任，如各生产经营单位严禁制造和销售不利于儿童身心健康成长的产品，新闻媒体要发挥正面功能，广泛传播人权话语等，增强国家、社会和家庭保护儿童权利的意识以及儿童的自我保护意识。

3. 家校合作

家校合作是实现儿童权利的重要环节。作为学校,应尝试探索各种各样新式的教学方法,改革传统的教育理念和管理模式,使那些处境不利的儿童也能得到充分的发展。如:詹姆斯·库默的"学校发展计划"力图使学校更适应处境不利的学生及其家庭的需要,为处境不利的学生在学校教育过程中提供更多学业成功的机会。同时,为促进学生学业保持和完成,一些学校在教师、课程内容、教学方式等方面采取了相应的策略。通过建构家校合作的良好框架,保证儿童具备生活、学习的知识,促进儿童的良好发展。

4. 国际合作与交流

实现儿童权利,不仅仅是一个国家的事情,争取国际社会对儿童的帮助,特别是对特殊儿童的合作与帮助,如对贫困儿童、艾滋病儿童、残疾儿童、难民儿童和失足少年等提供帮助,有重要意义。

从 20 世纪 80 年代中期以后,人们越来越关注联合国儿童基金会所描述的"生活在极端困难情况下的儿童"——无家可归的儿童、被遗弃的儿童、在街道上生活和工作的儿童、受冲突和残疾影响的儿童,或者遭受暴力、虐待、剥削和忽视的儿童。人们越来越认识到,这些儿童面临一系列的权利侵犯问题,而这些问题只有通过各国合作才能得到最好的解决。

资源链接 6-1:

世界儿童问题首脑会议简介

1990 年 9 月 30 日,159 个国家的代表,其中有 71 位国家元首或政府首脑,聚集纽约联合国总部,举行首次世界儿童问题首脑会议(The World Summit for Children)。中国外交部部长钱其琛作为李鹏总理的代表出席了会议,并代表李鹏总理草签了会议通过的宣言和行动计划。李鹏总理代表中国政府在 1991 年 3 月 18 日正式签署了宣言和行动纲领。这是有史以来规模最大的一次国家和政府首脑会议。国际社会在这一天对 90 年代的儿童作出了一项非同寻常的承诺,即决定在 2000 年前努力结束当前大量存在的儿童死亡及营养不良的状况,并为全世界儿童的生存和正常发展提供必要的保护。与这一承诺(即 2000 年总目标)相联系而成为首脑会议主题的有如下两件事:

一是"无声的灾难",即全世界每天有 4 万名儿童死于常见的营养不良及疾病,全世界仍有 1.5 亿儿童生长发育不良或患病,1 亿 6—11 岁的儿童失学;

二是当前有了结束这种无声灾难的办法,而且这些办法都是经济上承担得起的。

首脑会议通过了到 2000 年要实现的 22 项具体目标,其中 2 项重申了全民教育的目标,即:普遍有机会获得基础教育,使至少 80% 的小学学龄儿童完成小学教育;使成人文盲率降低到 1990 年水平的一半,重点放在妇女识字。首脑会议还重申了"儿童至上"的原则,即在资源分配时,儿童的基本需求应该得到高度优先重视的原则,并认为只有在"一切为了儿童"的新道德观(即儿童应该是人类一切成就的第一个受益者,也应该是人类失败的最末一个蒙难者)被普遍接受时,首脑会议提出的总目标(承诺)——结束大量存在的儿童死亡及营养不良的状况,并为所有儿童的生存和正常发展提供必要的保护——才能实现。

首脑会议还积极推动世界各国遵守联合国大会1989年11月20日通过的《儿童权利公约》。《公约》论述了儿童的如下三项基本权利:生存的权利,是针对目前每年有1 400万儿童死亡的状况而提出的;发展的权利,是针对目前那些儿童营养不良、经常生病、没有受教育机会、没有信息交流和表达思想的自由的状况而提出的;保护的权利,是针对目前千百万处于战争中的儿童、受剥削的童工、在家庭中受体罚和性虐待的儿童、流落街头以及受精神折磨或暴力和毒品损害的儿童状况而提出的。世界儿童问题首脑会议于1990年9月30日通过了《儿童生存、保护和发展世界宣言》和《执行1990年代儿童生存、保护和发展世界宣言行动计划》两个纲领性文件。

资料来源:世界儿童问题首脑会议,http://www. cnzcs. com/lianmeng/ShowArticle. asp? ArticleID=22088&Page=1。

第三节　教育中儿童权利保障

教育通过指导儿童的生活实践,引导和帮助儿童实现自己的权利。在教育中保障儿童权利是实现儿童自身发展的重要途径。

一、教育中儿童权利概述

受教育是人不可或缺的权利,受教育权是其他许多权利的基础,儿童的受教育权是儿童成长和发展的重要环节,是推动儿童自身发展的动力。

(一) 受教育权的概念

联合国教科文组织在最广泛意义上对受教育权加以说明,认为它是"作为个人和公民全面发展所必需的获得知识和培训的权利"[1]。欧洲人权法院对受教育权所作的解释为:进入"给定时间内现有"教育机构的权利,同时也是从受教育中获益的权利,也就是学习者能够使自身完成的学业获得正式认可的权利。[2]

国内学者对"受教育权"的界定有:"公民作为权利主体依照法律、法规的规定,具有的接受教育的能力和资格",[2]"从本质上讲,现代社会的所谓受教育权,是指公民作为权利主体,依照法律规定,为接受教育而要求国家依法做出一定行为或履行一定义务的权利",等等。[3] 我们认为,儿童的受教育权作为一项基本人权,是儿童所享有的并由国家保障实现的接受教育的权利,是宪法赋予的一项基本权利,也是儿童享受其他文化教育的前提和基础。简言之,受教育

① Coomans, F. The right to education as a human right: an analysis of key aspects. Committee on Economic, Social and Cultural Rights, 19th session, General Discussion, 29/09/98. E/C. 12/1998/16, para. 3.
② 劳凯声著《变革社会中的教育权和受教育权:教育法学基本问题研究》,教育科学出版社,2003年,第181页。
③ 秦惠民著:《走入教育法制的深处——论教育权的演变》,中国人民公安大学出版社,1999年,第191页。

权是儿童享有从国家接受文化教育机会和获得受教育的物质帮助的权利。

现代教育发展的一个重大课题是最大限度地保障儿童的受教育权利，"如果任何教育体系只为持消极态度的人们服务，如果任何改革不能引起学习者积极地亲自参加活动，那么，这种教育充其量只能取得微小成功"[①]。所以我们要保护受教育者教育权利的平等、教育机会的均等，建构完善的教育体制，禁止侵害儿童受教育权行为的出现，促进儿童最大程度的发展。

（二）受教育权的基本内容

受教育权是儿童作为权利主体所享有的一项基本权利，儿童的受教育权主要表现在以下几个方面。

1. 根据身心发展的特点或其他情况有选择学校、专业和教育形式的权利

受教育选择权是指公民对接受教育的种类、学校以及教师等方面享有自由选择权，是受教育权的一项重要内容。在传统意义上，人们不认为孩子有充分的能力来行使他们的受教育选择权，虽然孩子是教育的受益者，但他们被认为是"宝贵但沉默的知识容器"[②]。

受教育权是行使其他许多权利的条件，但由于受教育权的结果具有延时性，等到儿童的心智成熟到足以认识到受教育对于个人的生存和发展有着重要意义时，往往受教育的最佳时机和机会已经消逝，所以，要求所有适龄儿童接受最低程度的教育就是保护儿童自身的权利。[③] 如果允许儿童选择在不施加任何压力的情况下，大多数儿童不会选择接受教育，英国著名的自由学校"白狮街自由学校"（White Lion Street Free School）就提供了有力证据。这所学校的目的就是给孩子们提供实现民主和自由的空间，但出乎意料的是，这种受教育的自由导致孩子们不愿意接受教育。[④] 很显然这是由于孩子的心智还不成熟所造成的，为了对儿童负责也对社会负责，父母代儿童行使受教育选择权，应在充分尊重儿童参与权的基础上实施，所以义务教育是儿童自由选择教育的一种最高意义的解释。

资源链接 6－2：

白狮街自由学校

白狮街自由学校，创办于 1972 年，是英国著名的自由学校之一，学校的目的是为孩子们实现自由和民主的空间，民主主要体现在平等分享权利上。教师和其他工作人员不作区分，比如维修人员和厨师，学校所有工作人员都被称为"工人"，他们和学生一起做出有关学校的规定，家长也可以平等地参与分享权利，决策是通过民主统一得出的，但大多数人并不进行统治，因为所有的决策都要经过所有参与者的同意。这是一个高度组织化的伦敦社会中的一片民主和自由的绿洲，这样的社会对民主自由之类思想是很反感的，加之

① 联合国教科文组织国际教育发展委员会著，上海师大外国教育研究室译：《学会生存》，上海译文出版社，1979 年，第290 页。

② Van bueren, G. the International Law on the Rights of the Child. Martinus Nijhoff Publishers, 1995, p. 233.

③ 管华著：《儿童权利研究——义务教育阶段的儿童权利与保障》，法律出版社，2011 年，第96 页。

④ ［美］乔尔·斯普林格著，贾晨阳译：《脑中之轮——教育哲学导论》，北京大学出版社，2005 年，第71－72 页。

周围世界的压力，就使学校无法避免短期学生和问题学生的存在，一些孩子是总想控制别的孩子的恶霸，另一些孩子则把自由当成任意破坏的机会。学习自由的结果就是一些孩子会选择什么都不学。学校每天通常的情况是，9点钟"工人们"开始在餐厅一层集合，在那里讨论喝茶。孩子们也在9点钟开始到来，而大多数10点钟才能到。孩子们到来后，"工人们"便开始恳求他们参加一些学习活动。有一少部分孩子愿意学些东西并最终随"工人"进入学习室，大部分孩子则是把时间花在闲逛上，闲逛时多半又是在听音乐或是在学校里进进出出。

资料来源：[美]乔尔·斯普林格著，贾晨阳译：《脑中之轮——教育哲学导论》，北京大学出版社，2005年，第71-72页。

2. 所有儿童都拥有平等的受教育的机会

托尔斯顿·胡森(Torsten Husen)把教育平等分为教育起点的平等、教育过程的平等和教育结果的平等。他认为平等就是使每个人都可以享受入学接受政府提供的教育机会，可以对每个人进行教育从而使得学业成功的机会更加平等。同时他也指出，真正的平等是每个人都有相同的机会受到特别对待的教育。[①] 机会平等是儿童受教育权的基本依据，每一个儿童均享受此种权利，不因儿童或其父母或其他法定监护人的种族、肤色、性别、语言、宗教、政治或其他见解、民族、族裔或社会出身、财产、出生、伤残或其他因素而有任何差别。但还有一些特殊群体可能会成为教育歧视的受害者，这些特殊群体包括女童、农村儿童、残疾儿童和其他特殊群体。

女童：由于一些地区重男轻女现象的存在，女童的受教育权得不到落实，"通过拨出适当的预算经费，并通过宣传和灵活的学校时间表、奖励、奖学金、为失学女童设计的入学课程表以及其他措施等来争取社会和父母的支持，努力提高女童入学率和改善女童的在校率"[②]。从1989年开始，我国实行"春蕾计划"，由全国妇联和中国儿童基金会设立专项资金，帮助女童入学，使来自贫困地区女童参加有效的免费初等义务教育，已经建立了超过800个女童班并帮助了40万女童重返校园。[③]

农村儿童：在我国，城市地区和农村地区小学适龄儿童在入学方面存在巨大差距，尤其是教育资源分配不均衡，农村儿童很少或者根本享受不到充足的教育资源，所以在普及义务教育的过程中，应该使农村地区的儿童尽快得到与城市儿童同等的受教育机会。

残疾儿童：国家要承认残疾儿童有特殊的需要，不论儿童残疾的程度如何，教育都应该适应每个儿童的个性化需求。要采取一种"有利于孩子尽可能充分地融入社会的教育方式"，不仅开设特殊学校，也要使残疾儿童和非残疾儿童一起在主流学校接受教育，以实现每个孩子的发展要求。

---

① 张人杰：《胡森论均等不相容性》，《外国教育资料》1989年第3期。

② Hodgkin, R. & Newell, P. The Implementation Handbook for the Convention on the Rights of the Child. UNICEF, 1998, p. 375.

③ Committee on the Rights of the Child, Initial report: China. Pares: 187-188.

其他特殊群体:国际上主要包括少数民族儿童、土著儿童、吉卜赛儿童、移民儿童、难民儿童和武装冲突中的儿童。在我国少数民族地区,学校的入学率相对较低,教学质量也较差,国家要承认少数群体成员有权进行他们自己的教育活动,积极鼓励发展双语教学,使这些地区的儿童有充足的机会来发展他们自己的语言,学习自己民族的文化知识,同时也促进汉语文化的学习。

3. 在就学和完成规定学业有困难时,有获取国家、社会、学校等方面援助的权利

虽然公民受教育权在法律层面上得到了保障,但是基于政治、经济、文化等诸多因素的影响,不同地区、不同性别、不同阶层的学生的受教育权利存在差异,特别是一些贫困地区和少数民族地区的孩子,在由于家庭原因不能继续完成学业的时候,国家、学校和社会要尽可能地提供机会帮助孩子,使得那些需要接受教育但无力负担教育费用的学生,可以享有从国家获得教育资助的权利,解决受教育方面的困扰,促进成长。

(三) 我国儿童受教育权的现状

虽然国家保障公民的受教育权,但还存在很多问题。首先,我国虽然已经初步形成了教育法律体系的基本框架,但仍存在着一些不足,如:立法领域尚不完备、可操作性差、立法滞后、灵活性不够等,故教育法律体系仍需完善;受教育权利的保障机制不够完善,有关受教育权法律救济的程序性规定也较少,尽管出台了很多教育法律法规,但多为原则性的规范,缺少程序性的规范,致使这些法律条款难以实现。其次,现行的教育法律法规对侵害受教育者权益的法律责任规定主要停留在原则层面,可操作性不强,当出现侵害儿童受教育权益的时候,行政机关对这种违法行为作出行政决定时难以形成具体的内容,也很难对违法人产生约束力。第三,公民在受教育权的实现上存在极大的不平等,主要表现为受教育权的权利主体和权利内容的不平等。

二、儿童受教育权的保障

儿童受教育权是实现独立人格和自主地位、促进儿童全面发展的基础,要建立以政府为主导,家庭、学校和社会三位一体的保障机制,强化政府的主导地位,家庭、学校和社会各司其职,再加以司法保障,来促进儿童受教育权的真正实现。

(一) 国家、社会与儿童受教育权的保障

社会是儿童生活的一个大环境,社会生活的各个方面都影响着儿童的发展。儿童是社会中的一员,儿童受教育权的实现离不开社会这个大环境,要将保障儿童权利的工作在全社会范围内持之以恒地推进和发展下去,尤其需要国家、政府以及相关部门在其中发挥强有力的主导和推动作用,采取各种有效措施,为真正实现儿童权利提供更加有力的保障。社会在指导青少年活动的过程中决定青少年的未来,也决定社会本身的未来。由于特定时代的青少年在今后某一时间将组成那个时代的社会,所以那个时代社会的性质,基本上将取决于前一时代给予儿童活动的指导。[①]

---

① [美] 杜威著,王承绪译:《民主主义与教育》,人民教育出版社,1990 年,第 43 页。

(二) 学校与儿童受教育权的保障

学校教育是与社会教育相对的概念,专指受教育者在各级各类学校内所接受的各种教育活动,是教育制度的重要组成部分。学校教育的目的在于通过组织确保生长的各种力量,以保证教育顺利进行,使人们乐于从生活本身学习,并乐于把生活本身当作一种境界,使人人在生活过程中学习。这就是学校教育的最好的产物。[①]

学校要积极采取措施保障儿童受教育权的实现。《学会生存》认为:"给每个人平等的机会,并不是指名义上的平等,即对每一个人都一视同仁,如目前许多人所认为的那样,机会平等是要肯定每一个人都能接受适当的教育,而且这种教育的进度和方法是适合个人特点的。"儿童受教育权利的实现是学校教育的最终目的。学校不是一个封闭的容器,教育也不是一种阶段性的活动,保障儿童受教育权的实现不仅需要宏观上教育政策、国家政策和国家制度的保障,更需要学校系统内部的改革。

(三) 家庭与儿童受教育权的保障

家庭作为儿童生存和发展的第一场所,在保障儿童权利的系统中具有核心地位与重要作用。法国思想家爱尔维修说过:"儿童获得生命和运动,就是获得最好的教育时刻。"[②]在学校教育出现之前,儿童教育主要是家长的责任,随着学校的出现,保障儿童受教育权的重心由家庭转移到学校,但这并不意味着家庭教育的消失,家庭教育是学校教育、社会教育产生和存在的基础。在现代社会中,单靠父母的力量已不能完全保障儿童受教育权的实现,为了儿童的福利,父母把一部分教育权委托给学校进行。[③] 家长在未成年子女的教育中负有主要责任,儿童教育的最大利益是每个家庭最关心的事情。

对家长来说,重要的是如何根据孩子身心发展的需要为他提供有益的信息。生活在不同环境中的每个孩子都有自己的特殊需要,家长的任务就是了解这些需要,为孩子提供有益身心发展的信息,而不应该对孩子封锁信息,或者只要求孩子接触家长自己喜欢的信息,而忽略孩子的自身需要和选择。

思 考 题

1. 儿童权利与儿童受教育权的内涵及关系。

2. 在我们的日常生活中,如何更好地保障和维护儿童的基本权利?

3. 搜集资料,了解各个国家儿童权利的发展现状,及其对我国保障和维护儿童权利带来哪些启示。

4. 如何在教育中保障儿童的基本权利?为什么说我国保障和维护儿童受教育权任重而道远?

---

① [美] 杜威著,王承绪译:《民主主义与教育》,人民教育出版社,1990 年,第 55 页。
② 张焕庭主编:《西方资产阶级教育论著选》,人民教育出版社,1987 年,第 194 页。
③ 范履冰著:《受教育权法律救济制度研究》,法律出版社,2008 年,第 81 页。

第七章 儿童德性与教育

德性教育是人生教育的重要课题,也是古今中外学校教育的重要内容之一。儿童德性与教育密切相关,儿童德性的形成和发展在教育生活中进行,受教育生活的影响,反过来又影响教育生活。儿童德性是一种抽象的、内在的、优秀的品质,与儿童的现实生活世界密不可分,并指导儿童人生价值和自我理想的实现。行为规范与良好习惯,有道德知识和自主判断力,诚实守信,友爱、团结和创造等,都是儿童的基本德性。儿童德性教育的条件主要从儿童自身的条件和家庭、学校、社会等外部条件两大方面入手。从儿童德性教育的主要任务(加强儿童的德性认知、德性情感、德性意志和德性实践)出发,儿童德性教育的方式有:进行德性认知教育;在育人环境中培养德性情感;加强德性意志;开展道德实践活动,寓教于乐。

第一节 儿童德性与教育生活

儿童德性与教育生活密不可分,儿童德性只有在生活中才能形成,在冲突中才能发展,生活的过程就是品德学习或德性形成的过程。脱离了儿童生活去培养儿童德性,必定会使这种培养局限于一种形式而达不到目的。儿童德性的形成和发展源于他们对现实生活的体验、认识和感悟,只有源于儿童实际生活的教育活动才能引发他们产生德性认知、德性情感、德性意志和德性实践。

一、儿童德性的内涵

关于儿童德性的论述虽不多见,但古今中外对德性的相关研究却不少。纵观人们对德性的种种理解和解释,虽然儿童德性不同于德性,但理解德性是理解儿童德性的前提。

(一) 德性

关于德性的界定,人们的观点并不统一。《现代汉语词典》认为:"德性"同"德行",也就是说这两个词为同义词,但首选为"德行"。子思言,"尊德性",而归于"道问学"。"德"字在商代卜辞中就已出现,作"值",与"直"相通,但一开始并不完全具有"外得于人,内得于己"的道德涵义。[1] 许慎在《说文解字》中对"德"字作了更为详细的解释:"德,内得于己也,外得于人。""德"就是一方面能够"以善念存诸心中,使身心互其益",即提高自己的内心修养,这就是"内得于己",另一方面又能够"以善德施之他人,使众人各得其益",即能够正确处理自己与他人的关

---

① 王国银著:《德性伦理研究》,吉林人民出版社,2006年,第2页。

系，这就是"外得于人"。这样，"德"事实上就被理解为一个人内心的品质和自觉性。德也可以理解为自我的教育或个体对内心的梳理，表现为外显的行为。

"性"字在汉语中出现得较早。"性"一开始用来统称万事万物的品质和特点。"由于古人逐渐把目光由天命转向人事，'性'与人心的关联变得密切起来，并且成了道德自觉的主题。"①在儒家文化中，人性问题一直是关注的焦点。孔子在《论语》中讲到，仁、义、礼、勇、恭、宽、信、刚、毅等均是人的德性。中国古代儒家提倡的德性是"修身齐家治国平天下"，如：仁是孔子德性思想的核心。孟子提出仁、义、礼、智四德。董仲舒提出仁、义、礼、智、信五德（也叫五常）。许慎《说文解字》对"性"的解释是："性，人之阳光，性善者也，从心、生声。"中国传统的伦理文化所指的伦理就是德性论。由此，德性可以理解为个体内在的道德情感倾向，是个体把外在的生活积累内化到自己的生活之中的过程。

在西方文化传统之中，德性也一直受到重视。苏格拉底提出"德性即知识"，认为德性不是来自贵族传统，不是神或英雄的专利，而是来自知识，是知识的专利，而且德性是人所固有的，德性作为知识是可教的。亚里士多德认为，人的德性是人的美德，是人的一种品性，这种品性就是一种使人善良并获得其优秀成果的品质。他把人的德性划分为智德与行德，智德主要指人的灵魂方面的优秀，而不是指肉体方面的优秀。他认为，人们的生活不是依靠任何其他东西，而是依靠灵魂，所以"德性就在灵魂中"，也就是理性灵魂与非理性灵魂的融合，而这需要经过长期的教化才能达到。他认为德性的形成需要三种力量发挥作用，即天赋、习惯和理性，其中最重要的是习惯的养成。因此，关于德性的形成，他特别重视实践活动的作用。美国著名哲学家阿拉斯代尔·麦金泰尔（Alasdair MacIntyre）对德性进行了初步界定："德性是一种获得性品质，这种德性的拥有和践行，使得我们能够获得对实践而言的内在利益，缺乏这种德性，就无从获得这些利益。"②美国当代著名伦理学家弗兰克纳（W. K. Frankena）认为，德性伦理不以义务判断或原则作为道德基础，而是以道德品质判断为基础。他在《善的求索》一书中写道："德性是一个人所具有的或力求具有的心灵的气质、习惯、品质或品性。"③

中世纪神学家和经院哲学家托马斯·阿奎那（Thomas Aquinas）认为，人的德性就是习性，"人类的德性是使一个人的善行达到完善的一种习性"。阿奎那认为，事物的完善要依目的而定，力量的完善则在于行动，而人的行动往往被人的习惯所决定。阿奎那称，一种习性之所以被称为德性，有两个方面的理由："一方面是因为它而有了善行的准备，另一方面是因为有此准备，它在实际的善行中，产生了效用。"

约翰·洛克在《教育漫话》中写道：一切德性和价值的伟大原则和基础便在于"一个人能够克制自己的欲望，能够不顾自己的爱好而纯粹遵从理性认为是最好的指导，虽然欲望倾向于另一个方向"。说明德性的形成离不开人的理性，即依靠人的合理判断和适当的实践④。当代著名的德性伦理学家赫斯特豪斯认为，"德性不仅是品质，而且是优秀品质"，"实践智慧所养成

① 王国银著：《德性伦理研究》，吉林人民出版社，2006年，第3页。
② ［美］A·麦金泰尔著，龚群、戴杨毅等译：《德性之后》，社会科学出版社，1995年，第19页。
③ ［美］弗兰克纳著，黄伟合等译：《善的求索——道德哲学导论》，辽宁人民出版社，1987年，第135页。
④ ［英］约翰·洛克著，徐大建译：《教育漫话》，上海人民出版社，2005年，第27页。

的习惯,即德性,也就是那些使人成为好人的优秀者的那些品质"。①

综上所述,我们认为:德性是以个人的内在品德的完善为基本评价标准的,是向善、卓越等优秀的品质,是人心灵中的理智、情感、意志等在现实活动中的相互渗透、转化的整体性反映。德性的形成不同于一般的知识学习,是依靠人的合理判断和实践不断发展的。德性具有广义和狭义之分。广义的德性泛指道德;狭义的德性简单地说就是个体在道德活动中表现出来的优秀特征和品质,具有稳定、一贯的特点。

(二) 德性与美德、道德

德性是以个人的内在品德的完善为基本评价标准的,是向善、卓越等优秀的品质,是个人所力求的一种至善至美的品性。德性既不等于美德也不等于道德。德性与美德、道德既有区别也有一定的联系。

1. 美德

《现代汉语词典》把"美德"解释为美好的品德。《伦理学词典》说:"美德是对良好的品行、德操的评价。反映了这些品行与德操对社会的价值、社会对它们的需要和人们对它们的追求。美德一般指个人具有的符合社会需要的道德品质,有时也指社会群体的上述品质。"

宋希仁等人主编的《伦理学大辞典》认为:"美德指高尚和优良的道德品质。美德与恶德是相互对立的。它是对个人(或集团)良好的、具有积极意义的道德品质的概括,也是对这些品德所具有的一般道德价值的肯定评价。人们品德的善恶不是先天的,而是在一定的社会环境和物质条件中,通过社会生活实践和教育生活的熏陶,并经过个人自觉锻炼而逐步形成的。不同时代、不同阶级对美德内容的理解和概括的不同,也体现着不同的道德要求。同时,历史上各个时代的美德又具有批判继承的关系。人类的美德是随着历史的发展而不断丰富和发展的。"②因此,在社会潜意识里,美德是一种大众所极力推崇的高尚道德行为和优良的道德品质,是每个人都应追求的,而且不同的社会具有不同的内容。

2. 道德

道德是人类所特有的社会现象,一般是指调整人与人之间,人与社会、集体之间的相互关系的各种行为规范或准则的总和,也指那些与之相对应的活动。具有认识、调节、教育、评价以及平衡五个功能。道德往往代表着社会的正面价值取向,起判断行为正当与否的作用,是一种辨别是非、善恶的尺度。但它不是固定不变的,会随着社会的发展和经济基础的改变而改变。它强调的是一种规范性和客观化的规则、道理和原则。

3. 德性与美德、道德的关系

美德的概念只是德性的一部分,拥有美德的人不一定拥有德性,但拥有德性的人一定拥有各种美德。例如,一个拥有诚信美德的人不一定拥有正义的美德,而如果一个人具有德性,就既会拥有诚信的美德也会拥有仁慈、勇敢等美德。但是德性并不是美德,德性体现的是个体的

---

① 杨豹:《当代西方德性伦理视野中的德性教化及其启示》,《伦理学研究》2010 年第 3 期。
② 宋希仁、陈劳志、赵仁光著:《伦理学大辞典》,吉林人民出版社,1989 年,第 789 页。

一种自愿性。美德代表的是个体的一种道德理想。德性强调的是一个人的内在品质,美德强调的是在长期地遵守道德规范的情况下形成的品德。

德性作为人的一种内在的品质,可以帮助个体自主地选择恰当的行为。而道德指导人向善、向美发展。也就是说,德性使人经常做出符合道德的行为,而道德只能指引人向这些好的行为发展。此外,有德性的人,他的行为不仅仅是由于习惯,更多的是自觉自愿。也就是说,他的行为不仅合乎道德,更高于道德,是一种崇高的人生境界。

(三) 儿童德性的涵义

儿童德性除具有德性的基本内涵外,还具有其自身的特点。儿童德性的涵义包括以下内容。

1. 儿童德性首先是一种抽象的、内在的、优秀的品质,与儿童的现实生活世界密不可分

儿童必须在生活中培养自己卓越的品质,同时通过拥有这些优秀的品质提高自己的生活质量。如儿童具有诚实守信、对人友善、有礼貌和团结协作等优秀品质,这些都是内在于个体的,从外表看不出,只有在生活中才能展现出来。

2. 儿童德性服务于儿童的理想和人生目标

正如亚里士多德所说,"德性确定正确的目标,明智则提出达到目标的手段"[①]。因为德性是人的一种内在的品质,这些内在品质会潜移默化地指导个体去逐渐实践自己内心的理想。同样,儿童德性也指导儿童不断追求内在优秀品质的提高,实现自己的价值。

3. 儿童德性是在不断的实践中形成的,并且具有一定的稳定性

实践是理论见诸行动、内在的东西转化为外显行为的唯一手段。同样,道德实践会使个体内在的优良道德品质转化为外在实际的道德行为并逐渐形成习惯。若没有实践,德性只能停留在某些品质的内隐阶段而无法转化为实际的行动,对个体或社会也无多大益处,德性也失去了它本身的真正价值。正如亚里士多德所说,"一个人若不喜欢公正地做事情就没有人称他是公正的人,一个人若不喜欢慷慨地做事情就没有人称他慷慨,其他德性亦可类推"[②],"我们通过做公正的事成为公正的人,通过节制成为节制的人,通过做事勇敢成为勇敢的人"[③]。此外,儿童德性还具有一定的稳定性,即儿童在某一种环境中表现出的良好德性,在另一种环境中也会表现出来。

(四) 儿童德性的意义

儿童德性具有重要意义,它是儿童全面发展的前提,也是儿童健康成长的保障。

1. 儿童德性是儿童健康成长的基本保证

儿童期是儿童德性形成和发展的关键期,儿童德性的形成和发展受多种因素的影响,教育是其主要影响因素。因此,教育者要采取正确的方法对其进行教育。

2. 儿童德性有利于儿童社会性的发展

儿童德性离不开社会生活,其德性的形成过程也是其社会化的过程。儿童德性有利于良

---

① [古希腊] 亚里士多德著:《亚里士多德全集》(第八卷),中国人民大学出版社,1994年,第134页。
② [古希腊] 亚里士多德著,廖申白译:《尼克马克伦理学》,商务印书馆,2003年,第23-24页。
③ 同上书,第306页。

好同伴关系的建立和发展,有利于和谐师生关系的形成,同时也有利于社会良好行为规范的建立。

3. 儿童德性有利于教育目的的实现

我国的教育目的是培养德、智、体、美等全面发展的社会主义建设者和接班人,而这几方面是相互影响、相互联系的,儿童德性的形成为其他方面的发展提供方向和指导。

儿童德性教育的具体任务同儿童道德教育的任务相似,就是加强儿童的德性认知、德性情感、德性意志和德性实践,以形成美好的德性。

二、儿童德性发展的理论

同语言发展和智力发展一样,儿童德性发展也有其阶段性。西方对儿童德性发展的阶段性研究较为系统,现主要介绍瑞士著名的心理学家皮亚杰、美国著名的心理学家科尔伯格和班杜拉(Albert Bandura)的儿童德性发展理论。

(一) 皮亚杰的儿童德性发展理论

皮亚杰用对偶故事法对儿童的德性认知进行研究,认为儿童德性发展从总的趋势看有三个阶段,即无律、他律和自律。

1. 儿童从出生到 5 岁左右,是一个不知德性为何物的自我中心主义者,儿童只能按照自己的想象去执行规则,与成人或同伴还没有形成合作关系,即处于无律道德阶段或自我中心阶段。

2. 儿童 5 到 8 岁左右,他的道德判断和德性规则来源于成人的权威教育,他们绝对地遵循教育者的教导,认为服从教育者就是对的,并愿意按照教育者的期望争做好孩子,即处于他律道德阶段或服从权威阶段。

3. 儿童 8 岁或 10 岁以后,思维发展进入具体运算阶段,突出的特点是思维具有可逆性,儿童开始根据自己内在的价值标准进行德性判断,即德性自律阶段,此时儿童的发展来源于儿童主体与外界环境的积极作用。这一阶段的儿童认为规则是可变的,儿童德性在与同伴或他人的交往中产生,而且只有在两人以上的关系中才涉及遵守德性规则。

皮亚杰认为,儿童只有达到了自律水平,才算有了真正的道德问题,而他律与自律的分水岭是 8 岁左右,所以一般认为儿童在 7 岁以前是不具有道德问题的。

资源链接 7 - 1:

皮亚杰对偶故事案例:对说谎行为的道德判断

A. 甲儿童在回家的路上碰到了一条狗,非常害怕。他跑回家里告诉妈妈,他碰到了一只像牛一样的狗。

B. 乙儿童放学回家,告诉妈妈说老师给了他一个好分数。事实上老师既没给他好分数,也没有给他低分数。可是他这么一说,妈妈很高兴,表扬了他。

对于这个问题的回答与过失问题一样,年龄小的儿童认为甲更坏些。因为那么大的皮亚杰的儿童德性发展理论对当今教育有很大的启示作用。

第一,对儿童进行德性教育时不应只停留在对现有社会道德规范的同步传授上,还必须重视儿童道德的自律性和实践性。道德的自律性建立在他律和习惯性的基础上,所以既不能全盘否定现存社会规范与规则对儿童德性形成与发展的重要性,也应注意儿童道德的自律性和实践性的意义。

第二,对处于他律道德阶段的儿童,并非一定要采用权威或强制性的教育方式。特别要重视儿童在现实生活中获得经验和认识的可能性,只有这样,才能保证道德教育的成功。如同对儿童进行科学教育一样,不应向儿童灌输现成的知识和答案,而是教育儿童再发现和再创造。所以,道德教育必须考虑儿童的体验和经验,引导儿童在学习规范与规则的同时,也能够灵活地运用到现实生活中。

第三,要使儿童形成道德的自律性,教育者要有行之有效的教育方法。在集体活动中要加强儿童的自我管理,充分发挥儿童的主动性和能动性,积极开展协作活动,促进儿童通过友好合作、讨论和交流,积极探索和追求自己的生活方式,积累经验,促进道德自律性的发展。

(二)科尔伯格的德性发展理论

科尔伯格在皮亚杰的基础上发展了其理论,认为儿童德性发展与儿童思维发展水平有关,并根据道德两难故事法(最有名的是"海因兹偷药")提出了著名的儿童道德发展"三种水平"、"六个阶段"的道德发展阶段理论,其中每种水平均包括两个阶段。

1. 前习俗水平(大约从学前至小学中年级)

惩罚服从取向阶段:害怕因破坏规则受到惩罚而完全服从教育者的教育。相对功利主义阶段:对道德规则缺乏是非判断,具有一定的自我中心性,只是以个人的最大利益为出发点来决定是否要遵守道德规则。

2. 习俗水平(大约从小学高年级开始)

寻求认可阶段:以人际关系的和谐为目标,即儿童的行为受大多数人的愿望影响,儿童愿意按照大家对自己的期望去做,即愿意并努力争取做好孩子。遵守法规阶段:儿童会遵守道德规则,履行个人的职责,遵守并维护道德规则,以法律为依据来进行道德判断。

3. 后习俗水平(大约从青少年末期接近人格成熟时开始)

社会契约取向阶段:儿童意识到社会契约与个人权益的重要性,认为道德规则不是一成不变的,是人为的、民主的,是由大家共同商量决定的,当道德规则不符合公众利益时就应该修改。普遍伦理取向阶段:儿童已经意识到规则的局限性,并开始基于自己的良心和人类的普遍价值标准来判断道德行为,即对道德进行判断时有了自己的标准。

道德两难故事法案例:海因兹偷药

欧洲有个妇人患了癌症,生命垂危。医生认为只有一种药材才能救她,就是本城一个药剂师最近发明的新药。制造这种药要花很多钱,药剂师索价还要高过成本十倍。他花了 200 元制造新药,而这点药他竟索价 2 000 元。病妇的丈夫海因兹到处向熟人借钱,一共才借得 1 000 元,只够药费的一半。海因兹不得已,只好告诉药剂师,他的妻子快要死了,请求药剂师便宜一点卖给他,或者允许他赊欠。但药剂师说:"不成!我发明此药就是为了赚钱。"海因兹走投无路竟撬开商店的门,为妻子偷来了药,及时挽救了妻子的生命。

讲完这个故事,主试就向被试提出一系列问题:海因兹应该这样做吗? 为什么应该? 为什么不应该? 法官该不该判他的刑? 为什么? 等等。

儿童对科尔伯格所编制的两难故事中的问题既可作肯定回答,也可作否定回答。科尔伯格真正关心的不是儿童给出哪一种回答,而是儿童证明其回答时提出的理由(即儿童的推理思维),根据儿童提出的理由确定儿童的道德判断水平。

资料来源:张文新著:《儿童社会性发展》,北京师范大学出版社,2000 年,第 287 页。

研究科尔伯格德性发展理论对学校德育有很大的启示作用。

第一,鼓励学生多角度思考问题,考虑他人观点,调和人与人之间的分歧,积极向高一级道德思维水平发展,创造条件鼓励学生进行有条理的辩论和考虑多种选择的道德活动。

第二,鼓励学生勇于作出道德决定并影响学生内心世界,促进学生的道德思维冲突。提供一种道德思维冲突的新的道德结构,促进学生向高一级水平前进。

第三,提供一个公正的社会环境,让学生在其活动和日常生活中,以相互尊敬和公平为基础,积极发展人与人之间的关系。

第四,对儿童进行道德教育时,注意在活动中提高儿童的道德判断力的同时,还要加强儿童对德性知识的掌握,让儿童在主动思考和主动探究中提高道德水平,形成美好德性。

(三) 班杜拉的儿童德性发展理论

20 世纪 60 年代初,美国著名心理学家班杜拉提出了社会学习理论,其著名的观点有:儿童需要通过观察学习才能获得大部分的新行为,这种认知过程的实质可以被称为替代强化,它能迅速地影响其他的领域。儿童的道德行为也是这样,它可以通过学习而获得或改变。教育者如果充分利用一些条件和方法,鼓励儿童的正确行为,将有利于儿童良好道德行为的形成和发展。

班杜拉设计的著名实验有"模仿学习"实验(实验结果表明:儿童的道德判断主要是由社会学习和榜样的影响造成的)和"抗拒诱惑"实验(实验结果表明:电影中的奖励或惩罚的榜样对儿童有一种潜移默化的影响,它直接影响儿童抗拒诱惑的能力)。班杜拉由此认为,儿童德性通过学习、模仿和认同榜样的行为,内化道德规则,从而获得和改变;环境、社会文化关系、客观条件和榜样强化等是影响儿童道德行为形成和发展的重要因素,充分利用这些条件和方法,有利于儿童道德行为的形成和发展。

资源链接 7－3：

班杜拉的观察实验

在实验中，把 4 至 6 岁的儿童分成三组，儿童在电影中看到一个成年男子演示四种不同的攻击性行为，但在影片快结束时，一组儿童看到的是这个成人榜样受到另一个成人的奖励（那个人说："你是一个强壮的冠军。"）；而另一组儿童看到的是这个成人榜样受到惩罚（另一个成人说："喂，住手！我以后再看到你这样欺负弱者就给你一巴掌！"）；最后一组儿童看到这个成人榜样没有受到任何奖惩。接下来，就让儿童进入一间游戏室，里面放有一个同样的充气人以及这个成人榜样使用过的其他物体。结果发现，电影里成人榜样的攻击性行为所导致的结果（奖励或惩罚），是儿童是否自发地模仿这种行为的决定因素。也就是说，看到成人榜样受奖励的那一组儿童，比看到成人榜样受惩罚的另一组儿童，表现出更多的攻击性行为。

但这是否意味着，看到榜样受奖励的儿童比看到榜样受惩罚的儿童习得更多攻击性行为呢？为了回答这个问题，班杜拉在这两组儿童看完电影回到游戏室时，以提供糖果作为奖励，要求儿童尽可能地回想起榜样的行为并付诸行动。结果表明，这两组儿童在模仿攻击性行为方面没有任何差异，即都能同样精确地回忆出榜样的四种攻击性行为的顺序。这说明，榜样行为所得到的不同结果，只是影响儿童模仿的表现，而对学习几乎没有什么影响，因为在榜样受到惩罚的条件下，儿童同样也习得了这种行为反应，只不过没有表现出来罢了。

资料来源：http://www.hudong.com/wiki/%E7%8F%AD%E6%9D%9C%E6%8B%89。

由此，无论家庭、学校还是社会中的德性教育，一定要注意榜样对儿童的影响。也就是说，要利用榜样的示范作用引起儿童的共鸣，并及时对正确的行为给予表扬，对错误的行为给予批评和改正建议，同时要为儿童的德性教育创造一个良好的社会道德环境。

三、儿童德性与教育生活的关系

儿童德性离不开教育生活，教育生活对儿童德性形成具有重要意义，两者相互影响，相互促进。人的许多具体的德性是在教育生活中形成的。例如，尊重长辈、对人友好、诚实和团结互助等德性。德性的形成主要受个体教育环境的影响，没有必要的德性教育环境，人们很难形成德性。但环境是被动的，只有良好的教育生活才能主动地告诉人们怎样做才能成为一个具有德性的人。

（一）儿童德性对教育生活的影响

德性作为人的一种品质，与人的现实生活密切相关。儿童的德性源于他们对生活的认识、体验和感悟，儿童德性对儿童的现实生活和社会性发展具有特殊的价值。"儿童德性的形成和发展，既不是个体被动地、单向地接受德性教育的灌输和外界环境影响的结果，也不是个体脱离外部环境的自我形成,而是个体与外界环境在积极相互作用的过程中实现的。"[①]儿童德性对教育生活起导向作用,为儿童身心和谐发展做铺垫。

(二) 教育生活对儿童德性的影响

儿童德性的形成和发展受他所在的教育生活的影响。我国著名教育家陶行知曾说:"过什么生活便受什么教育,过高尚的生活受高尚的教育,过卑鄙的生活受卑鄙的教育。"孟母择邻,三次搬家,也体现了教育环境的重要性。现主要从儿童的家庭环境、学校环境以及整个社会环境入手,分析教育生活对儿童德性的影响。

1. 家庭教育环境

家庭是儿童最初受教育和生活的场所,父母是儿童的第一任教师,儿童从出生开始就潜移默化地受到父辈和祖辈的影响。如果父辈和祖辈对儿童的教育目标协调一致,都以培养儿童良好的品德和行为习惯为出发点,并且家庭环境温馨舒适、和睦,父辈和祖辈之间和睦相处、尊敬友爱,就会使儿童逐渐具有礼貌、谦和、友爱等行为方式和礼仪等方面的知识;反之,会导致儿童产生怨恨、孤独、不团结甚至违纪等行为。这就要求父辈和祖辈的教育观念和教育方式等协调一致,以免给儿童带来困惑,而且还要积极营造愉悦宽松的家庭氛围。此外,家庭中成人的行为方式对儿童基本的道德判断力和态度也有影响,这就需要家长时刻注意自己的言行,努力做到身体力行。这种日常的德性教育通常是一种非正规的德性教育形式,因而要使这种形式在德性形成过程中发挥好的作用,还需要家长的细心和努力。

2. 学校教育环境

儿童从家庭来到学校,带着一种既有的道德观念,这其中有家庭教育环境的烙印。虽然儿童在家庭中会掌握基本的行为方式、早期阶段基本的道德判断力与态度,但这些都是零碎的、不成系统的。学校的作用是在家庭教育的基础上帮助学生建立一个完整的道德体系,最终目的是完善其德性。学校环境主要包括教师、学生、学校团体,其中教师是学校环境的核心。儿童会接受教师传授的更深层次的德性知识,而且学校中教师和同学的行为也会影响儿童的德性形成和发展。此外,学校为儿童创造良好的环境,儿童会把学到的德性知识运用于与教师和同学的交往活动中,并受到教师和同学榜样的影响。这就要求教师时刻注意自己的言行举止,因为儿童具有一定的向师性,会以教师为榜样进行模仿和学习。

3. 社会教育环境

教育与环境相互作用,一般来说,良好环境再加上适当的德性教育,人们就容易形成德性。如果一个人所在的教育环境良好,那么他从小到大都会受到良好的德性教育,许多德性就可以逐渐形成。如果环境不是德性化的,甚至是恶劣的,那么教育的内容再正确,再有针对性,教育的方式再得当,可能作用也不大,甚至会引起逆反心理。因此,社会上的种种因素对儿童德性的影响不容忽视,尤其是随着大众传媒的飞速发展,电视、网络、报纸杂志等传播的文化和道德观念对儿童德性认知和道德判断具有潜移默化的影响。如果传媒内容健康,会对儿童德性情感的形成产生积极的作用。儿童喜爱观察和模仿的心理特点,决定了他们会去模仿大众传媒

---

① 王国银著:《德性伦理研究》,吉林人民出版社,2006 年,第 20 页。

中人物的言谈和行为举止。而不健康的传媒内容会阻碍儿童德性知识的获得和德性情感的形成。此外,社区或街道上的标语、宣传栏也在儿童的生活中慢慢渗透有关德性的知识和行为。因此,家长、教师要指引儿童获取健康的传媒内容,并要以身作则。

综上所述,儿童德性发展受他所在的生活环境的影响。儿童在家庭环境中掌握基本的行为方式、早期阶段的基本道德判断力与态度等,在学校环境中学习系统的德性知识,并在活动和交往中加以运用。此外,通过种种方式向儿童传递信息文化的大众媒体等社会环境对儿童德性的形成也起着重要的作用。

第二节 儿童基本德性

了解儿童基本德性是对其进行德性教育的前提。站在不同的角度上,选择不同的参照标准,关于基本德性的分类也就有不同的观点。儿童的基本德性主要有:行为规范与良好习惯,有道德知识和自主判断力,诚实守信,友爱、团结和创造等。

一、基本德性分类

关于德性的分类多种多样。有些哲学家认为德性共有七种——信仰、仁爱、希望、节制、审慎、公正和坚韧,其中四种被称为"基本德性",它们分别是节制、审慎、公正和坚韧。亚里士多德把德性分为四种:智慧、勇敢、节制、正义。

阿奎那把德性分为两类,即尘世德性和神学德性。阿奎那基本继承了亚里士多德的德性思想,提出神学三德,即信仰、希望、仁慈,并认为"信仰、希望和仁慈在人类的德性之上"。

英国学者莱基曾将德性分为四类:"第一是严肃的德性,如庄敬、虔诚、贞操、刚正等,它们往往带有宗教意味,显示了人性中具有庄严肃穆的一面;第二是壮烈的德性,如勇敢、牺牲、忠烈、义侠、坚毅等等,它们大都属于武德,是战时所必需的,这类德性是对一个人面对艰难困苦和生存死亡时的意志力的检验,所以它们往往有撼人心魄的感染力并被视为可歌可泣的英雄壮举;第三是温和的道德,如仁慈、谦虚、礼貌、宽和等等,它们是使人和睦相处的德性;第四是实用的德性,如勤劳、节俭、信用、坚韧、谦和等等,它们是促使人们的事业获得成功的德性。"[①]

二、儿童的基本德性

儿童在不同的年龄阶段、不同的教育环境中,具有不同的经历和德性经验,从而会形成和发展程度不同的儿童德性。儿童的基本德性主要包括以下几个方面。

(一) 行为规范与良好习惯

这是最低层次的德性,也是儿童应具有的最基本的德性。这一层次的德性主要是,儿童在家庭中受家人交往影响,或在学校中受教师教育影响,而逐渐形成。例如,"孝"反映的是家庭生活的一种德性观念,是儿童在家庭生活中通过父母对祖父母孝的表现中习得的。此外,在此

① 王国银著:《德性伦理研究》,吉林人民出版社,2006 年,第 4 页。

儿童教育哲学

阶段，儿童在周围人的教育和影响下会逐渐学会见长辈主动问好，热情有礼貌，回家或外出告诉父母，尊老爱幼、分享、谦让等行为礼仪，并且养成讲究卫生、热爱劳动、热情好客等良好行为习惯。在学校中积极遵守校规校纪、班规班纪，尊敬教师，团结同学，热爱学校和班级，按时上课，不迟到、不早退，等等。学校会让儿童逐渐养成遵守规则的习惯。当然这一层次的德性并非父母或教师一味地灌输德性知识，而是父母或教师等在实际生活中抓住机会逐渐教育、感化和练习的结果。

正如亚里士多德说，"道德成自于习惯"，"人之成德乃在于力行"，这一层次的德性需要经过很长时间的训练才可以慢慢转化成个体主动自愿的活动。一般来说，形成行为规范和良好习惯的方式主要有简单重复、不断模仿、有意训练和不断与坏习惯作斗争等。因此，教育者要创造环境让儿童将习得的德性付诸现实生活；要树立榜样让儿童模仿学习；创造条件让儿童在现实生活中不断锻炼并不断改正自己的错误行为，逐渐形成良好的生活和学习习惯。

（二）有道德知识和自主判断力

德性是人的一种内在的品质，德性的形成离不开道德知识和自主判断力，所以对道德的认知和判断力也是儿童的基本德性之一。行为规范与良好习惯的形成为道德认知和自主判断的发展奠定了基础。这一层次的德性要求儿童能够具有德性的判断力和自主选择的能力。能够对社会上的道德事件作出自己的判断，能辨别善恶，并能通过自身的经验，在不受他人影响的情况下自主选择具有德性的行为。

在现实生活中，儿童常常面临不同规则之间的冲突。儿童在小的时候认知和自主判断水平都比较低，随着周围环境的影响和自己德性经验的增加，儿童会逐渐形成自己的道德认知和自主判断力。因为只有具备了这种能力，儿童才能够在面对生活中的实际道德问题时做出符合道德标准的行为。例如，看到自己的同学在考试中作弊，该不该揭发他？这要求儿童要知道应该怎么做，并明白为什么这样做。儿童只有在拥有了道德知识和自主判断力之后，才有可能做出符合道德的行为。

因此，教育者要引导儿童对自己周围的人和事作出分析判断，自主地构建起内在的道德标准，同时使儿童的道德评价和判断能力得到训练。此外，还要充分调动儿童的积极性、主动性和创造性，运用儿童喜爱的教育形式，使儿童在游戏中逐渐形成正确的道德认识，并在活动中得到体验，进而内化为儿童的道德能力。

（三）诚实守信

诚实守信是人与人交往时应具备的基本德性。在中国古代仁、义、礼、智、信的道德建构中，信是最基本的，是产生其他德性的基础。司马光在《资治通鉴》里分析智伯无德而亡时写道："才德全尽谓之圣人，才德兼亡谓之愚人，德胜才谓之君子，才胜德谓之小人。"有德有才是精品，无德无才是废品，有德无才是次品，无德有才是危险品。没有诚信，智的作用就是反方向的，或是对社会有害的；没有诚信，礼就是虚伪的，就仅仅具有华丽的外观而没有任何实际意义；没有诚信，人与人之间交往所体现的义也就是空的，就不会落到实处；同样，没有诚信，仁也就是虚假的，就不会有真正的仁。所以，诚信是人与社会或人与人之间交往时应具有的基本德性。

面对竞争日益激烈的社会,诚实守信是对人的基本要求。对儿童而言,诚实守信也是应具有的重要德性之一,这种德性的形成主要受家长、教师诚信意识以及他们在生活行为中表现的影响。教育者对儿童也会进行诚信意识培养,儿童在与同伴的角色游戏、童话欣赏和讨论学习中,也会以其中的角色为榜样,形成诚信的品质。

因此,作为教育者应努力为儿童营造诚实守信的环境,同时以身作则,以自身的行为影响儿童;选择童话和角色游戏中具有代表性的诚信榜样;在学习和生活中正确对待儿童的说谎行为,分析其原因,并慎重处理。

资源链接7-4:

言而有信——曾子杀猪的故事

曾子杀猪取信于子的教子故事,在我国广为流传。有一天,曾参的妻子要到集市上去,儿子哭闹着要跟去。曾妻戏哄儿子说:"好乖乖,你别哭,你在家里等着,妈妈回来杀猪炒肉给你吃。"儿子听说有肉吃,便不随母亲去了。

曾参的妻子从集市上回来,只见曾参拿着绳子在捆猪,旁边还放着一把雪亮的尖刀,正准备杀猪呢!曾参的妻子一见慌了,赶快制止曾参说:"我刚才同孩子说着玩的,并不是真的要杀猪呀!你看你怎么当真了?"曾参语重心长地对妻子说:"你要知道孩子是欺骗不得的。孩子小,什么都不懂,只会学父母的样子听父母的教训。今天你要是这样欺骗孩子,就等于教他说假话和欺骗别人。再说,今天你要这样欺骗孩子,孩子觉得母亲的话不可靠,以后你再讲什么话,他就不会相信了,对孩子进行教育也就难了。你说这猪该不该杀呀?"

曾妻听了丈夫的一席话,后悔自己不该和孩子开那个玩笑,更不该欺骗孩子。既然答应杀猪给孩子吃肉,就说到做到,取信于孩子。于是丈夫和妻子一起动手杀猪,为孩子烧了一锅香喷喷的猪肉。儿子一边吃肉,一边向父母投去了信任和感激的目光。

父母的言行直接感染了孩子。一天晚上,曾子的小儿子刚睡下又突然起来了,从枕头下拿起一把竹简向外跑。曾子问他去干什么。孩子说,这是我从朋友那儿借来的书简,说好了,今天得还,再晚也要还人家,不能言而无信啊!曾子笑着把儿子送出了门。

资料来源:http://www.yaolan.com/edu/201106151446758.shtml。

(四)友爱、团结和创造

1.友爱

友爱作为儿童的基本德性,代表着人与人之间的一种情感,建立在爱与被爱的基础上。友爱决定了人与人交往的情感、态度、价值观,隐含着个体对他人、对社会、对生活的一种态度。儿童之间的交往,特别是同伴交往,为儿童提供了相互尊重的机会,使儿童懂得了平等、友爱与同伴交往的重要性,明白体验和理解他人的需要和情感的同时也会被他人理解,容易产生回应这些需要的愿望和动机,并且有利于付诸行动。例如,在与同伴的游戏中相互尊重对方所扮演的角色,表现出友爱的意识与情感,彼此之间会产生尊重感和愉悦感。这种内心的情感会使儿童逐渐地形成习惯,并迁移到现实生活中。在同伴交往中形成的友爱德性也可以有效地促进儿童与他人的交往与合作,帮助儿童合理处理与父母、兄弟姐妹的关系以及与同学、邻里和教师的关系。

资源链接 7-5:

孔 融 让 梨

据史书记载,孔融幼时不但非常聪明,而且还是一个注重兄弟之礼、互助友爱的典型。一天,父亲的朋友带了一盘梨子,给孔融兄弟们吃。父亲叫孔融分梨,孔融挑了个最小的梨子,其余按照长幼顺序分给兄弟。孔融说:"我年纪小,应该吃小的梨,大梨该给哥哥们。"父亲听后十分惊喜,又问:"那弟弟也比你小啊?"孔融说:"因为弟弟比我小,所以我也应该让着他。"

孔融小小年纪就懂得兄弟姐妹相互礼让、相互帮助、团结友爱的道理,使全家人都感到惊喜。从此,孔融让梨的故事也就流传千载,成为友爱的典范。

资料来源:http://baike.baidu.com/view/40948.htm。

因此,教育者在对儿童进行德性教育时应慎重,对儿童的不同行为要善于分析,及时给予反馈。要恰当地引导儿童从关心亲人到关心与自己接触的人,从关心班级到关心学校。帮助儿童积极发现生活的美好,懂得生命的意义。使儿童具备关心他人、对他人负责、理解他人和尊重他人的友爱品质。

2. 团结

团结是由多种情感聚集在一起而产生的一种精神,是集中力量实现共同理想或任务的联合行为。团结是中华民族的传统美德之一。团结是指在人与人之间的关系中,为了实现共同的利益和目标,互相帮助、互相支持、团结协作和共同发展。它含有平等尊重、互相学习和互相协作等精神。

早在两千多年前,孟子就说过"天时不如地利,地利不如人和",将团结放在首位。荀子把人的合力看作战胜各种困难的强大力量,他说:"多力则强,强则胜物。"《易经》也说:"众人同心,其利断金。"杜威也曾强调:"道德同存在的事实性密切相关,而不是同脱离实际的理想、目的和责任相关。作为道德基础的事实,来源于人们相互之间的密切合作,来源于人们在愿望、信仰、满足和不满的生活中相互关联的活动结果。"[①]由此可见团结的重要性。当今社会既有激烈的竞争,又具有很强的协作性,所以正确处理好人与人之间的竞争合作关系,培养与人友好相处的品性显得尤为重要。

对于儿童来说,团结是建立良好人际关系的重要条件,也有利于儿童亲社会行为的形成。儿童在角色游戏、话剧表演中,相互之间会商讨决定自己扮演的角色、游戏的主体、游戏材料和场地的选择、游戏的规则、集体将要达到的目标等。由此,儿童在合作游戏的过程中和伙伴相

---

① [美]杜威著,孙有中等译:《新旧个人主义——杜威文选》,上海科学出版社,1997年,第105页。

处,互相之间形成依赖、支持、合作的关系,而且会逐渐懂得友谊、互助、合作等德性。游戏中有时需要玩具,玩具的使用、分配和整理收拾,都有利于儿童增强团体意识,形成合作分享、团结友爱、爱护公物和热爱劳动等良好品质。

在游戏中尊重对方所扮演的角色,会使儿童逐渐地形成习惯,并迁移到现实生活中,也可以有效促进儿童与他人的平等交流与合作,帮助儿童合理处理与伙伴、同学、老师和邻里的关系。因此,教育者要选择恰当的故事,使儿童产生心理上的共鸣,同时也应创造条件让儿童在实际生活中把团结的意识表现出来。

3. 创造

儿童的德性与实践密切相关,而实践就是人类创造的源泉。"创造性是人的基本德性,这是生活论道德观的认识。"[①]所以创造也是儿童的基本德性之一。创造就是人用自己的行为去改变世界,人类生来就有创造的天性。而创造在伦理上是向善的,道德就内在于创造生活之中。人在生活的任何一个领域中符合人类学意义的创造,都具有道德上的意义。创造所给予生活的,是更多的幸福和美好,是更大的意义和价值。

这里的创造不是经济学和科技学中的创造,而是对现实生活的创造。现实生活中的创造,其实质是对他人的一种贡献,也是一种优秀的品质。所以,一个有道德的人,首先是一个创造者。反之,一个创造者也必定是一个有道德的人。其实,道德生活本身也是一种创造。道德所面临的是生活中的实际冲突和矛盾,它不能依靠机械地遵守既定的、现成的道德规范来解决。面对生活中的道德问题,人们需要做出道德上的"创造",每一个人都需要在自己的生活中,创造相应的善和价值。好奇心是人类的天性,是创造性人才的主要特征,也是引领人类进行创造的原因之一。

对儿童而言,游戏就是一种创造性的、充满探究的活动。在游戏中,儿童以一种"想象的逻辑"进行思维,这种思维方式不同于成人的概念思维和理性思维,它能够超越主客体关系的束缚,从而发现更多有趣的事情,可以和同伴共同解决问题,最大限度地展现自己的创造力。儿童在游戏中可以按照自己的愿望和想法,通过游戏材料,充分地表现并创造性地整合自己的生活经验,体现出个体独特的创造性。

在自由的游戏中,儿童的想象力与创造力都以一种新的形式和新的力量出现,且变幻无穷。儿童在游戏中所反映出的不是现实生活的翻版,而是将现实生活中的现象以新的动作方式创造性地进行再现,尤其是创造性游戏。其实,创造在儿童的生活中无处不在,沙滩上各种各样的、奇形怪状的石头、粗细不等的沙、被海水冲到沙滩上的贝壳、海星等,废弃的塑料瓶、纸盒、埋在沙中的小木棒等,均可作创造性游戏所需要物体的替代物。儿童在沙滩、草坪等宽广的地方可以充分利用各种材料创造性地与同伴和家人游戏,创造性地构建心中的房子、树木、花草和人物等,还可以用木棒勾画自己心中的图像和人物,并在创造的过程中体会与同伴和家人团结协作的快乐。

在游戏活动或话剧表演中,儿童通过角色对话、动作、手势和表情等手段,创造性地表现或

---

① 鲁洁:《创造性是人的一种基本德性》,《教育研究与实验》2007 年第 5 期。

再现文学作品。表演时,儿童可以运用已有的知识经验,创造性地运用动作、表情,增减情节角色,删改对话和替换词语等,因而也富有创造性。同时,儿童还会把从其中学到的知识、情感和道德等创造性地迁移到现实生活中。

第三节　儿童德性教育的条件与方式

儿童的德性教育只有在宽松、愉快、积极向上的环境和教化中,在对自己价值的肯定和对生活的热爱中才能获得发展。只有在尊重儿童、热爱生活的基础上才能真正地培养儿童的德性。好的儿童德性教育条件和方式就是让儿童在精神的自由中发现自己的人性,享受真实和幸福的生活,在丰富多彩的活动中进行平等的对话、情感的交流和心灵的沟通,从而在潜移默化中形成德性。在家庭、学校和社会中儿童情感、游戏等构成儿童生活世界的主要因素,儿童在这种关系世界中形成了自己的德性认知,建构了自己的德性价值观,养成了自己的德性习惯。因此,关注儿童德性教育的条件和方式就是要着力加强儿童生活世界中的情感、语言、游戏等建设,使儿童成为一个有德性的人。

一、儿童德性教育的条件

儿童德性成长是儿童健康发展的基础,所以关于儿童德性的培养与教育是儿童教育中的重要课题,也是学校教育的主要内容之一。儿童德性随着其年龄的递增而变得愈益高层次,愈益稳固。[①] 儿童的德性教育受到内外种种因素的制约。内部条件主要是身体条件、智力、性别、性格等,外部条件主要是家庭、学校和社会。了解这些外部因素的影响,能够充分发挥这些条件的有利因素,避免消极作用,从而更好地促进儿童德性的形成和发展。

(一) 儿童自身发展的内部条件

儿童期是人生长发育的重要时期。在这一时期中,儿童的观察力、学习模仿力、判断力和自我认同感等都在不断地发展完善,主要表现在以下几个方面。

1. 儿童具有很强的观察力和模仿力

儿童能够观察他人(或榜样)的行为并模仿学习。这种模仿并不是简单地复制他人的行为。儿童已经有了一定的判断力和创造力,能够对所观察的行为进行加工创造,能够对现实生活中的德性行为进行模仿学习,并受周围环境的影响。

2. 初步产生自我意识和判断力

随着儿童身心的发展和完善,儿童的经验和知识逐渐丰富,能够对一些基本的德性知识进行判断。儿童的判断能力从肤浅渐渐到明确清晰,逐渐可以对一些社会上简单的道德现象进行判断,具备了基本的道德知识。

3. 儿童逐渐具有自我认同感和自我理想

儿童能够根据已有的经验和德性方面的知识来判断是否认同他人的行为,能根据自己内

---

① 钟启泉:《儿童"德性"的形成及其环境影响分析》,《全球教育展望》2001 年第 6 期。

心的标准来严格要求自己,并努力使自己的行为达到自己的理想。在面对具体道德问题时,儿童可以知道应该怎么做,并努力按照自己的标准去实践。

(二)儿童自身发展的外部条件

儿童德性的形成和发展还受到外部因素的影响,主要表现在以下方面。

1. 家庭

家庭是儿童成长的重要场所,同样也是进行儿童德性教育的第一所学校。家庭中的学习经验能够重复练习,家庭中的人际关系充满亲情,能形成一种呵护、指导、服从、反抗的纵向关系,这是其他集体所没有的特色。父母总是通过言传身教,有意识或无意识、直接或间接地教给子女种种道德规范,对儿童德性产生重要的影响。早期的道德意识对儿童以后的道德发展以及德性的发展影响极深,可以说,家庭是儿童德性发展的最重要的始点。斯宾塞(H. Spencer)在他的快乐教育中提到,父母的每一点善良、宽容、积极乐观、同情心、公正、民主的德行以及整洁、勤劳、节俭的习惯,都会从孩子身上反映出来。这些德行和习惯无论多么微小,都会像星光一样永远留在孩子的记忆里。这些美好的德行和习惯,不仅影响着父母自己的人生,也在造就孩子的人生。

父母自身的示范影响:父母是儿童最早和最直接模仿学习的对象,儿童从小就学习父母身上表现出来的道德行为。《论语·子路》中,孔子说:"其身正,不令而行;其身不正,虽令不从。"中国也有一句俗话:有其父必有其子,有其母必有其女。模仿是孩子的天性,父母的一言一行在儿童德性的形成和发展的过程中会产生种种影响。由此,父母应言传身教,以自己较高的道德素养、爱心和耐心为其子女营造良好的家庭教育环境,使儿童真正能够"寓褒贬,别善恶",从而促进儿童形成正确的人生观、价值观和世界观。若父母对自身要求不严,把不好的一面展示给儿童,将不利于儿童德性的形成。

父母的教育方式:父母作为子女的第一任老师,应不断提高自身修养。舒心、自由、民主的家庭氛围,会使儿童感受到安全和受尊重。如果父母在对子女进行德性知识教育时,采取民主、自由的教育方式,创造条件鼓励儿童经常实践,并及时对正确的行为给予鼓励,对错误的行为进行纠正,将有利于儿童更加努力地实践,从而促进德性的形成。父母采用单调权威型的教育方式,会使儿童形成恐惧感和威慑感。如果父母用成人的标准和价值观念要求儿童,使儿童迫于压力被动执行,就会影响儿童的道德判断和道德选择。

因此,在家庭中,父母在对子女进行德性教育时要充分考虑到儿童自身的特点,要选择适合自己孩子的教育方式,且要提高自身的素养,为孩子做好表率。米斯切尔的实验就是一个生动的证明。

资源链接 7-6:

米斯切尔成人言行一致对儿童影响的实验

米斯切尔(W. Mischel)设计并进行了言行一致实验。实验是把儿童放在游戏情境中,即让他们玩小型滚木球的游戏,游戏的内容是让儿童按一定的规则将木球投入球门,投中者得分,得到20分以上者就可以得奖。实际上如果严格按规则来进行投球,得分机会很少,如果不按规则进行或偷偷犯规,则可以把球投中,因而得分机会较多。实验第一阶段大人与儿童一起玩。把儿童分为两组,第一组,成人的言行是一致的,即要求儿童遵守规则,自己也严格遵守规则。第二组,成人的言行不一致,他严格要求儿童遵守规则,但自己却降低标准去投球,即违反了规则。观察发现,当成人在场时,第二组儿童还是按照规则去做。为了研究成人违规对儿童的影响,又进行了第二阶段的实验,即让儿童独自玩此游戏。研究的结果是:第一组得奖的人次只占总人数的1%左右,第二组得奖的人次达到50%以上。这说明第一组儿童严格遵守了规则,而第二组儿童当成人不在时降低了标准,违反了规则。第三阶段,把两组儿童放在一起玩,结果是第一组儿童看到第二组儿童不遵守规则,自己也效仿。

这个实验充分说明了身教重于言教。因此,作为教育者一定要言行一致,才有助于学生形成道德规范。

资料来源:刘国权著:《小学教育心理学》,人民教育出版社,2005年,第229页。

2. 学校

学校在儿童德性教育方面具有特殊的地位,学校是按照一定的教育目的有计划进行教育的机构。它不同于家庭与社会,它是一种有目的、有计划、有组织的专门的社会机构。学校教育比家庭教育更加具有权威性和系统性。

在学校教育环境中,教育者可以逐步培养儿童的道德主体意识,让他们有意识地学会自主判断、自主选择和自我负责。在现实生活中,不可避免地存在不同规则之间的冲突,这就需要儿童具有自主判断和自主决策的能力。学校通过有组织、有计划的教育活动培养儿童多方面的兴趣和能力,形成正确的价值观念和优秀品质,丰富其精神世界。同时,学校能够培养儿童对人生理想的坚定信念,促进儿童德性的形成。下面我们主要从师生关系、生生关系以及教师集体的人际关系方面来分析学校对儿童德性形成的影响。

第一,师生关系。师生关系是对儿童进行德性教育的重要资源。儿童对学校具有一定的依赖性,而教师就是他们依赖的主要对象。苏联教育家加里宁认为:"一个教师也必须好好检点自己,他应该感觉到,他的一举一动都处在最严格的监督之下,世界上任何人也没有受着这样严格的监督。孩子们几十双眼睛盯着他,须知天地间再也没有什么东西,能比孩子的眼睛更加精细,更加敏捷,对于人生心理上各种细微变化更富于敏感的了,再没有任何人像孩子的眼睛那样捉摸一切最细微的事物。"捷克教育家夸美纽斯也指出:"教师的职业是用自己的榜样教育学生。"[1]这也充分说明,教师在学校中是儿童主要的学习对象,教师本身言行的表率作用至关重要。

教师在学校中扮演着多重角色,既是教育者、引导者,又是学生的朋友。而学生主要是学

---

[1] 张跃刚主编:《中学教育学》,山东大学出版社,2011年,第105页。

习者。学生能否快乐地学习并主动自愿接受教师的教导,师生关系显得格外重要。在学校中,教师对儿童的影响最大,民主和谐的师生关系有利于教师在传授德性知识和进行德性活动时调动儿童的主动性和积极性。教师应作为学生的朋友,以朋友的身份向学生敞开心扉,就现实生活中贴近学生的道德现象展开真诚的讨论。这会使德性教育成为具体的、可感的和可触的内容,儿童自然会成为积极的参与者,并在实际的活动或生活中自觉地体现自己的认识、体验和感悟。同时,学生会有受尊重感和关注感,这能让学生对教师的教导产生心理上的共鸣,从而在遇到某些道德问题时,会愿意和教师进行顺利的沟通。这也利于增强儿童的判断力和实践力,使儿童养成良好品德和行为习惯。

因此,教师在德性教育教学工作中应充分考虑儿童各个方面的因素,如:儿童的智力因素——智力高低影响到道德判断,智力低,道德判断力缺乏,会产生道德问题,但智商高未必德性高,要考虑教师、教育因素和儿童其他方面的因素;学力因素——一般说来,智力与学力高低相关,特别是对道德知识的理解和实践;性格因素——"儿童的性格也是制约儿童德性的方向与特质的因素,意志薄弱的儿童,承受力差,实践的坚持性缺乏,需求不满的儿童、易受暗示和善于模仿的儿童,容易产生道德问题"[1]。

第二,生生关系。除了师生关系,生生关系也为儿童德性发展提供了重要条件。生生关系主要表现为生生间的活动和交往。在儿童共同参与的活动中,儿童会通过同伴的表现,学习某些具体的德性行为,并对他们行为的后果进行反思和评价,从而调节自己的行为,使自己的德性品质与发生的情境一致。儿童在学校中不仅与伙伴形成同学关系,还会自发形成游戏伙伴的关系。此外还会有正式组织,如少先队、共青团。儿童在这些组织中会遵循集体规范,了解自己在集体中的地位与角色等,会学到不能从成人集体中获得的德性情感和实践经历。所以生生间的活动和交往为儿童提供了一个相互学习、相互借鉴和实践的机会。

第三,教师集体的人际关系。教师集体对儿童产生直接影响的是教师之间的人际关系。以教师集体为中心的学校体制所形成的学校传统和校风,极大地影响着儿童德性。教师集体之间和睦相处、团结协作、乐观向上的优秀品质更能感染教化学生,给学生形成深刻的印象,从而内化为学生的品质。此外,教师集体之间所形成的优秀品质,有利于学生学习借鉴,形成积极、健康、进取的精神风貌。相反,人际关系不好的教师集体容易造成教师孤僻、狭隘、自私、自卑等不健康心理,这样的教师关系,会潜移默化地影响学生,使学生斤斤计较,以自我为中心,遇困难退缩,见荣誉就争抢。

3. 社会

社会环境远比家庭和学校复杂,大众传播媒介是社会传递文化和渗透道德价值的主要途径。大众媒体的盛行,使儿童通过各种信息媒体(网络、电影、电视、报刊、杂志等),接受社会大量文化和德性知识的传递,极大地影响到德性的形成。尤其是随着媒介的发展以及传播途径的多样化,儿童具备理解、辨析媒体传播内容的能力显得尤为重要。而儿童因为缺乏足够的辨识水平和自控能力,同时缺乏必要的媒体知识和批判意识,特别容易受到传媒的影响。大众传

---

① 钟启泉:《儿童"德性"的形成及其环境影响分析》,《全球教育展望》2001 年第 6 期。

媒传播的知识既可以让儿童具有良好的习惯,学习先进人物的优秀品质,也可以让儿童的生活充斥不文明的语言和行为。因此,家长和教师要加以引导,同时以身作则,不仅自己查阅健康的知识,还要指引儿童观看电视和网络。同时大众传媒本身也要拥有社会责任感,以社会道德与社会责任来约束自己的传播行为,从而走上更加积极健康的信息传播轨道。

综上所述,儿童德性的成长和教育是一个复杂的过程,它需要家庭、学校和社会的共同协调和努力。只有家庭、学校和社会坚持以儿童为本,共同为儿童德性的健康发展营造一个和谐的教育环境,儿童才能够快乐健康地成长,成为德才兼备的人。

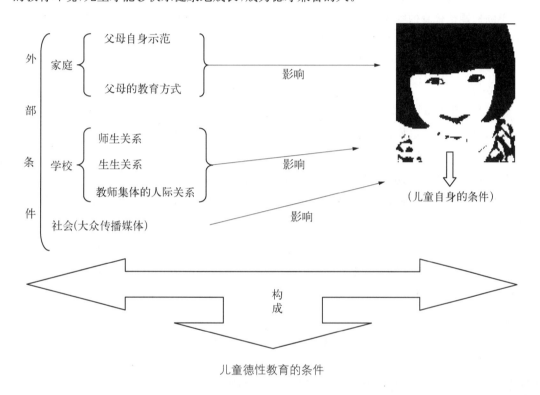

儿童德性教育的条件

二、儿童德性教育的方式

儿童德性教育的主要任务是加强儿童的德性认知、德性情感、德性意志和德性实践,形成美好的德性。围绕这一任务,我们将从四方面采取措施对儿童进行德性教育。但这四方面并不是截然分开的,它们相互联系、相互促进,共同推动儿童德性的形成。

(一)进行德性认知教育

儿童德性的发展需要有一定的德性知识,加强德性认知教育是儿童德性养成的前提和重要途径之一。在对儿童进行德性认知教育时要注意以下问题。

1. 对儿童进行德性认知教育主要从两方面入手:一方面,父母在家庭中应该对儿童进行基本的德性知识的传授。另一方面,学校应该为儿童提供系统的符合社会发展需要的现代化德育课程体系,开展有关德性知识的课程或学习活动。此外,大众媒体也应树立良好的榜样,做好有关德性知识的宣传。

2. 对儿童进行德性知识的传授并不是对其进行德性知识的灌输,而是在潜移默化中对儿童进行教化,即通过教育与文化的潜移默化与熏陶,不断提升儿童的心灵境界,增强道德能力,从而最终使其获得德性。教育者要对儿童的行为及时给予反馈,当儿童表现出良好的行为时给予表扬和鼓励,对错误的行为进行及时的纠正。

3. 单纯的德性知识的灌输并不能使德性内化于儿童,童话故事和游戏是两个使儿童在日常的生活和学习中逐渐掌握德性知识的最重要、最有效的途径。

4. 对儿童进行德性认知教育时要符合儿童的心理发展规律,即要根据儿童的心理发展阶段,不断地调整德育内容和德育活动。要注重儿童潜能的发挥和调动,引导儿童把学到的德性知识逐渐内化,从而能够对现实社会的道德问题进行批判性思考,实事求是地引导儿童正确地看待社会现象,培养儿童独立思考能力和自主判断力。鼓励儿童在实际或模仿性的道德实践中表现出来。

(二)在育人环境中培养德性情感

在道德和意志、品质方面,孩子极容易受外部环境的影响,坏的影响毁掉一个孩子比好的影响成就一个孩子要容易得多。因此,要为儿童创造一个良好的育人环境。良好的育人环境不仅指好的学校环境,还包括良好的家庭环境和社会环境。德性情感是儿童将德性认知内化的重要途径,也是儿童德性形成和发展的基础。所以无论家庭还是学校,都应该为儿童提供德性情感体验的机会。具体应做到以下几点。

1. 丰富儿童的情感

情感是在认识的基础上产生的,是人对客观事物或主体内部变化而产生的肯定或否定的态度体验。当面对社会中的真善美、假恶丑时,儿童会感到高兴、喜悦或悲伤、失望等,这就是情感。

德性不是一种情感,而是一种内在的品质。一般的情感表达不涉及道德问题,但道德的任务之一是培养起一种正确的好恶情感,这种情感实际上是人的稳定品质的外在表现。一个人若放任自己的情感而不加约束,那么他必然会被某些情感左右而失去理智。因此,情感在个体德性形成的过程中具有重要作用。儿童的行为在很大程度上由他的情感所支配,因此,要转变儿童的思想和行为,就必须先转变他的情感。按社会性内容,情感可以分为道德感、理智感和美感,它们对儿童德性发展具有重要影响。丰富这些情感有利于丰富儿童的内心世界,有利于促进儿童参加有意义的活动以提高自己内在的品质,从而坚持不懈地追求和维护良好的德性。

美国心理学家布鲁诺·贝特尔海姆(Bruno Bettelheim)认为:"从情感的角度看,童话不前不后,就是从儿童的状况开始的,它告诉儿童必须往哪里去,怎样去。童话根据暗示做到这一点,用的就是儿童能够理解并与自己的问题联系起来的幻想材料。"童话中含有丰富而细腻的情感,儿童如果对童话故事中的情节、人物等产生共鸣和感动,种种共鸣和感动就会激发德性情感。教育者如果能有意识地利用童话中的情感,就能丰富和培养儿童的道德感。

2. 引导儿童积极体验情感

情感体验是指个体的身心与生活世界交往并生成感受和领悟情感的主观心理活动。它是德性认识转化成德性行为的中间环节,具有生活性、开放性和实践性等特点。

德性教育要注重儿童的情感体验,也就是说,只有真正关注并触动儿童的内心世界,儿童才能用心在生活中产生情感体验。因此,实际生活是儿童进行道德情感体验的重要场所。所以只有让儿童体验到积极情感的德性教育,才能深入儿童的身心。游戏是儿童体验情感的主要途径,"游戏的内容丰富多彩、灵活多样,儿童在游戏中通过扮演角色体验着各种积极的情感"①。在儿童游戏时,给儿童提供充足的时间和丰富的游戏材料,让儿童尽情表现,同时也可以让他们在游戏中体察他人的情感,使他们在游戏中获得不同的情感体验——高兴的、失望的、痛苦的、友善的,等等。儿童在童话故事的鉴赏中可以与不同的童话故事中的人物进行情感交流,同时也可以借助童话,体验并表达自己的希望、友好、责任心、爱恨情仇、焦虑不安等,从而习得童话故事中各个角色的行为规范和道德要求。

3. 鼓励儿童多渠道地正确表达情感

美国全国教育联合会在一份《各级学校的健康问题报告》里曾重点指出:"一个有不能自制的脾气、严重的抑郁、极度的偏见、凶恶不能容人、讽刺刻薄或习惯性谩骂的教师,其对于儿童心理健康的影响犹如肺结核或其他危险传染病对儿童身体健康的威胁一样严重。"这说明教师的情绪情感对学生良好情绪的保持和德性的形成具有重要影响。所以在鼓励儿童多渠道地正确表达情感时,教师应具有乐观向上、善良宽容、客观公正的心态和品质,要克制生活中的消极情绪,以免自己的负面情感感染学生。培养学生胸襟宽广、热爱生活、遇事不惊、处世豁达的情感和态度。

情感的表达方式是多种多样的,教育者要引导儿童在理解情感的基础上正确表达情感。在德性教育过程中,教师要适时利用满足、抚慰、感化等手段,使学生产生良好的心境,并通过鼓励、启发、激励等方法,培养学生积极地受教育的态度。如果让儿童感到快乐和满足,并对生活充满追求和希望,他们就会乐观向上,争取进步。例如,在儿童不能或不愿意表达自己的情感时,可以引导儿童自由画画,在画画中表现自己的喜怒哀乐。童话具有丰富的意义和情感色彩,它们在德性知识方面远比课本教材更为全面,更为丰富,也更为深刻。儿童在欣赏童话特别是参与童话表演时,能够感同身受地体会童话中的各种情感。儿童在丰富自己情感的同时,能随着童话中人物情感的变化而变化情绪,使儿童宣泄不安、恐惧、仇恨等情感,也能帮助儿童表达积极的情感,对儿童积极健康的人生态度和高尚品德的形成具有积极的影响。在游戏中,儿童会随着所扮演的角色在不同的情况下表现出不同的情感,会感受到游戏中其他角色的情感变化,并会受到游戏中他人情感表达的影响。

(三)锻炼儿童的意志力

道德意志是履行道德义务的内在精神力量。它来源于对一定道德原则和道德规范正确性和正义性的认识。当人们坚信一种道德认识并决心将它变成道德行为时,便在思想上产生一种坚强的道德信念和意志,这种信念和意志可以帮助人们对某种道德行为作出必要性的解释,以致不惜付出巨大的代价去完成道德行为。因此,人们的道德认识越深刻,道德意志也就越坚强。但一般的意志力不能自然地转化为道德意志力,它必须通过道德行为的锻炼。比如,在很累的时候坐车,把座位让给别人需要道德意志;在很饿的情况下,把仅有的一点食物让给别人

① 丁海东著:《学前游戏论》,山东人民出版社,2001年,第96页。

也需要道德意志,等等。同样,在生活中也需要德性意志努力,以促成良好的德性行为的形成。引导儿童有意识地在这类情境中锻炼自己格外重要。儿童的德性意志不是一蹴而就的,它是在积累的过程中逐渐形成的。儿童德性意志的加强需要从意识和行动两方面进行。意识层面是教师人格影响和教育者与儿童交流的影响。

1. 教师人格影响

教师是人类灵魂的工程师,是精神文明的播种者。俄国教育家乌申斯基曾说:"教师的人格对年轻心灵的影响是任何教科书、任何道德箴言、任何奖励和体罚都不能替代的一种力量。"只有真正发自内心的、表里如一的、言行统一的美好品德,才能在学生身上产生"随风潜入夜,润物细无声"的潜移默化作用,使他们受到教育和感染,引起他们的共鸣和仿效。学生对教师特有的期望和信赖,往往使他们在观察教师时出现一种放大效应,教师的小小善举会使他们感到无比欣喜,教师的小小瑕疵则会使他们产生巨大的失望。所以要想培养儿童德性意志,教师首先要不断地提高自身修养,以自身做事的意志影响儿童。因为教师良好的人格是儿童模仿学习的榜样,并具有直接和直观的示范作用,所以教师要时时用自己的人格来影响和感染儿童,发挥榜样示范作用。

如果教师拥有健全的人格,就能够用愉悦、和蔼、温和而理性的态度对待学生,用热情、诚恳、平易近人的人格魅力影响学生,用平等、尊重、真诚的语言解决师生之间出现的矛盾,能让学生时刻感受教师的亲切、温暖和关爱,这对培养学生无私、诚挚、谦虚、宽容、互助、团结合作等优秀品质具有重要作用。儿童模仿和学习的不仅仅是教师的行为,还包括教师的思想、情感和意志等方面。这更要求教师不断学习,提高自己,真正做到言传身教。

2. 教育者与儿童交流的影响

语言是人与人交流的最基本、最重要的工具。教育者与儿童交流时应注意以下几点。

正确把握儿童语言的特点。儿童语言不同于成人语言。成人语言规范得体、完整连贯,多社会化语言。儿童语言不规范,简单随意,以自我为中心,社会化语言较少。语言是人与人交流的工具,语言的交流是德性意志获得的途径之一。教育者与儿童进行交流时要注意不同时期儿童语言的特点,与学生交流时语言要规范纯洁,准确鲜明,生动幽默,要善于运用语言的力量打动学生,把知识真理和美好的感情传递给学生。这样才能使儿童明白教育者的教育意图,才能受到教育者良好意志力和品质的影响。

加强与儿童的对话和交流。人们借助语言将自己的内心体验、经验、认识、情感和意志表达出来。教育者应该蹲下来。蹲下来不仅是身体上的要求,更重要的是"心"要蹲下来。不要用一种高高在上的姿态与儿童讲话,也不要用一种命令的口气,以免儿童产生抵触心理。要真正与儿童进行心与心的交流,让儿童感受到自己是交流的主体,从而毫无顾忌地敞开心扉,表达自己的想法和意愿,同时接受教师人格和情感的熏陶,进而学会自尊、自信、关心他人等。教育者不应是一个纯粹的说教者,更不能用统一的标准去要求和评价儿童。要构建一个民主自由的环境或活动,让儿童充分表达自己的见解。通过与儿童对话交流,教育者可以发现对方展现的德性意志,使儿童产生心理上的共鸣,从而增强德性意志。

德国教育家第斯多惠说:"教师本人是学校里最重要的师表,是最直观最有效益的模范,是学生活生生的榜样。"但只有榜样的影响,德性意志是不会体现出来的,它需要实践的检验。因此,儿童在意识层面得到意志的加强后,教育者还要有意识地在现实生活中对其进行强化,使其真正具有良好的道德,从而在道德实践中逐渐增强儿童的德性意志和德性能力。

德性作为一种获得性品质,其"获得"必须放到儿童的现实生活中才能准确把握和理解。劳动、游戏、学习等都是儿童的基本活动,在这些活动中,儿童可以反复地练习,从而获得意志力。实践与研究表明,儿童的坚持性能在多种多样的活动中,在反复多次的克服困难的过程中,逐渐形成和培养起来。在劳动过程中,儿童要克服体力、动作上的不适应以及这些不适应所带来的困难;在游戏过程中,儿童要坚持担任某一角色和完成这一角色应该完成的任务;在学习过程中,儿童要坚持认真听讲,认真完成作业,需要付出一定的脑力劳动。因此,家长、教师要经常让孩子参加一些既力所能及又需要付出一定意志努力的劳动、游戏、学习等活动,在这些活动中培养孩子不怕困难、坚毅顽强的精神,锻炼孩子坚持完成某项活动或任务的意志力。

(四) 开展道德实践活动,寓教于乐

若教育活动仅局限于对儿童的说教,则只能引起儿童认知的改变,不能引起行为方面的改变。当教育措施不仅作用于受教育者的认知,且作用于行为,使受教育者积极参与时,才可望获得受教育者认知和行为的共同变化。正如麦金泰尔所认为的,"德性与实践是内在的不可分割的关系,没有德性,实践就不可能维持下去;德性还体现在一个人的生活整体中,一个人的德性在其生活的不同场合中都能表现出来"①,所以丰富的课内外活动和道德实践活动对儿童德性的养成至关重要。

丰富多彩的课内外活动会使儿童逐渐形成道德观念并锻炼德性能力。此外,课外活动具有生动形象、直观灵活的特点,能够吸引学生积极参与,是德性认知与实践相结合的重要渠道,是提高儿童德性认知水平和道德活动能力的有效途径。美国教育家杜威曾指出,学校道德教育的最终目的不是完成人的德性塑造,而是让学生以理想的德性状态进入社会实践,参与社会生活。亚里士多德也曾说:"我们探讨德性是什么,不是为了知,而是为了成为善良的人,若不然这种辛劳就全无益处了。"②所以德性的养成和教育只有通过实践活动才能达到目的。换言之,我们要在学做事中学做人,只有经常做有德性的事并使之成为一种习惯,才能真正成为具有德性的人。展开寓教于乐的道德实践活动,主要从童话和游戏两方面入手。

1. 感悟童话

童话贴近儿童生活,内容单纯,情节生动有趣,迎合了儿童的兴趣、爱好和生活经验,与儿童的接受能力和欣赏能力相适宜。它给了儿童种种希望,它告诉儿童只要保持良好的品德,就能得到良好的结局。童话世界里所显现的亲情、友情、民族情以及品德、智慧与能力等,能帮助儿童建立起基本的价值取向,能满足儿童基本的情感需求,能激发儿童的情感,满足他们的好奇心和追求理想、追求不平凡事物的天性。只有从儿童的生活世界选材,引导儿童感悟童话,才能促进儿童道德品质的提高。

---

① [美] A·麦金泰尔著,龚群、戴杨毅等译:《德性之后》,社会科学出版社,1995年,第19页。
② [古希腊] 亚里士多德著,苗力田译:《尼各马科伦理学》,中国社会科学出版社,1990年,第27页。

可以用童话来引导儿童健康成长。童话与儿童的精神世界非常切合，它作为儿童文学的一种形态，是站在儿童想象、思维和心理发展的角度描绘虚拟的人和物，其教育意义显而易见。家长、教师等要指引儿童看童话故事，好多童话故事其实就是一个个活生生的培养儿童德性的例子。通过童话，儿童能够形成基本的是非善恶的判断标准和价值观念。通常，童话的道德主题鲜明突出，以教育儿童为中心，往往采取一种对立的叙事模式以建立和谐的理想境界，在善与恶、美与丑的冲突和斗争中，用丰厚的奖赏和严酷的惩罚对立的手段来达到惩恶扬善的目的，而且在童话故事中，善良最终能战胜邪恶。此外，儿童善于模仿学习的特点，使他们愿意以自己喜欢的童话角色为榜样，尝试着关心和帮助别人，学会感恩，知道诚实的重要性等，从而体验到关心和帮助他人的快乐，知道感恩的愉悦和诚实的价值等。儿童如果因此得到了他人的表扬和鼓励，这些良好的行为就会被强化，会成为儿童的一种自觉行为，从而获得道德上的愉悦与满足。

许多童话故事都形象地传达了社会所要求的各种道德标准和行为规范。比如读《小鲤鱼跳龙门》，儿童会从小鲤鱼克服重重困难成功跳过龙门的故事中，学会坚持和勇敢；读《木偶奇遇记》，儿童会从小木偶三次说谎而变成"长鼻子匹诺曹"，然后在仙女的帮助下战胜自己的懒惰和说谎的坏习惯的故事中，学会诚实、勤劳和善良；读《渔夫和金鱼》，儿童会从善良的老渔夫、知恩图报的金鱼、贪得无厌的老太婆这三个角色中，懂得做事要适可而止，幸福的生活要靠自己的努力去创造，要做一个感恩和善良的人，等等。其后，儿童便可在现实生活中表现出良好的德性。

从儿童世界入手，提高儿童的道德品质。当代格鲁吉亚著名的教育家阿莫纳什维利曾经说过："儿童不仅在准备走向生活，而且他现在已经在生活"，"要在儿童现在生活的河流里引入一股他的未来生活的水流，要把我们藏匿在遥远地方的教育目的的种子移植到生机勃勃的儿童生活的心田里。"可见教育要贴近儿童的世界，而童话就是一种重要的方式。

资源链接 7-8：

阿莫纳什维利

阿莫纳什维利是格鲁吉亚当代儿童心理学家、教育家，原苏联教育科学院院士，曾任苏联教师创造协会理事长、格鲁吉亚戈盖巴什维利教育所长。

阿莫纳什维利是合作教育学派的主要代表人物之一，是一位富于革新精神的学者，也是一位小学教师。他创造了一套以师生独特的交往方式为基础并具有他本人鲜明个性特点的合作教学模式，被简单称作没有分数的教学体系。他提出了建立实事求是的师生关系的原则，认为在知识探索中，教师有时应当扮演与学生一样的求知者的角色，有时"健

儿童的生活世界其实就是童真、童趣与童话般的世界。童话是通过丰富的想象、夸张和象
征来塑造形象,反映生活,对儿童进行品德教育。幻想是童话故事的核心,但幻想的内容来自
儿童的现实世界。儿童在欣赏和感悟童话的过程中能够丰富其情感体验和生活体验,通过不
同角色的心理反应,他们能体会到喜欢、愤怒、悲伤、恐惧、爱慕、厌恶、赞赏等情感,看到成长的
艰辛与希望,领会追求真善美的愉悦和快乐,体悟到人生的价值和意义。因此,教师或家长可
以从儿童自身的生活世界入手,选取具有代表性的童话故事,选择接近儿童生活、具有德性教
育意义的童话故事,并与儿童一起欣赏,共同讨论,以提高儿童的道德判断力和道德品质。严
文井的许多作品就非常贴近儿童的现实生活,如《风机》批评了自私自利的思想,教导儿童要具
有热爱劳动、对人热情、助人为乐的品质;《南南和胡子伯伯》教育儿童要具有勇敢的精神和坚
毅的意志;《丁丁的一次奇怪旅行》展现了新的人与人之间的关系,启发儿童要具有勇敢的精神
和集体主义意识;《"下次开船"港》告诉儿童要养成时间观念并珍惜时间,让儿童明白懒惰就是
对生命的浪费,同时还教育儿童要团结友爱。[①]

儿童还具有极大的表现欲。教育者要利用儿童的这一特点,创造条件,充分发挥儿童的主
动性和创造性,让儿童在欣赏童话故事时独立思考,反省自己的行为,感受别人的故事,不自觉
地进行比较,认识自己的道德行为,学会自觉地借鉴他人的道德原则,修正自己错误的道德
原则。

2. 学会游戏

游戏具有趣味性、社会性和实践性,是儿童时期最主要、最感兴趣的普遍性活动。儿童通
过游戏进行学习、模仿和建构自己的思想。可以说,有儿童就有游戏,游戏不只是给儿童带来
快乐,游戏还可以帮助儿童成长和发展。如果教育者能够巧妙地运用游戏让儿童学习、思考,
将会事半功倍。同样,儿童德性的形成和发展也可以在游戏中进行。

第一,要正确认识游戏的本质。德国教育家福禄倍尔认为,游戏源于儿童内部纯真的精神
产物,儿童在游戏中表现出欢悦、自由、满足及和平的心情,他们也更经常表现出勤勉、忍耐和
牺牲的精神。游戏的本质是快乐和自由,是自我表现,而且儿童能够在这种快乐和自由的氛围
中学到很多知识。儿童作为游戏的主体,他们进行游戏是自主自愿的,包括选择游戏的内容、

---

① 任耀云:《试谈严文井的童话理论及创作》,《齐鲁学刊》1985 年第 1 期。

游戏的对象、游戏的材料等,而且儿童游戏是对他所生活的世界的反映。教师或家长要放手让儿童自由地游戏,不应随意干涉,但可以适当地进行游戏指导和游戏后的总结工作。教师和家长要明白,游戏是对儿童进行德性教育的重要的手段,尤其是规则游戏、合作游戏、角色游戏等,可以促进儿童自觉遵守规则,促进与游戏伙伴的团结合作,增强团体意识,可以帮助儿童形成恪守自己所承担的游戏角色的职责的品质。

第二,重视并指导儿童的游戏。教育者首先应该尊重儿童游戏的习性。因为游戏是儿童进行交往活动和学习的重要方式。儿童在游戏中学会了认识人和事物,学会了如何与人和物打交道。教育者要有意识地通过游戏对儿童进行精心指导,培养儿童科学的价值观和良好品德。要加强游戏中品德教育的计划性,要将品德教育的内容和重点环节等列入游戏指导计划,注意培养儿童爱劳动、爱科学等道德情感和遵守纪律、团结友爱等优良品德。要创造温馨、自由、和谐的教育环境,让儿童在无拘无束的环境中自由游戏。要帮其准备丰富的游戏材料,提供宽敞的游戏场地及充足的游戏时间。让儿童在游戏中不断成长。在游戏中自觉承担扮演角色的责任和遵守道德规则,让儿童不知不觉地将在游戏中学到的东西迁移到生活中,从而主动地遵守现实社会中的道德规则,促进德性的形成和发展。比如,儿童在游戏的过程中和伙伴们相处,会逐渐懂得友谊、谦让、互助、合作等德性。游戏中有时需要玩具,玩具的使用、分配、整理收拾,都有利于儿童形成团结友爱、爱护公物、热爱劳动等良好品质。

第三,积极加强游戏伦理共同体建设。建设游戏伦理共同体的目的是为儿童更好地游戏提供良好的人文和社会环境。应明白共同体(community)在社会学意义上是指社会中存在的,基于主观上或客观上的共同或相似特征(这些特征包括种族、观念、地位、遭遇、任务、身份等)而组成的各种层次的团体、组织。伦理,就是人与人以及人与自然的关系和处理这些关系的规则。人们往往把伦理看作对道德标准的遵守和追求。游戏伦理共同体就是在游戏活动中,与游戏活动相关的各个方面(包括游戏的参与者、游戏的设计和制造者以及游戏平台、游戏工具的提供者等),在一定的伦理秩序框架内平等、友爱的,为了共同的利益和价值目标而高度整合的,在精神上相互依存的团体。

游戏伦理共同体所奉行的是一种责任性伦理,各个成员通过谋求共同利益,相互达成道德共识,每个成员内在地尊重道德法则,社会实行德治,人人成就德性。"游戏伦理共同体是各个成员共同利益的外在表现形式,是各成员共同意愿的具体反映,体现了个体美德(自律)与社会要求(他律)的统一。"[1]游戏的进行需要规则的支撑,但游戏中的规则不同于真实生活中的规则。游戏中的规则是内在的,是被游戏者所理解、自愿接受和自愿严格遵守的,是一种内部约束,并可以共同商讨制定,而不是外部强加的外在约束。"自觉自愿、无外在动机和目的是儿童游戏的重要特征。"[2]因此,教育者应该从游戏伦理共同体的视角出发,以公平正义、平等互利、诚信友爱为原则,设计有利于儿童德性发展的游戏并加强游戏伦理共同体建设,以促进儿童德性的形成和发展。

---

[1] 王国银、杜军林:《论儿童道德教育的生活路径》,《学术交流》2010 年第 11 期。
[2] 王国银、衡孝庆:《游戏伦理论》,《苏州科技学院学报》2006 第 5 期。

由于儿童自身的特点，儿童的意志力比较弱，教育者要注重对儿童的道德训练，对他们的行为要及时反馈，对良好行为要及时肯定和表扬，以提高他们对是非善恶的辨别能力，努力使儿童做到言行一致，表里如一。再者，儿童德性的形成并不是一朝一夕的，它是一个缓慢甚至循环往复的过程，如果儿童做得不理想或事与愿违时，也不能过于指责。而应给予必要的指导帮助，多鼓励他们，允许他们偶尔犯点小错误。因为只有这样，儿童才会有更多体验的机会。教育者不要急于求成，要有足够的爱心、耐心和毅力来培养儿童德性，促进儿童的全面发展。

思 考 题

1. 根据儿童德性发展的影响因素，讨论教师应如何促进儿童德性的发展。

2. 儿童的基本德性有哪些？举例说明。

3. 试述儿童德性教育的条件和方式。

4. 根据儿童德性教育的方式，试讨论教育工作者应如何利用童话和游戏来促进儿童德性的形成和发展。

第八章　儿童审美与教育

美是人类永恒的追求,审美能力是人类特有的能力之一。儿童时期是美感产生和发展的关键时期,也是培养和塑造审美能力的最佳时期。本章旨在通过对儿童审美的主要内涵与特征的解析来探究儿童审美的教育意义。本章探讨的问题是:什么是美?什么是儿童审美?儿童审美的心理特征是什么?儿童审美的教育意义何在?

第一节　美与儿童审美

美是人类掌握世界的一种特殊形式,是人与世界形成的一种无功利的、形象的和情感的关系状态。从本质上来说,美是社会实践的产物,人在社会实践中发现了它的观赏价值和实用价值。审美是主体在与美的事物进行交往中创造意义的过程。审美是生活的一部分,就像吃饭、睡觉一样,是人们不可缺少的一种最原初、最本真的生命活动。儿童审美,是儿童在欣赏美的事物时创造自己独立的意义世界的过程。

一、美与审美

美与人类一起出现在这个世界上,自从人们有了独立意识,就开始了对美的认识。但是,人们对美的概念是模糊而不明确的。美的概念很宽泛,以至于很难对美下一个明确的定义。

(一) 什么是美

在生活中,人们经常使用"美"这个词,但很难对美的内涵达成共识。美是浅显的,也是深奥的,它既贴近生活又高于生活。

1. 美的内涵

高尔基(Maksim Gorky)曾经说过:"我所理解的美,是各种材料——也就是声音、色彩和语言的一种结合体,它赋予艺人的创作——制造品——以一种能影响情感和理智的形式,而这种形式就是一种力量,能唤起人对自己创造才能感到惊奇、自豪和快乐。"那么,到底如何来界定美,如何理解美的含义呢?从美学的角度来看,美的含义有三层:第一层含义指的是具体的审美对象,或者说"美的东西";第二层含义指的是众多审美对象所具有的特征,主要是形式和形象上表现出来的审美属性;第三层含义指的是美的本质和美的规律。

广义来讲,美是一种能引起情感愉悦的价值。凡是能引起主体愉悦性情感体验的价值关系,无论有形或无形,都可称之为美。美是主体在对象化的过程中积极地肯定和完美地体现自身的本质力量,并能激发情感体验的感性形式。狭义来讲,美是不以内容为依托的,是引起情感体验的一种感性形式，即形式美。

2. 美的内容

生活中处处充满了美，这些不以人的意志为转移的客观存在构成了美的实体。美的形式有很多种，大致来讲，可以分为自然美、人生美和艺术美。

第一，自然美。自然美是美的形态中最重要的一种，它能给人以丰富的联想和想象。人们的审美感受与社会实践是不可分的，社会实践不同，所产生的审美联想也不同。大自然是个无穷无尽的宝库，它神奇无比的魅力放射出无穷的光辉，吸引人们去体会、欣赏。自然美与人类社会实践活动的关系可以分为两大类：一类是经过人类的智慧和力量加工、改造过的自然景物，如三峡大坝、人造运河、青青禾苗、风景名胜等；另一类是未经人类加工改造过的自然景物，如日月星辰、风云雷电、虹霓潮汐、山川湖海等。

未经人类加工改造的自然之美：日月经天，江河行地，是不以人的意志为转移的客观规律；风云变幻，电闪雷鸣，也不在人们的控制范围之内。起初，自然作为一种异己的、与人对立的现象，并不使人觉得可亲，原始人类并不认为这些神秘的自然力量是美的。随着社会的不断发展，科学技术的日益进步，生产力的逐步提高，人们对这些天文、地理、气象、物候的认识逐渐加深，能够掌握其变化发展的规律，从而利用这些自然力量为自身服务，这时，自然力量才逐渐由人类恐惧的对象变为审美对象。

经过人类加工改造过的自然之美：经过人力加工改造的自然景物，是自然"人化"的直接形态。它既是自然的生成，又有人工的创造，是自然和人工的结合物。它们上面留下了人类创造的印记，直接显示出人类有目的地按规律改造自然、战胜自然的本质力量。放眼祖国大地，从南国到北疆，从西部高原到东海渔村，到处可见开发过的肥田沃土、治理过的江河湖海、人工培育种植的作物、人工饲养驯化的动物等。这一切都是人类实践活动的结果，显示了人的力量，打上了人类的印记。但它们仍然是自然物，因而仍属于自然美。[1] 这两种不同形态的美，有时界限分明，有时相互渗透，构成了千姿百态的自然美。

第二，人生美。人生美是指社会生活的美，纷繁复杂的社会生活创造出了千姿百态的人生美。人的理性、力量、仪表、举止、行为、智慧都属于人生美的内容。人生美主要包括人的形态美、气度美、情感美和心灵美等。

人的形态美：用来形容形态美的语言有很多，如沉鱼落雁、倾国倾城等。令人愉悦的形体不是只可意会而不可言传的，它的确有某种标准，这就是古希腊人发现的"黄金分割律"。美的人体，各部分的比例大致符合"黄金分割律"。数学家经过测量分析发现，肚脐正是人体比例黄金分割点，从整体上来说，肚脐以上部分和肚脐以下部分的比例是 0.618∶1，这个比值正好是"黄金分割律"。

人的气度美：两个外表相同的人，有高度教养的人看起来要比没有文化修养的人要美得多。人体中有一种潜在的精神气质，这种内在的精神气质就是人的气度。气度美是人的形态美之外最重要的人生美的组成部分，正是气度美的存在，才使人具有难以用语言表达的美，这

---

[1] 李天道著：《美育与美育心理》，中国社会科学出版社，2006年，第47页。

也是人生美的深度所在。

人的情感美：俗语有言，人非草木，孰能无情。人的情感在日常生活中占有重要的地位，因为情感的存在，人生才愈显珍贵，生活才愈发可爱。人们对情感美的赞美可以追溯到《诗经》，在《诗·大雅·抑》中有这样扣人心弦的诗句："投我以桃，报之以李。"人们在生活中需要感情的交流，从而获得心灵的慰藉和共鸣。

人的心灵美：19世纪俄国文学巨匠列夫·托尔斯泰（Lev Nikolayevich Tolstoy）写了一篇著名的童话——《七颗钻石》。文中讲述了一位姑娘和她的母亲出于爱心而让出了如生命般珍贵的水，她们的爱心升腾到空中，幻化成普照大地的钻石般夺目的星座。这篇童话告诉读者，爱心的力量是神奇的，可以像大熊星座一样将光辉遍洒人间。

资源链接8-1：

七 颗 钻 石

很久很久以前，在地球上发生过一次大旱灾，所有的河流和水井都干涸了，草木丛林也都干枯了，许多人及动物都焦渴而死。

一天夜里，一个小姑娘拿着水罐走出家门，为她生病的母亲去找水。小姑娘哪儿也找不到水，累得倒在草地上睡着了。当她醒来的时候，拿起罐子一看，罐子里竟装满了清亮新鲜的水。小姑娘喜出望外，真想喝个够，但又一想，这些水给妈妈还不够呢，就赶紧抱着水罐跑回家去。她匆匆忙忙，没有注意到脚底下有一条小狗，一下子绊倒在它身上，水罐也掉在了地下。小狗哀哀地尖叫起来。小姑娘赶紧去捡水罐。

她以为，水一定都洒了，但是没有，罐子端端正正地在地上放着，罐子里的水还满满的。小姑娘把水倒在手掌里一点，小狗把它都舔净了，变得欢喜起来。当小姑娘再拿水罐时，木头做的水罐竟变成了银的。小姑娘把水罐带回家，带给了母亲。母亲说："反正我就快要死了，还是你自己喝吧。"又把水罐递给小姑娘。就在这一瞬间，水罐又从银的变成了金的。这时小姑娘再也忍不住了，正想凑上水罐去喝，突然从门外走进来一个过路人，要讨水喝。小姑娘咽了一口唾沫，把水罐递给了这个过路人。这时突然从水罐里跳出了七颗很大的钻石，接着从里面涌出了一股巨大的清澈而新鲜的水流。

而那七颗钻石越升越高，升到了天上，变成了七颗星星，这就是人们所说的大熊星座。

资料来源：［俄］列夫·托尔斯泰著：《七颗钻石》。

第三，艺术美。艺术美是美学的核心，是在艺术中再现的美的价值。假使没有绘画、雕刻、音乐、舞蹈和诗歌所产生的美感，人生会显得单调且乏味。艺术美是人们审美意识最集中、最充分的体现，对于人们审美能力的培养起着重要的作用。

艺术美不仅是对自然、社会和人生美的选择和概括，而且是对它们正确的审美评价。通过对艺术美的领悟，不仅能使人们发现美，而且能够帮助人们判断美、理解美，增强自己的审美创造能力。艺术美融合了艺术家心灵的闪光，并将其物态化，成为美好心灵和愿望的载体。

艺术美源于生活，同时又高于生活，艺术作品在对生活的反映中包含着艺术家的主观创造，这种创造更集中、更典型地反映了生活。我们说艺术美是作家主观创造的结晶，主要是指艺术作品所反映的生活总是渗透着艺术家对社会存在的感受和认识。优秀的艺术作品，其审美包容量非常大，并能随着时间的推移和社会的发展与时俱进，不断更新和丰富。优秀的艺术作品引导人正确地感受、理解自然美和人生美，能直接给人以情操美、理想美、情感美、形式美的教育和熏陶，使人获得精神的解放、心灵的自由与品格的升华。

艺术美的种类繁多，由于所依据的角度、特征、原则、标准不同，对艺术美可以进行各种不同的分类。根据艺术形象的表现时态，可以分为时间艺术、空间艺术和时空联合艺术。音乐、文学等属于时间艺术，绘画、雕塑等属于空间艺术，喜剧、影视等属于时空联合艺术。根据作品形象与人的感知觉等心理联系的原则，可以分为听觉艺术、视觉艺术和想象艺术。音乐等属于听觉艺术，绘画、雕塑等属于视觉艺术，文学则属于想象艺术。① 这些不同种类的美，各有自己独特的魅力，给人带来不同的美的感受，装点着美的艺术世界。

（二）审美的内涵

审美是在理智与情感、主观与客观的具体统一上追求真理、追求发展，是一种主观的心理活动过程，因而具有很大的偶然性。但它同时也受制于客观因素，尤其是人们所处的环境会对人们的审美标准产生很大的影响。

1. 审美心理过程

审美能力是一种高级心理能力，具有综合性和复杂性。它包含感觉、知觉、注意、记忆、想象、情感等诸多心理要素，是一个相互关联渗透和融合的整体。审美心理过程主要包括审美感知、审美经验和审美创造。

第一，审美感知。审美的生理感官经验属于审美经验表层，它包含审美感觉和审美知觉，统称为审美感知。感觉是人们进行理解、想象和情感活动的基础。知觉是对事物的各种属性要素如形状、色彩、气味、明暗度等属性组合成的事物形象的整体性的把握。审美感知是审美对象与审美情感体验之间的中介，它侧重于选择对象的形式属性。审美感知不是使主体沉溺于单纯的生理性感受中，而是将主体导向心灵深处的情感世界，导向情感的升华和净化。

感知美的主要手段是感官的体验。人们觉得花朵美，是因为它娇艳欲滴，香气怡人，花朵的美是通过视觉和嗅觉的体验感知到的；人们觉得歌曲美，是因为它声声入耳，愉悦人心，歌曲的美是通过听觉的体验感知到的；人们觉得丝绸美，是因为它手感细滑，色彩别致，丝绸的美是通过触觉和视觉的体验而感知到的；人们觉得菜肴美，是因为它色香味俱全，菜肴的美是通过视觉、嗅觉和味觉的体验感知到的。

第二，审美经验。审美经验即审美感受，是审美主体在进行审美活动时的生理和心理感

① 李天道著：《美育与美育心理》，中国社会科学出版社，2006 年，第 140 页。

受,是一个动态的体验过程。生理感知是审美得以展开、审美经验得以深化的开端和必要的诱发因素。同时,人的心理情感状态对于生理感受状态经验有着反作用。

人的生理感官和感知活动都具有一定的社会性,它所联系的心理活动也具有一定的社会内容,能够激发各种精神因素,如情感、想象、联想、理智等因素的和谐复杂的活动,这就是审美经验的心理感受层次。情感、认识和想象是审美经验的三要素。审美情感是主体在对审美形式的观照中体验到旧有的生活经验记忆时的情感反应,它摆脱了狭隘的实用功利束缚,更具有普遍性,也更深刻。审美经验中包含着认识的因素,审美认识融于审美情感之中,主体在审美活动中总能或深或浅地获得一定的对人生和生命的感悟。

第三,审美创造。在实践的基础上,以一定的理想为指导,遵循美的规律进行发明、创造的一切活动都可以称之为审美创造。审美创造活动是人类与动物的根本区别,同时也是人类不断追求自我提高和不断发展进步的强大动力。黑格尔认为:"人类通过实践的活动来达到认识自己,因为人有一种冲动,要在直接呈献于他面前的外在事物之中实现自己,而且在实践过程中认识自己。人通过改变外在事物来达到这个目的,在这些外在事物上面刻下他自己内心生活的烙印,并且发现他自己的一些性格在这些外在事物中复现了。"[1]在黑格尔看来,自然不是无法改变的客观存在,人类可以通过一些有目的的实践活动把自己的意识注入自然界,按照自己的意志改变自然存在。一切客观存在的自然美,都是人类不断通过实践活动去改变外在事物的结果。对此,他举了一个例子:当一个小男孩把石头抛到河水中时,他以惊讶的目光去看水面上出现的波纹,认为这波纹是他的一个作品,因为他从中看到了自己的活动所产生的结果。在这个例子中,小男孩暂时还不具备审美创造的能力,但从某种意义上来讲,他却无意识地进行了一次审美创造活动。

2. 中西方审美差异

一种文化现象的发生和发展,是人类长期审美实践的产物。在中国封建社会的土壤里,不可能开放出古希腊时期那种表现人体健美、体格强悍的袒露胸腹的艺术之花,也不可能出现像维纳斯那样裸露肌肤的女性形象和像大卫那种全裸的男子雕像。

西方的艺术创造是一种入木三分的细腻肌肉块和骨骼关节的直观再现;中国艺术则充分利用外在条件的包裹意象影射人体内在的那种气质和想象。中国的哲学思想以中庸谦和为主,把天人合一和物我两忘推为至高;西方人的基本态度却是物我对立。在对立思想的支配下,西方人很重视对事物的客观认识,用概念化推理进行演绎,从把握对象的思维发展到用实验剖析事物本身,重视对物体本身的实体效果表现,从而揭示事物规律,在审美中更强调人为因素和量化微观。物的美丑是依据它与人的关系来决定的。人们会通过这种感觉的自然形式所表现的意志,不断寻找那些与自身相关的审美感觉。

(三) 美育

人的审美能力既是与生俱来的本能,也是后天熏陶培养的结果。我们将这种有目的、有组织、有计划地促进年轻一代审美能力提高的过程称为审美教育,简称美育。

---

[1] [德]黑格尔著,朱光潜译:《美学(第一卷)》,北京商务印书馆,1979年,第39页。

1. 美育的内涵

美育,也称审美教育或美感教育,指教育者有目的、有计划地培养学生认识美、鉴赏美和创造美的能力的教育。美育这一概念发轫于德国著名哲学家席勒(Friedrich von Schiller)的《美育书简》一书。席勒提出除了应该有促进人们健康、认识和道德的教育外,还应该有促进人们鉴赏力和美的教育。这种"促进儿童鉴赏力和美的教育"的目的就是培养人们的精神力量和感性,使其达到整体的、最大的和谐,而达到这种和谐的唯一手段就是审美。通过审美作中介,感性的人就有可能变成理性的人,人们也可以从必然王国飞跃到审美王国。席勒认为:"在审美王国里,指导行动的不是对外来习俗的呆板模仿,而是人们自己美的本性。在那里,人们以勇敢的单纯和宁静的天真走过最复杂的关系网,既无须以损害别人的自由来保持自己的自由,也无须牺牲自己的尊严来表现优美。"[①]他从人道主义的理想出发,把人的自由、解放和人性的完善设定为美育的终极目标。

孔子和孟子的"诗教"和"乐教",是中国最早具有美育性质的思想。他们强调"诗"、"乐"对人们的教化作用,认为人们通过学习诗、乐,可以实现情理的协调,有助于个人和社会的和谐发展。人们通过不断完善理想人格,达到内心仁义的充实和言行举止谦恭有礼的境界。孔孟的美育思想对于个体人格的完善和社会的安定和谐具有重要的启发意义。

民国时期的著名教育家蔡元培十分重视美育。他认为:"美育者,应用美学理论于教育,以陶冶感情为目的者也。"[②]因此,他提出了著名的"美育代宗教"理论,设想了包括家庭教育、学校教育、社会教育在内的三位一体的美育实施方法。他认为:"今天我们的美育已远不是像孔子那样把它作为道德教育的手段,也大不同于席勒使之成为达到理性、精神自由的中介环节,而是要把对美的鉴赏和创造,作为人类的一种文化素质,一种能力,一种创造客观世界和完善自身的价值来培养,使人真正按照'美的规律来建造'世界。"[③]

2. 美育的发展过程

美育是审美和教育结合的产物,是一个古老的课题。美育的历史几乎同人类文明的历史同样悠久,它随着人们的审美活动和艺术的产生而产生,在劳动过程中逐渐形成和发展起来。从古代的《诗》、《乐》发展到现在,美育经历了漫长的发展历史。

第一,古代美育。原始社会在审美活动和艺术产生后,出现了对年轻一代审美经验的传授。古代人最初的音乐就是他们在生产活动时喊的劳动号子,我们现在所看到的原始人类留下的壁画和雕像等,往往是他们日常生活场景的再现,是他们的生产活动经过美化后的结果。奴隶社会阶段,学校开始产生,美育成为学校的教育内容之一。如中国古代的"六艺"—— 礼、乐、射、御、书、数。"乐"是集诗歌、音乐、舞蹈三者于一体的美育课程。孔子非常重视诗和乐的教育,他认为"安上治民,莫善于礼;移风易俗,莫善于乐",又说:"兴于诗,立于礼,成于乐。"封建社会中,美育一直作为巩固封建统治的工具而存在,儒家经典是该阶段使用的唯一教材。

① [德] 席勒著,徐恒醇译:《美育书简》,中国文联出版公司,1984年,第148页。
② 蔡元培著:《蔡元培美学文选》,北京大学出版社,1983年,第174页。
③ 曹利华著:《幼儿美育》,上海科学普及出版社,1991年,第3页。

在西方,最早的美育要追溯到古希腊时期,主要代表城市是雅典和斯巴达。雅典为7—14岁的儿童设立了弦琴学校,教儿童音乐、唱歌和诗歌朗诵。而斯巴达为了把公民培养成战士,主要教给儿童赞美歌和战歌,并且把音乐和军事、体育结合起来,改变了美育的初衷。和中国古代的美育目的相同,古希腊美育的目的也是巩固统治。

中世纪时,教育被分为僧侣教育和骑士教育两个部分。骑士教育在封建主的家庭中进行,主要学习骑士"七技"——骑马、游泳、射箭、行猎、下棋、唱歌、吟诗。美育主要通过唱歌和吟诗进行,这两个技能是骑士向领主表达忠诚的重要途径,其主要目的是为封建主歌功颂德。僧侣教育多在教会学校中进行,开设的课程中和美育有关的就是音乐课。教授音乐的主要目的是学会赞美诗以歌唱上帝。中世纪是个贬低艺术的时代,但却依然通过建筑、音乐、宗教画像和雕塑等途径来对人们进行审美教育。

文艺复兴时期,教育目的转向了培养"完人"。与这个教育目标相匹配,学校中开设了包括音乐、美术在内的美育课程,并且强调音乐和美术对儿童教育的意义。这一时期,人们注重在快乐的游戏中学习。18世纪时,卢梭提出了自然教育的理论,反对理性对人的束缚,强调感知觉在教育中的作用,认为游戏和绘画有助于感知觉的发展。

第二,近代美育。在近代教育史中,许多著名的教育家都对美育发表了有价值的见解,对美育的发展产生了巨大影响。席勒是近代美育的奠基人,他的美育思想具有划时代的意义。席勒把人性的和谐发展作为美育的最终理想,因而认为应该通过审美教育来解决社会问题,从而促进社会变革,达到人的解放。"在经验中解决政治问题,必须通过美育的途径,因为正是通过美,人们才可以达到自由。"[①]

法国启蒙思想家卢梭在自然教育的基础上,根据自己对于儿童发展阶段自然进程的理解,将儿童教育划分为四个阶段。其中第二个阶段(2—12岁)的主要任务是发展感官。卢梭将感觉经验看作儿童实施智育的前提,认为在第二阶段对儿童实施的美术教育应以感觉和形象训练为目的。

德国教育家赫尔巴特认为,艺术是人的本能,是人内部生命的表现。因此,培养充分发展的人的教学应根据儿童的审美兴趣开设文学、唱歌、图画等学科。开设这些课程的目的并不是让儿童成为艺术家,而是让儿童学会欣赏艺术,掌握多种能力。

18世纪初,欧洲的一些新式学校开始将美术列入课程。19世纪时,不少国家开始重视美育,扩大美育的领域,在学校中开设音乐、美术及手工课程。这一时期,美育被用来宣传启蒙思想,具有一定的进步意义。

近代中国也涌现了一批重视美育问题的学者和教育家。1912年,临时国民政府教育部公布的教育宗旨是"注重道德教育,以实利教育、军国民教育辅之,更以美感教育完成其道德"。时任临时国民政府教育总长的蔡元培非常重视美育的地位,多次为美育问题奔走疾呼。自近代学制开始实施后,中小学也逐渐开设了音乐、美术、劳动等课程,美育得以逐渐发展兴旺。

---

① [德]席勒著,徐恒醇译:《美育书简》,中国文联出版公司,1984年,第39页。

第三，现代美育。美国现代儿童美育的先驱是富兰克林（B. Franklin），他早在 1749 年就主张将美术引入教学计划。他认为美育是可满足处于发展中国家的需要，主张对美育的内容进行选择，将最有用的内容传授给儿童。

直到 20 世纪早期，工业绘画仍是美国美育的主流观念。在强调儿童美术作品的创造性的表现主义对美国产生影响之前，这种僵化的工业绘画体系并没有发生革命性的变化。表现主义的代表人物之一是奥地利的齐塞克（F. Cizek），他首先提出儿童的基本绘画能力是天赋的，人的绘画天赋的发展一般起始于儿童期。

20 世纪 50 年代，美国的教育家布鲁纳提出了"学科结构"的概念，科目变成了美国课程改革的焦点。而巴肯（M. Barkan）则将布鲁纳的主张引入美育领域，努力尝试在美术中发现作为课程发展要素以及与科学知识相同的结构形式。巴肯认为，作为科目的美术教学课程必须包括画室学习、美术批评和美术史。

中国现代美育的开创者是王国维，他的美学观既有西方美学的思辨色彩，又有中国美学的直观特点。他开创的现代美育，既有西方美育的科学因素，又包含中国美育的伦理成分。

对中国儿童美育的研究作出了杰出贡献的还有陈鹤琴。他以自己的长子为研究对象，进行了长期的连续研究，得出了有关儿童绘画能力发展的有价值的结论。陈鹤琴对儿童美育的研究，在 20 世纪 50 年代初有了更大的进展。他的一些研究成果，在儿童美育领域有举足轻重的影响。

3. 美育与相近学科的关系

美育作为一门独立学科，有其独特的教育内容、方法和规律。它和其他学科既相互联系、相互促进，又有着本质的不同。

第一，美育与美学的关系。美学是研究人类的审美活动及其一般规律的科学，主要由四部分组成——美的哲学、审美心理学、艺术社会学和审美教育。严格来讲，美育是美学的一个分支，又是美学的一个组成部分，美育与美学有内在的亲缘关系。美育是实现美学的任务和目的的途径和手段，同时也是美学最终的落脚点。

第二，美育与教育学的关系。教育学是研究人类教育现象及其规律的科学。教育学试图揭示教学实践中最普遍的教育规律，为审美教育提供理论基础。美育是教育学的组成部分和分支学科，是教育学的扩展和延伸。它们是普遍与特殊、整体与局部的关系。此外，二者的不同还在于教育学更注重理性教育，美育则更加注重情感教育。

第三，美育与心理学的关系。心理学是研究一切心理现象的理论基础，审美教育作为一种美感教育，必然涉及审美过程中的心理活动，这就需要借助于心理学的研究材料和成果。心理学是美育理论研究的科学依据，美育是心理规律在审美教育中的具体运用和体现。反过来，美育的研究成果又将丰富和深化心理学研究的内容。不同的是，心理学研究的是心理活动的普遍规律，而美育研究的则是审美教育中的心理活动规律。

第四，美育与艺术学的关系。艺术学是研究艺术整体的一门科学，是系统地研究艺术实践、艺术现象和艺术规律的人文科学。美育的主要内容就是艺术教育，它的主要媒介就是艺术美。美育与艺术学的区别在于，美育研究的范围较艺术学更宽泛，除了艺术教育，美育还包括对自然美和人生美的教育。

二、儿童美育

儿童美育的教育对象是儿童。因此,儿童美育既有美育的一般含义,又有不同于一般美育的特征。

(一) 儿童美育的内涵

关于儿童美育的概念界定,国内有不少观点。孔起英认为:"儿童美育应该根据儿童生理、心理特征,培养形成健全的、协调的审美心理结构,通过促进儿童的审美发展来促进儿童丰富完整的个性。"[1]楼昔勇认为:"儿童美育是以现实生活和艺术领域中无比生动、丰富的美作为手段,来滋润幼儿的心灵,美化幼儿的性格,提高幼儿的审美能力,从而使他们的身心得到健康的、全面的发展。"[2]曹利华认为:"幼儿美育就是通过事物的具体鲜明的形象来感染幼儿,从而引起幼儿的美感,培养他们的爱美之心、创造美的能力,促进他们的全面发展。"[3]

综上所述,儿童美育是指从儿童的心理特点出发,结合儿童的生活实践,通过客观事物的直观形象来激发儿童的情感,促进儿童身心的全面发展。儿童美育的最终目标在于为培养全面发展的人打基础,儿童美育是致力于全面发展的教育的一个重要组成部分。

(二) 儿童美育的内容

儿童是祖国的未来,是推动人类发展和社会进步的中坚力量,对儿童进行正确的教育是全面提高儿童素质的基本条件。但儿童时期又是一个十分特殊的时期,很多习惯和品质都是在儿童时期慢慢确立的。在这一时期,以美育为手段对儿童进行教育无疑是最佳的选择。儿童美育应该有以下几个方面的内容。

1. 积极引导儿童养成良好的习惯

习惯不是人生下来就具有的。儿童有一定的意识和极强的模仿能力,所有的事物对儿童来说都充满了新鲜感,他们急于弄清楚其中的奥妙所在,期望能够找出正确的答案。此时,家长要耐心地给儿童讲解,同时要启迪儿童独立思考和独立了解事情真相的习惯。在儿童进入学校之后,作为施教者,教师也要不断引导儿童形成独立思考的习惯。同时,我们必须明白,儿童的习惯养成是一个长期过程,家长和教师要让儿童在长期发展的过程中,不断纠正不良的习惯,养成正确的习惯。叶圣陶先生十分重视儿童的习惯培养,他在国立第五高等小学任教的时候,就引导儿童积极参加社会实践,锻炼儿童的动手能力,比如创办奶牛场、报社等,让儿童自己动手培养自己探索其中奥秘的习惯,领会在实践中检验自己理念的重要性,养成在实践中检验理论的习惯,明白实践出真知的道理。

我们现代所提倡的素质教育,也十分重视儿童习惯的培养,并且更加重视儿童实践动手能力的提高,使儿童在增长知识的同时也扩大视野,在真实客观的物质世界里感受来自于大自

① 杜卫、陈鹰著:《儿童美育概论》,华中理工大学出版社,1995年,第20页。
② 楼昔勇著:《幼儿美育》,华东师范大学出版社,1992年,第3页。
③ 曹利华著:《幼儿美育》,科学普及出版社,1991年,第1-2页。

然、艺术作品和人类社会的美,实现人与人之间、人与社会之间的和谐发展。

2. 在教学活动中重视趣味教育

趣味会激发人类无限的潜能,可以促使人们朝着自己喜欢的领域发展。在实际教学活动中,教师更要注重教学的趣味性。所谓趣味性,就是要发现美的关键所在,引导儿童去感受美。美无时不有,无处不在,关键是我们要感受到美的存在。家长和教师应引导儿童去主动探索美,充分地利用各种媒介对儿童进行美的教育,不仅要告诉他们什么是美,还要告诉他们为什么美,这样循序渐进地培养儿童的审美感受力和鉴赏能力,从而引领他们感受更深层次的美。

在教学活动中重视趣味教育,就教学的方法来说就是要培养儿童的自学能力,使儿童在学习过程中尽可能地享受最多的乐趣。所谓乐趣,通俗来说就是人的最佳心理状态。实施趣味教育的最终目的就是让儿童在学习过程中达到这种最佳状态,能够快乐地学习。相较于古代填鸭式的教学方法,近代人们越来越重视教学活动的趣味性,注重培养儿童的学习和审美兴趣,使得儿童能够更全面健康地发展。

3. 以美育化手段教学推动儿童创造性发展

科学技术日新月异,知识的不断更新决定了儿童发展的核心就是创造性的发展,也就是素质教育所提倡的创新精神和实践能力的发展。促进儿童创造性发展有很多方式,而美育因其独特的功能,在儿童创造性的培养中占据着重要地位。

创造性的发展是人类的思想区别于动物的最本质的特征之一。所谓创造,在亚里士多德看来就是在精神和物质领域"产生前所未有的事物"。创造性最根本的特征之一就是结果的新颖性。儿童时期既是创造性发展的启蒙时期,又是塑造儿童创造性的关键期。美育可以为儿童的创造性发展提供一个良好的环境,原因就在于美育可以促进人生命活动的整体和谐发展。美育化的手段就是以美学的思想来改造学科教学,在教学实践中以人为本,把教学变成一个培养人的创新精神和实践能力的活动。用美育化的手段进行教学,可为教学活动注入新鲜的血液和活力,在创造性发展和教学活动之间架设一座沟通的桥梁。

(三) 儿童审美的特征

儿童审美和成人审美有很大的差异,在价值取向和对作品色彩、内容的评判上,儿童有自己的审美价值观。

1. 儿童的审美偏爱

所谓审美偏爱,就是审美主体对审美客体所作出的带有倾向性的情感评价,这种情感评价中多半带有审美主体对本身审美经验的主观概括。布雷顿(W. L. Brendun)在他所著的《儿童美术心理与教育》一书中指出,当儿童被问到他是否喜欢某一幅图画时,儿童的回答完全是由他的喜好来决定的。如果图画所描述的事物是儿童所熟悉的,或者图画中传达的情感具有美好的含义,这幅图画就比较容易被儿童接受。比如,儿童喜欢一幅描绘烘焙场面的图画,因为作品中有他喜欢的小甜饼;而另一幅图画之所以不被喜爱,是因为它描绘了一只儿童从未见过的老鹰。

利德斯曾进行过一项研究,要求 6 岁儿童把 126 幅图画分成美的、丑的和不确定的三类,结果表明,50%以上的儿童不能确定近一半画的美、丑性质。他们对什么样的作品是美的还没有一致的标准。然而，绝大多数儿童认为，作品中带有花、动物、家庭摆设等经验中熟悉的、能使人愉快的事物的作品是美的作品。[①] 总体而言，儿童偏爱那些含有他们所熟悉的事物的作品和色彩明艳、对比度强的作品。这也证明了儿童判断艺术作品好坏的两个标准——内容和色彩。儿童的审美活动带有很强烈的主观色彩，感性要多于理性，那些感情丰富、有较强艺术表现力的作品往往是儿童首选的关注对象。

对美好形象的喜爱是人类的天性，因而儿童的审美活动总是从对形象的感受开始的。加登纳认为，审美机制发挥作用的基础是情感。在儿童的审美活动中，只要儿童的情感发生了变化，那么他就会以一个欣赏者的身份参与到整个艺术过程中。审美活动的有效与否就在于艺术作品的情感是否丰富，儿童能否与之进行情感交流。

2. 儿童的审美移情

在中国，最早对"移情"一词作出解释的是朱光潜先生。他认为："移情作用就是人在观察外界事物时，设身处在事物的境地，把原来没有生命的东西看成有生命的东西，仿佛它也有感觉、思想、情感、意志和活动，同时，人自己也受到对事物的这种错觉的影响，多少和事物发生同情和共鸣。"[②]移情不仅仅是把人的主观意志投射于客观存在，而且在这个过程中，人的情感、意志也会受到客观存在的影响。也就是说，移情是一个双向的过程，包括由我及物和由物及我两个方面。

儿童的审美移情是指儿童在进行审美活动时，可以敏锐地捕捉到审美对象的特点，并把自己的情感或思想等投射到审美对象中去，与之进行独特的沟通和交流，把无生命的审美对象生命化。审美对象生命化后，儿童受到这种意识的影响，会和审美对象发生情感的共鸣。整个移情过程都是在无意识的情况下进行的。

通过审美移情，儿童可以把自己的生活经历、感情、思想、感觉等移植到审美对象中去。这种移置活动有助于净化儿童的不良情感，使儿童对审美对象产生亲切感，对儿童的心理过程产生积极影响，有利于儿童的成长。儿童对审美对象发生审美移情后会获得审美愉悦感。审美愉悦感随着主体的自我肯定而产生，对于儿童自我价值感的发展有一定的促进作用。与此同时，审美愉悦感还可以成为儿童进行审美活动的动力，使儿童的审美经验更丰富。审美移情可以突破时空的限制，打破儿童过去和现在、自我和外在之间的疆界。儿童在这一过程中可以获得较统一的经验，为其成人之后审美经验的统一性打下基础。

3. 儿童的审美评价

儿童在对美的事物进行评价时，大多以自身情感和喜好为参照，而不会在意事物的价值。比如，大多数的儿童会认为一幅色彩鲜艳的风景画要比毕加索的大作更加有审美价值。

此外，儿童在进行审美时大多喜欢色彩鲜艳、对比强烈的事物。这也是为什么儿童用的玩具、衣服、书籍都设计得如此艳丽的缘故。幼儿期的儿童，不管男孩还是女孩，都偏好花哨的衣服，只是到了后来，由于性别的差异，男孩才渐渐开始排斥那些在他们眼中具有女性化特征的

① 刘星：《从儿童审美偏爱看儿童书籍的装帧设计》，《中国出版》2007年第3期。
② 朱光潜著：《西方美学史（下册）》，人民文学出版社，1979年，第597页。

衣服。

儿童的审美评价是片面的、不完整的。他们喜欢便是好的,不喜欢便是不好的。由于儿童的思维还没有达到辩证思维的高度,所以儿童进行审美评价时总是带有片面性。我们经常可以看到儿童在阅读或观看童话故事、动画片时问:"他是好人还是坏人?"他们天真地认为,好人的一切都是好的,坏人便一无是处。例如,黑猫警长在儿童心中是顶天立地的大英雄,而片中的一只耳则是无恶不作的罪犯。因为儿童从小接受的就是这种教育,所以在进行审美评价时带有片面性是必然的。

第二节　儿童审美的特征

儿童是人类发展的一个特殊时期,儿童的身心在这一时期处在迅速的变化发展中,有着极强的学习能力和模仿能力。审美是对外界事物进行主动选择并使其与自身情感进行互动的过程,由于儿童的不成熟性,所以儿童在进行审美时有自己独特的特征。因而研究儿童审美的特征要从儿童审美的心理过程入手。

一、儿童审美的心理过程

研究儿童美育的前提和基础就是要了解儿童的审美心理。儿童的审美心理和成人的审美心理截然不同,只有了解了儿童审美的心理特点,才能采取适合儿童的美育方法,充分发挥儿童美育的作用。

(一) 儿童的心理特征

儿童是不成熟的个体,处于不断的变化发展之中。儿童有审美的生物学潜质,而且具有"泛灵论"的审美倾向。在进行审美活动时,儿童的感性思维占主导地位,并且随着年龄的不断发展,表现出不同的阶段性特征。

1. 儿童具有发展审美能力的生物学潜质

研究者认为,儿童的审美能力来源于遗传得来的普通感知能力。出生两周内的新生儿就具有颜色辨别能力,出生 8 分钟到 13 天的新生儿中有 80％能分辨红和灰。一些研究表明,3—4 个月的婴儿已经能够分辨彩色和非彩色,例如红色能够引起儿童的兴奋。4—8 个月的婴儿最喜欢波长较长的温暖色,如橙色、黄色,不喜欢波长较短的冷色,如蓝色、紫色等;喜欢明亮的颜色,不喜欢暗淡的颜色。[1] 在形状知觉方面,儿童更喜欢有图案的事物,不喜欢没有图案的事物;喜欢清晰的图像,不喜欢模糊的图像;喜欢活动的图像,不喜欢静止的图像;喜欢形状多的图像,不喜欢形状少的图像;喜欢曲线,不喜欢直线和角;喜欢带有人脸的图像,不喜欢非人脸的图像;喜欢结构复杂的图像,不喜欢结构简单的图像。[2]

儿童自从出生的那一刻起就开始体验探索世界所带来的乐趣。研究表明,婴儿在 4 个月

---

① 孟昭兰著:《婴儿心理学》,北京师范大学出版社,1997 年,第 152－155 页。
② 李红、刘兆吉:《儿童审美心理的发展》,《西南师范大学学报(人文社会科学版)》2000 年第 2 期。

大的时候就会主动去抚摸或者抓抢他感兴趣的东西,一旦目的达成,就会非常愉悦,特别是当大人和他玩"藏猫猫"的游戏时,他会一边手舞足蹈,一边发出"咯咯"的笑声。[①] 因此,婴儿在这一时期就可以体验到最初级的审美乐趣。

2. 思维方式不断变化

儿童的思维方式随着年龄的增长和经验的积累不断变化。其思维方式由以感性思维为主导逐渐过渡到以形象思维为主导。美学家谷鲁斯(Karl Groos)认为,儿童 1.5—5 岁时思维的特点主要是"内模仿",即儿童主动模仿外界事物的特点,这种特点包括精神和物质两个方面。例如,当儿童画到枪炮射出的子弹与炮火落在人群中时,儿童会一边模仿子弹发射的"哒哒哒"声,一边模仿中弹的人,发出痛苦的喊叫倒在地上。[②] 处于这一阶段的儿童已经可以摆脱具体动作的限制,开始对自己的经验进行思考,达到了动作思维到形象思维的升华。

感知运动思维是一种借助于动作来认识世界的思维方式,是儿童的一个基础性的心理特点。处于这一思维阶段的儿童认为,运动的、能被感知到的东西才是存在的,而静止的、感知不到的东西都是不存在的。他们的思维在动作中进行,直接和运动联系在一起。比如,这一时期的儿童只要感知到某事物是自己喜欢的,就会做各种动作去得到它,他们不明白什么是危险,常常会把很多东西都放进嘴里。处于感知运动思维阶段的儿童主要通过动作来实现与外界的沟通和交流。

形象是儿童思维的主要材料,成人提供给儿童作为审美材料的形象应该生动、具体、鲜艳而富有特色。格罗塞认为,人类从原始社会开始就喜好红色,这种癖好一直保留到今天。这种说法在儿童身上得到了证明。格罗塞说:"我们只要留神观察我们的小孩,就可以晓得人类对于颜色的爱好至今还很少改变。在每一个水彩画的颜料匣中,装着红色颜料的管子总是最先用空。"[③]形象思维不能离开形象而单独存在,这就决定了儿童对审美活动的偏爱。因为美的事物大都拥有具体美好的形象,最符合儿童的思维特点,也就容易被儿童接受。

3. 对色彩喜爱的差异

儿童在刚出生时并没有分辨彩色和非彩色的能力,直到三四个月大时,才有了初步的分辨颜色的能力。但是这时儿童只能感受到色彩的明暗,却感受不到色彩的冷暖。对儿童色彩感受的研究结果表明:65％左右的 4 岁儿童能感受到色彩的冷暖性,随着年龄不断增长,5—6 岁儿童色彩感受度可以达到 74％—77％。就整个学龄前阶段而言,儿童普遍喜欢暖色调。儿童从 4 岁开始就已具有相当明显的先天直觉美感,对色彩均衡和谐也有较好的感觉,4 岁儿童比五六岁的儿童具有更强的审美感受。[④] 此外,儿童对色彩的喜爱会伴随年龄增长表现出由色彩鲜艳、对比强烈向对比协调、色彩柔和的方向转变的趋势。

① 楼昔勇著:《幼儿美育》,华东师范大学出版社,1992 年,第 5 页。
② 孔起英著:《儿童审美心理研究》,江苏教育出版社,2004 年,第 49 页。
③ [德]格罗塞著,蔡慕晖译:《艺术的起源》,商务印书馆,1984 年,第 47 页。
④ 孔德明:《儿童产品艺术设计探微》,吉林大学硕士论文,2005 年。

儿童教育哲学

(二) 儿童审美认知发展的五阶段理论

美国著名的儿童心理发展学家加德纳(H. Gaidner)成功地将艺术与心理学相结合,揭示了艺术在个体心理发展中的作用。加德纳在其所著的《儿童对艺术的知觉》一文中提出了儿童审美认知发展的五阶段理论。[①]

1. 婴儿知觉期(0—2 岁)

儿童在这一阶段的主要任务是认识外在世界,锻炼最初的知觉能力。在这一时期,由于儿童的年龄尚小,缺乏对艺术作品的感知和评判能力,因此他们难以与艺术作品产生直接联系。虽然这一时期儿童难以把握艺术作品的整体特征,但是他们已经开始注意明暗,能够感受到对比强烈的光线,出现了对人像的偏爱,偏爱方格棋盘等有组织的图案。虽然儿童这种对非组织性和分离性形式的认知和排斥尚处于萌芽状态,但是它对儿童以后的审美发展具有重要的意义。

2. 符号认知期(2—7 岁)

儿童在这一时期的主要任务是掌握符号的意义,如手势、发音、数字、线条和语言等。符号是艺术品的基本语言,只有在掌握符号的基础上儿童才能进一步理解艺术的整体特性。但是由于年龄和能力的限制,儿童还不能通过符号掌握艺术品的整体特征。在这一时期,儿童只能依据美术作品反映的内容对其进行分类,但不能依据美术作品的风格和形式进行分类。由于儿童有了对符号意义的初步认知,所以他们能够区分不同色彩和线条要表现的意义。因此,儿童此时已经具备了一定程度的审美能力。但是这种审美能力是不稳定的,容易随着环境的波动而下降或消失。

3. 写实高峰期(7—9 岁)

写实高峰期的儿童忠实于绘画的原型,希望可以把绘画的对象完整而真实地再现于作品中,而且会以是否写实为标准来判断作品的优劣。因此,这一时期的儿童可能会认为写实画作要优于抽象画作,摄影作品要优于绘画作品。

4. 写实终结期和审美感受初期(9—13 岁)

这一时期的儿童处于小学阶段,积累了一定的知识和经验,对事物有了进一步的了解。他们不再坚持原有的僵化原则,而是学会了自己判断,在艺术活动中开始注意形式技巧的运用和色彩的对比。儿童的审美标准开始多元化,喜欢不同风格的作品。儿童不再一味地追求对现实的再现,而开始对抽象的表现形式感兴趣。儿童进入审美感受初期后,会开始考虑线条的粗细变化、色彩的互补、背景的虚实和透视的把握等因素,追求作品的最终效果。

5. 审美参与危机阶段(13—20 岁)

随着年龄的不断增长和知识面的拓展,这一时期的儿童对艺术的批判能力不断提高。正因为艺术批判能力不断提高,所以他们很少会"创作"新的作品。在对艺术作品的审美标准方面,儿童坚持"趣味无争辩"的原则,因而可能会忽略艺术作品中隐藏的特定价值标准。

---

① 谷笑源:《"童心长存"——儿童书籍装帧设计》,东北师范大学硕士论文,2007 年。

加德纳简介

霍华德·加德纳是世界著名发展和认知心理学家，"多元智能理论"创始人。现任美国哈佛大学教育研究生院认知和教育学教授、心理学教授、波士顿大学医学院精神病学教授和哈佛大学《零点项目》研究所两位所长之一。《纽约时报》称他为美国当今最有影响力的发展心理学家和教育学家。哈佛商学院教授称加德纳是"本时代最明亮的巨星之一，他突出表现人类成功的不同智慧"。美国特质教学联盟主席称："推动美国教育改革的首席学者，加德纳当之无愧。"加德纳教授目前的研究还包括创造力和领袖学。

加德纳 1943 年出生于美国宾夕法尼亚州的一个小镇，父母都是德国犹太移民。18 岁进入哈佛大学读本科，23 岁进伦敦经济学院进修，28 岁获得哈佛大学研究生院的心理学博士学位。加德纳教授以他卓越的研究成果获得了众多的荣誉，其中重要的奖项有：1981 年因为在哈佛零点计划的工作而获得麦克阿瑟奖，1990 年成为首位赢得路易斯维尔大学葛洛麦尔教育奖的美国人，2000 年获得 John S. Guggenheim 纪念基金奖。他还被二十所大学和学院授予荣誉学位，其中包括爱尔兰、意大利及以色列等国家的一些学校。他在发展心理学、神经心理学、教育学、美学和社会学等多个领域出版和发表了二十多本著作和几百篇文章，他的著作被翻译成二十二种文字在世界范围内出版发行。

加德纳教授一直是艺术教育的倡导者，他认为艺术学习是培养在其他学科中的创造力的有效途径，他的早期著作 *The Arts and Human Development*（1973）、*Artful Scribbles*（1980）、*Art, Mind and Brain*（1982）都记载了这方面的相关研究。在 1982 年至 1985 年间，加德纳教授对中美两国的艺术教育作了比较研究，并在 1989 年出版的 *To Open Minds* 一书中公布了他的研究结果。

在 *The Arts and Human Development* 中，加德纳指出皮亚杰的发展模式只适用于"最终导向科学思维的思维过程，其终极状态可以非常逻辑地表达出来"。在这种批判的基础上，他考察了创造性活动中认知过程的发展，开始着重探索伟大的艺术家的思维过程，并相继出版了 *Art, Mind, and Brain: A Cognitive Approach to Creativity* 等著作。

材料来源：http://baike.baidu.com/view/43499.html。

（三）儿童审美的心理因素

儿童审美的心理过程是由诸多心理因素构成的，包括审美需要、审美感知、审美想象、审美情感、审美体验和审美创造。

1. 审美需要

审美需要是人的社会需要的一种，也是审美活动能否产生的关键所在。审美需要渗透在生活的方方面面，它是在多种条件的推动下产生的，其中最主要的条件是物质生产社会化。纵观整个人类史，社会生产不断进步，人体机能越来越完善，审美需要也不断丰富，其产生的作用也越来越重大。

儿童的需要大致可以分为三种：生理性需要，认知性需要，社会性需要。审美需要作为认知性需要的一部分，在儿童成长过程中尤为重要。儿童的审美需要是儿童所有活动的基本动力和内在源泉。儿童通过审美活动来认识世界，在不断进行的审美活动中逐步培养起自己的世界观和价值观，进而在审美创造活动中获得自我实现。随着年龄的增长，儿童的审美需要也不断朝着更深刻的方向发展，由最初对色彩和形状的审美需要逐步上升到对事物整体的审美需要。儿童审美需要的发展为审美活动的顺利展开奠定了基础。

2. 审美感知

儿童进行审美欣赏的基础是审美感知能力的出现，离开了审美感知，审美欣赏将无从谈起。大部分审美欣赏是通过听觉和视觉进行的。

在精神活动方面，儿童会满怀兴趣地观察所看到的一切事物，其中想象和幻想占有非常大的一部分，这些都来自儿童的"童心"。儿童的审美感受中，想象和幻想在很大程度上决定了儿童在艺术活动中有自己独特的审美感受。在成年人看来不错的艺术作品，却可能无法引起儿童的兴趣。儿童审美能力的提高可以扩展到智力、伦理、性格的养成，极大地促进儿童智力的开发。

3. 审美想象

审美想象，也称审美想象力，是审美主体按照审美需要，有意识地围绕既定主题展开想象的能力。审美想象是一种较深层次的心理活动，由个体在长期审美活动的基础上有意识地积淀、转化而成。开展审美活动需足够的审美想象力，美术作品的欣赏和创作都离不开审美想象。艺术品的创作尤其需要审美想象的参与，审美想象在审美活动中占据重要地位，是审美活动的灵魂所在。

儿童审美想象的发展遵循着从无意想象到有意想象，从再造想象到创造想象的发展规律。最初，无意想象占主导地位时，儿童进行创造没有明确的目的，或者说，即使有了主题也不稳定，其创作容易受外界的影响。随着年龄的增长和经验的丰富，儿童的有意想象开始占据主导地位。他们开始有目的、有意识地进行作品构思，并能围绕作品的主题充分发挥想象力。直到儿童的抽象概括能力有了初步发展后，儿童的创作活动中才开始出现创造想象。

随着知识经验的积累、观察能力的提高和表象的丰富，儿童的想象活动发展出创造性成分。他们想象的创造性成分受生活经验的局限，多囿于具体形象水平，难以超越现实。所以多数儿童的想象是以再造想象为主的。

4. 审美情感

情感是整个审美心理要素发挥作用的基础，主体只有依赖于情感，才使得审美活动相对区别于其他活动获得自己的规定性。因为"审美情感是一种无所不在的'令人兴奋'的情感，是欣赏优秀艺术时被直接激发出来的,是人们认为艺术应当给予的'快感'"①。因而"任何一种不考虑个体感受的关于艺术的讨论都可能完全歪曲所研究的现象"②。审美情感的这种独特的地位和作用,决定了它在整个审美心理活动过程中的广阔的涵盖域。第一,作为一种动力,它涵盖着审美欲望和审美情趣,是形成整个审美心理状态的内驱力。没有这样的内驱力,审美态度不可能产生,审美经验也不可能形成。第二,作为一种审美状态,它涵盖着审美感知、审美想象和审美理解,并在其中起着亲和作用。第三,作为一种审美态度,它涵盖着审美判断和审美趣味。一方面它是审美教育的效应,另一方面它又可作为审美价值批评的依据,即审美判断和评价就是一种情感评价。

儿童生而具有情绪反应的能力。儿童情感情绪的发生比理性认识的发生要早得多,其历史也古老得多。它不仅是人类在进化过程中为适应生存而发生并固定下来的特性,而且是在脑的低级结构中固定下来的预先安排好的模式。对于儿童意识的产生来说,情感是构成意识和意识发生的重要因素。

5. 审美体验

保罗·德曼(Paul de Man)曾说过,美学的真正主题就是体验,是一种过程。他把这一过程称为阅读。③ 那么,什么是审美体验呢?"审美体验是一种特殊的审美经验,是审美经验强烈而深刻、丰富而高妙、充分而激烈的动态形式,并以其设身处地、情感激烈、想象丰富、灵感突现、物我两忘、浑化同一为其鲜明特征。"④体验并非只是认识的工具,体验本身也是目的。只有体验过的东西,才能内在于人的生命之中,融化为生命的一部分。我们体验到自身融入人与自然、人与社会、人与艺术的关系之中,感受生命的艰辛与欢愉,这本身就是我们生命的表现。

体验是儿童认识世界最基本、最普遍的方式。通过体验,儿童可以完成与外界事物的沟通和交流,"他们不再感到自己与世界之间相互隔绝,相反,他们觉得自己与世界紧紧相连融为一体。他们感到自己是真正属于这一世界,而不是站在世界之外的旁观者。自我与非我的区分不复存在,'是什么样'和'应该怎么样'合二为一,没有任何差异和矛盾"。⑤

当儿童通过体验与外界事物进行交流时,他们就能感受到自然和艺术作品中饱含的情感,同时又通过艺术活动把自己的情感表达出来。在这个过程中,儿童会感受到互动和交流所带来的喜悦,从而达到自我肯定,获得精神上的满足,产生审美愉悦感。这种因自我肯定而产生的审美愉悦感反过来又成为儿童进行审美感知和审美创造活动的动力,从而更加丰富其审美情感体验,并由艺术这种符号化的人类情感形式泛化到生活的其他领域,丰富和发展其情感世界,主动按照美的标准和美的规律,将他们感受世界的审美能力转变为内心需要和自我发展的内在动力,进而成为自身行为的一种内在调节力量,使人格得到健全完美的发展。

---

① [美]苏珊·朗格著,刘大基等译:《情感与形式》,中国社会科学出版社,1986 年,第 459 页。
② [美]加登纳著,兰金仁译:《艺术与人的发展》,光明日报出版社,1988 年,第 90 页。
③ [美]林赛·沃斯特著,昂智慧译:《美学权威主义批判》,北京大学出版社,2000 年,第 223 页。
④ 王岳川著:《艺术本体论》,中国社会科学出版社,2005 年,第 160 页。
⑤ 林方:《人的潜能与价值》,华夏出版社,1987 年,第 366 页。

6. 审美创造

儿童的审美创造主要建立在对世界的好奇心和创造性想象的基础上。儿童对外界事物的好奇心是审美创造活动产生的源泉。这种好奇心在儿童很小的时候就已经出现,促使他们去探索世界。随着年龄的增长,儿童可探索的范围不断扩大,这种好奇心有增无减。儿童有了初步的感知和思维能力之后,就愈发想要知道陌生事物的奥秘。儿童正是在对世界的不断探索中锻炼和发展了审美能力。

二、儿童审美的特点

儿童有其独特的审美心理过程,儿童的审美与成人的审美有着本质的区别。儿童在审美时经常会被新颖的刺激吸引,而且其审美对象也在不停变化。这些特点是儿童独有的,并且时时影响着儿童的审美活动。

(一) 儿童审美的趣味性

受儿童思维特征和心理发展水平的影响,儿童经常会被新颖的刺激所吸引,特别是对比强烈的视觉刺激。我们经常可以看到家长给孩子买很多玩具,而儿童对于已经拥有的玩具往往只有几天的新鲜劲,过了一段时间之后就失去了兴趣,将其丢在一边。儿童对这个世界充满好奇心和探索欲,他们始终兴致勃勃地去探索一些未知之处,对已经熟悉的事物则提不起太多兴趣。这一点在审美中表现得十分明显。儿童有很强烈的"喜新厌旧"的心理,事物只要是新颖的,便认为是好的。

(二) 儿童审美的即时性

儿童处于不断的发展变化之中,其身心时刻都处在成长变化中。儿童审美受其心理特点的影响,审美对象不停变化。在儿童初期,因为心智发展还没有完全成熟,儿童的注意力很不集中,经常会被新的对象所吸引,出现注意分散的现象。

(三) 儿童审美的多样性

世界上没有两片一模一样的树叶,同样,人和人的审美观也不可能完全一致,这一点在儿童身上更为突出。比如颜色,有的儿童喜欢红色,有的儿童偏爱黄色,有的儿童喜好蓝色。萝卜白菜,各有所爱。儿童审美多样性的这一特点对儿童性格的发展和个性的形成十分有益。

(四) 儿童审美的去价值性

有一句话说:"当你意识到一颗钻石比一颗玻璃珠贵重时,你已经可悲地长大了。"这是因为,儿童的审美很少受事物价值的影响。在儿童期,孩子们的价值观正在形成,他们判断一个事物有无价值依靠的是主观情感和趣味性,带有很大的主观性和片面性。在成人看来,钻石要比玻璃珠贵重得多,但在儿童看来,钻石不如玻璃珠圆润,玻璃珠的玩赏价值更大,所以如果让儿童去选择的话,很多儿童可能会舍钻石而取玻璃珠。

(五) 儿童审美的情感性

心理学认为,儿童在幼儿期的主导活动是游戏。游戏和玩具是分不开的,当儿童和一件他心爱的事物有长久的接触后,就会对这个事物产生感情。当他带着感情去审视这个事物的时候,就会带有极大的自我投入性,从而忽视这个事物的一些缺点,认为它对自己来说是最重要的东西。在埃克苏佩里所著的《小王子》中,小王子与玫瑰花的感情就是很好的例子。

资源链接 8-3:

小王子与玫瑰花

小王子的星球上忽然绽放了一朵娇艳的玫瑰花。以前,这个星球上只有一些无名的小花,小王子从来没有见过这么美丽的花,他爱上这朵玫瑰,细心地呵护它。那一段日子,他以为,这是一朵唯一的花,只有他的星球上才有,其他的地方都不存在。然而,等他来到地球上,发现仅仅一个花园里就有 5000 朵完全一样的这种花朵。这时,他才知道,他有的只是一朵普通的花。

一开始,这个发现让小王子非常伤心。但最后,小王子明白,尽管世界上有无数朵玫瑰花,但他的星球上那朵,仍然是独一无二的,因为那朵玫瑰花,他浇灌过,给它罩过花罩,用屏风保护过,除过它身上的毛虫,还倾听过它的怨艾和自诩,聆听过它的沉默……一句话,他驯服了它,它也驯服了他,它是他独一无二的玫瑰。面对着 5000 朵玫瑰花,小王子说:"你们很美,但你们是空虚的,没有人能为你们去死。""正因为你为你的玫瑰花费了时间,这才使你的玫瑰花变得如此重要。"一只被小王子驯服的狐狸对他说。

这只狐狸对小王子说,希望小王子能够驯服他。他告诉小王子,如果小王子驯服了他的话,那么它就和其他的狐狸不一样了,在它的心里就只有小王子一个了。狐狸就对小王子说,如果你驯服了我,我们就互相不可缺少了。对我来说,你就是世界上唯一的人了;我对你来说,也是世界上唯一的了。这个时候,小王子才意识到,原来自己早就已经被那朵玫瑰花驯服了,狐狸告诉小王子,只有被驯服的事物,才会被了解。小王子按照狐狸说的方法驯服了它,狐狸便要小王子再回玫瑰林看看那些玫瑰花,一定可以发现和自己星球上的那朵玫瑰花的不同之处。于是,小王子回到了那座玫瑰林。终于,他发现了自己那朵玫瑰花的不同之处,因为他是这个世间唯一一朵活在小王子心里的玫瑰!

当小王子准备离开地球时,狐狸告诉小王子,这个世间的一切,只有用心才能看得清,实质性的东西,用眼睛是看不见的。正因为花费了很多很多的心血和时间,这才使小王子的玫瑰变得如此重要。

资料来源:[法]安东尼·德·圣-埃克苏佩里著:《小王子》。

第三节　儿童审美的教育艺术

研究儿童审美的特征是为了更好地在教育中提高儿童的审美能力。审美的感知力、鉴赏力、创造力和想象力的培养需要不同的教育艺术。儿童审美的实施途径也是多种多样的,可以从不同的角度入手提高儿童的审美能力,如美术、音乐、文学、影视作品、日常活动和游戏等。儿童美育可以丰富儿童的情感体验,促进儿童的全面发展,在儿童的成长中占有重要的地位。

一、儿童审美能力与教育

儿童的审美能力可以细分为审美感知力、审美鉴赏力、审美创造力和审美想象力,这四种不同的审美能力需要不同的教育方法。

(一) 儿童审美感知力的教育艺术

儿童审美感知力是儿童发现美、感知美,并在脑海中建立起对美的事物的完整图式的能力。这种能力需要不断地积累和沉淀。儿童的审美感知力是在先天审美感知的基础上不断接触美的事物逐渐形成的。儿童参与审美的必要条件是儿童对审美对象产生兴趣,兴趣可以引起儿童对审美对象的关注。可以说,儿童通过自己的兴趣来选择审美对象。

提高儿童审美感知力的一个主要途径是阅读文学作品。适合儿童阅读的文学作品要集趣味性和教育意义于一身。趣味性使儿童产生好奇心,继而带着探究的心理来通读全书;教育意义可以使儿童在读书识字的同时,从中受到教育。叶圣陶先生曾经用十年的时间,为儿童写出了近代中国第一部真正意义上的童话集——《稻草人》。童话本身就极富趣味性,而叶圣陶先生在趣味性中又隐含了极强的教育意义。童话集中的每个生物都是有生命的,它们也有喜怒哀乐,有七情六欲。儿童在阅读的时候会不自觉地投入其中,和故事里面的人物同悲欢,共喜乐。在写作时,叶圣陶先生始终坚持用童话来反映现实生活中的美丑和善恶,如善良的小燕子和自私自利的英雄石像等,目的就是通过善恶鲜明的对比,引导儿童趋善弃恶,陶冶儿童高尚的道德情操。

(二) 儿童审美鉴赏力的教育艺术

对美的事物的感知是鉴赏美的基础,儿童审美鉴赏力的培养是在审美感受的基础上进行的。儿童要鉴赏美的事物,首先要对美的事物有一个初步感知,从而在脑海中建立一个客观而具整体性的印象。与此同时,培养审美鉴赏力还需要具备对美的理解能力。这种能力来自日常生活中对美的理解,小到一棵草、一滴水珠,大到一座山、一所建筑。因此,在日常生活中要培养孩子多观察、多思考的习惯,提高孩子对美的理解能力。

儿童的思维尚处于懵懂期,对这个世界充满了好奇。儿童的好奇心是非常珍贵的,它是兴趣的萌芽阶段,推动着儿童不断探索未知世界。这个时候,家长及教师要善于观察儿童的一举一动,了解儿童的兴趣所在。如果儿童对文学作品感兴趣,就可以找一些适合他年龄的儿童文学作品供他阅读;如果儿童倾向于绘画,就可以给他买些美术工具,引导他尝试涂鸦创作;如果儿童喜欢音乐,就可以放一些舒缓的乐曲给他听,或者提供一些简单的乐器供他练习。这样既保护了儿童的求知欲,也进一步发展了儿童的兴趣,有益于他以后在这个领域的发展深造。

(三) 儿童审美创造力的教育艺术

审美创造力需要大量的审美经验作基础,是审美感受力和审美鉴赏力提高之后才会拥有的技能。审美活动追求的最终目标,就是发挥人的创造力,通过创造产生的美愉悦人的身心,从而提高人们的道德修养。

想象是审美能力的翅膀,想象力越丰富,审美能力也就越强。想象可以跨越时间、超越时间,创造出更新奇美好的事物来。如果没有丰富的想象力,诗人就不会创作出优美流畅的诗词；如果没有丰富的想象力，就难以从音乐中听出高山、河流、山野、村庄、森林与鸟鸣；如果没有丰富的想象力，就不会理解舞蹈、绘画、诗歌、乐曲等艺术形式的美。所以，审美想象力是审美能力的重要方面之一。在审美活动中，审美想象是主体特有的心理现象，不论是欣赏美还是创造美，都离不开审美想象，尤其是在体验美的时候，审美想象就成了非常重要的心理活动。

儿童美育的最终目的就是要让儿童能够创造美，儿童通过长时间的积累已经有了一定的审美体验，并且具备了初步的审美感受力和审美鉴赏能力。这时，教师的角色是引导者，引导儿童主动地把审美创造力付诸实践，创作出新的作品，并从中获得自我提高。这也是美育的最终目标所在。发挥儿童审美创造力的关键是养成发现美、欣赏美、创造美的习惯。这种习惯的培养应该从儿童接触美育时开始，贯穿儿童的成长过程。

（四）儿童审美想象力的教育艺术

莱辛（Gotthold Ephraim Lessing）在其名作《拉奥孔》中提出一个著名的美学原则：尚未达到顶点的那一瞬间最有魅力。因为它最有孕育性，最有暗示性，最能让想象展开翅膀。"尚未达到顶点"从某种意义上来说就是距离，距离催生了人心中美的感觉，这种观点已被人们普遍接受。因为适当的距离可以使人们之间保持新鲜感和精心修饰以后的美好印象，而适当的距离也为审美想象提供了最大的发挥空间。

培养儿童的审美想象力是十分重要的。想象是人们的天性，也是有助于学习的非常重要的心理品质。儿童所喜爱的动画片、童话故事等都是借助想象才编绘出来的，作文写得好、图画画得好的儿童，往往都具有丰富的审美想象力。审美想象力的产生和发展，从儿童时期就可培养。

为了更好地启发儿童的审美想象力，著名的儿童研究专家皮亚杰说，"最好的办法是游戏"。他认为儿童的审美活动是动态的，要靠游戏性的唱歌、跳舞和劳作来培养。就是在这一类游戏过程中，儿童得到审美的满足。他们还不善于欣赏别人的唱歌、跳舞，却喜欢自己唱、自己跳；他们不能很好地欣赏人的创造成果，例如绘画、建筑、工艺品等，却十分情愿自己动手创造——信笔涂鸦、搭建积木、搞手工制作。一句话，他们爱好动手、动口，而且在动手、动口的活动中通过审美想象获得美感。于是，具有审美性质的游戏就成为培养儿童审美想象力的重要途径。

二、儿童审美的培养途径

审美教育的主要途径是积极引导儿童去积极体验和感受现实世界和艺术作品，使儿童发现客观世界中的对称、均衡、节奏、次序、韵律、间隔、重叠、单复、粗细、疏密、交叉、一致、变化、升降、缓急、多姿等美的样态，并形成一种对这些样态敏锐的感受能力。[①]

（一）从美术教育入手培养儿童审美能力

从美术教育入手培养儿童审美能力主要有美术课教育和美术课实践活动两种。美术课教育主要是指美术老师讲授美的道理、绘画笔法和技法的学科教育，以培养儿童的视觉艺术感受

---

① 刘晓东著：《儿童教育新论》，江苏教育出版社，2008年，第305页。

力为主要目标。通过学科课程关键点的挖掘，从不同的渠道引导学生发现美，让儿童在发现美、鉴赏美的基础上去创造美。教师应为儿童创造一个自由的环境，给儿童提供动手的机会，让儿童在实践中得到锻炼，欣赏自己创造的美。儿童通过审视和欣赏自己创造出的作品，可以认识到自身存在的优点及不足，从而扬长避短，加以改进。这种良性循环可以迅速提高儿童的审美能力。

学校应该为美术教育提供外部支持，定期组织一些美术实践活动，有计划地组织儿童参加。同时应该鼓励儿童成立一些有意义的美术社团组织，在集体中互相帮助，共同提高。儿童经过集体的熏陶会更加热爱校园，积极参加社会实践活动，以更大的热情参与到审美活动中。这种集体环境会为儿童提供更多的参与审美活动的机会，发挥儿童自身的特长，有利于儿童审美能力的提高。

（二）音乐与儿童审美

小学音乐教学大纲中明确指出："通过音乐实践活动，丰富情感体验，培养审美情趣，促进个性的和谐发展，使同学具有初步的感受音乐、表现音乐的能力。"由此可以看出，音乐教学要求教师紧紧围绕儿童审美能力的培养，形成儿童的审美观，让他们从小就感知音乐的美和美的音乐。音乐教师更应当把培养儿童对音乐的审美体现在教学当中，让每一节课的教学都成为引导儿童体验美、表现美、创造美的过程。让儿童在学习中感悟音乐的可爱，喜欢上音乐课，由此来达到陶冶学生情操的目的。音乐课能肩负起培养学生们青春活力的任务，动听的音乐可以调整人们的心情，让儿童从疲惫的学习中得到完全的放松，使他们的思想得到升华。当他们心理放松的时候，学习的劲头和力量也就出现了。因此，音乐可以陶冶儿童的情操，提高儿童的审美能力。

（三）儿童文学的教育艺术

根据马斯洛（Abraham H. Maslow）的需要层次理论，人的需要中很重要的一种就是对爱与归属的需要。缺乏爱与归属感，人很难获得安全感，也难以形成健康的人格。特别是处于成长期的儿童，对爱和归属感的需要尤为迫切。因此，家长和教师在为儿童选择文学作品时，那些饱含爱的作品应该成为首选，还有一些反映生命意义和价值的童话也应该在考虑的范围之内。儿童阅读这样的文学作品，会潜移默化地学会去关爱别人。儿童本身是渴望成长的，他们对这些深刻、高贵、永恒的精神和价值同样感兴趣。

教师为儿童选择读物时，应该综合考虑多方面的因素。首先要考虑儿童的年龄和心理特点，从有利于儿童成长的角度出发，以儿童为本，选择与儿童的年龄特征和个性特点相匹配的文学作品。切忌在选择过程中急功近利、拔苗助长，以免事倍而功半，难以收到预期的效果。虽然为儿童选择作品不能完全停留在趣味的层面，但如果没有趣味，儿童读起来会觉得索然无味，这也背离了美育的初衷。

（四）影视作品对儿童审美的影响

儿童影视作品包括很多内容，如儿童电影、儿童电视剧、动画片等，其中最受儿童欢迎的当属动画片。动画片是集绘画、漫画、音乐和文学等众多艺术种类于一体的艺术表现形式，其英文为"animation"，来源于拉丁文字根 anima，意思是灵魂，动词可以引申为赋予无生命的物体灵魂,使其生命化。动画片是一门想象力和创造力极为丰富的艺术,自诞生之日起就受到了少年儿童的广泛欢迎。很多动画片里的角色都是虚构的,比如米老鼠、海绵宝宝等,他们都是艺术家根据现实生活中的原型加以夸张后制作出来的。这些经典的动画人物陪伴儿童度过了美好而充满幻想的童年。

观看优秀的影视作品有利于儿童想象力的培养。影视作品以其独特的艺术造型手段和具有假定性、虚构性的艺术特征,为儿童打造了一个完美的幻想世界。在这个世界里,盛开的花朵有灿烂的笑脸,明亮的星星有一双灵动的双眼,猫咪可以成为警长,海绵会四处奔跑……任何现实中不可能发生的事情,在这里都变得合情合理。影视作品来源于人们的想象,同时又以生动形象的方式将想象表达出来,为儿童打造了一个梦幻王国。

优秀的影视作品可以帮助儿童形成高尚健康的情感。《三字经》开篇就说:"人之初,性本善。"每一个孩子都是天使,他们的心中充满了爱。在他们的心里,充满了对美好事物和情感的向往。他们深深地爱着这个世界,同时也希望得到爱的回报。因此,很多影视作品都是围绕儿童的这种情感诉求展开的。大多数影视作品塑造的主人公都是正义、机智和勇敢的化身,如黑猫警长、喜羊羊、哪吒、孙悟空等。这些丰满的人物形象会扎根在儿童的心底,成为他们学习的榜样。儿童会以榜样的标准进行自律,逐步提高自我修养。此外,影视作品所讴歌的动物之间的传奇友情和王子公主之间美丽的爱情,也会在儿童心中留下纯真的回忆。这一类作品的代表有大脸猫和蓝皮鼠、睡美人、白雪公主等。通过观看这一类的影视作品,可以满足儿童的情感诉求,有助于他们健康情感的形成。

(五) 在日常活动中塑造儿童审美观

儿童在日常活动中接触最多的就是自然,大自然是儿童美育最好的老师。儿童无时无刻不在亲近自然,一棵草、一朵花、一滴露珠都是大自然给儿童最好的礼物。大自然是一座美的宝库,它的美千姿百态、无穷无尽。儿童置身在流水潺潺、鸟语花香的环境中,不用过多的说教,就会知道什么是美。这种感觉似乎是与生俱来的,爱美是人的天性。在日常活动中应该多让儿童接触自然,这样有益于儿童审美感知能力的培养。教师应该引导儿童去亲近自然,在日常生活中对儿童进行美育,训练儿童对美的感知能力和欣赏能力,塑造儿童正确的审美观。

儿童的主要生活环境就是家庭和学校,其次是社会。相较于家庭而言,儿童在学校中度过的时间更多。一所环境优美的校园可以为儿童提供美的享受,儿童在优美的环境中接受美的熏陶,会激起对大自然和校园的热爱,从而更加积极主动地学习各门功课。此外,也要注意培养儿童的文明行为习惯。在这一方面,关键是引导儿童把好的学习和生活习惯体现在日常生活之中,促进儿童德智体美的全面发展。

(六) 通过游戏提高儿童的审美能力

游戏是一种极为古老而普遍的活动。经过人类不断的创造发展,才有了今天如此繁多的游戏形式。游戏的范围极为广泛,它与日常生活的各个方面都有着密切的联系。心理学和教育学对游戏的研究可以分为三个方面:皮亚杰学派重视游戏中物体的使用;心理分析学派关注情感在游戏中的表现;教育学关注游戏的用途和形式,它的研究重点在于通过游戏来发展儿童的智力和培养儿童的道德感。

美育工作者关注游戏,主要是研究如何通过游戏来提高儿童的审美能力。游戏本身就带有审美性质,它是一种特殊的审美现象。儿童是游戏的主体,进行游戏活动时,儿童会将自己的情感和意志投射于游戏之中。游戏与艺术之间存在着深刻的联系,游戏要借助于工具来进行,而这些工具或多或少都刻着艺术的烙印。教师和家长可以对儿童的游戏加以引导,让儿童在游戏中不断提高审美能力。

三、儿童审美的教育意义

从儿童美育的概念可以看出美育对儿童的健康成长有重要的意义。儿童美育可以深化儿童的认识,净化儿童的心灵,陶冶儿童的情操,还可以开发儿童的智力。美育在促进儿童全面发展的教育中有着独特的作用,占据重要的地位。

(一)促进儿童健康情感的形成

儿童时期是人的情感开始萌芽、发展的时期。在这一时期,对儿童进行美育可以引导儿童健康情感的发展,通过儿童和审美对象的不断互动,使其喜爱真善美的天性得到发展。创作是儿童宣泄情感、自我调适的一个重要途径。儿童可以通过创作表达自己的内心世界,他们可以通过绘画或者手工制作来表达自己的喜怒哀乐,儿童郁积于心中的诸多情感得以发泄,从而获得心理的平衡,情感也会朝着健康的方向发展。

除创作外,文学作品同样有利于儿童的情感发展。文学作品中那些善良、美好的人物形象,生动地诠释了什么是真善美。儿童会在潜意识中把那些文学作品中讴歌的英雄人物视为自己的榜样,在生活中远离假恶丑,亲近真善美。文学作品对儿童情感的影响是"润物细无声"的,这种教化会潜移默化地促进儿童情感的发展。

(二)有助于儿童高尚品德的形成

在这个世界上,善恶是永远对立的两极。从本质上说,人们不断提高自己的审美能力的核心就是对真善美的追求。儿童审美能力的提高有助于儿童形成初步的世界观和价值观,知道什么是真善美,什么是假恶丑。

人们在日常生活中栽花种草、植树钓鱼,看起来微不足道,但是利用身边的审美材料,对自然美进行欣赏,久而久之就会形成一定的审美趣味,促进人的某些优秀品质的形成,以美导善,寓德育于美育之中。审美教育对个人的思想、品格起着春风化雨、润物无声的作用,有助于儿童形成正确的世界观和人生观,从而形成高尚的思想品德。

(三)训练儿童的创造能力

培养儿童的创造性是美育的教育目标之一。在美育中,教师应重视培养学生的创造力。儿童的创造力建立在想象力的基础之上,离开了丰富的想象力,创造力将无从谈起。培养儿童的想象力,需要丰富的表象图式和经验,使儿童可以有意识地将这些图式和经验重新组合,而这种组合活动往往会得到一个全新的产物,这个过程就是儿童学会创造的过程。创造力需要在自由的条件下实现,一个和谐、宽松的环境是创造力产生的必要条件。教师和家长对儿童的过分控制会阻碍儿童创造力的发展。

儿童的创造力需要通过实践活动表现出来,比如手工制作、绘画、讲故事等都是创造力的表现方式。其中,让儿童进行涂鸦创作是一种很好的方式。一幅画作的产生最初需要独特的构思,勾勒出大概轮廓,后期还要不断地修改。涂鸦活动可以充分调动儿童的思维,运用他们对空间、明暗的认知技能,要求他们充分发挥自己的想象力和创造力。这个创作过程也是创造力不断提高的过程,创造力越强,产生的画作就越丰富多彩,越别具特色。

(四) 提高儿童的感知和思维能力

对儿童进行美育,教师刚开始要通过丰富的表情、夸张的动作来吸引儿童的注意力,引导儿童对外界事物的感知,把儿童引进艺术的殿堂,继而可以通过生动的语言来唤醒儿童的情感,促使儿童独立思考,来感知和理解世界。

阿恩海姆就美育如何促进儿童智能发展的问题作出了解释。他认为,美育的基础是感知,美育是培养人的感知能力最有效的手段,而这种对外在事物的感知能力是发展创造性思维所必不可少的。同时,儿童开展艺术活动本身也是一种锻炼思维的过程。美育促进儿童智能发展的作用主要体现为它能有效地提高儿童的感知和思维能力。这也就是阿恩海姆认为的"艺术作品的巨大优势之一就是,以最小限度的技术训练即足以向学生们提供独立发展他们自身心智源泉需要的训练——艺术作品的智力追求在于使学生有意识地掌握知觉经验的各个方面"[①]。

(五) 形成儿童的个性

个性就是个体在思想、情感、意志等方面不同于其他人的特质,这种特质可以通过言语、行为和情感等途径表现出来。它代表着一个人的整体精神面貌,是具有一定倾向性的心理特征的总和。个性是处于一定环境中的个体通过不断与客体进行相互作用而沉淀下来的稳定的素质,它以一种独特的结构形式经常并且稳定地表现出来。

儿童美育可以促进儿童的个性发展,美育为儿童提供了一个表达内心世界的机会,从而使儿童可以通过自己创造的作品来认识自己。儿童在进行涂鸦创作时,因为个性不同,创作的作品也不同。涂鸦的过程就是儿童不断发现自我和认识自我的过程。这种自我认识会有力地推动他们个性的发展,促使儿童形成健康向上的人格。因此,儿童美育在儿童的成长中有着重要的意义。

思 考 题

1. 简述儿童审美的特征。

2. 简述儿童审美的培养途径。

3. 简述儿童审美的教育意义。

4. 简述儿童审美教育的内涵。

---

① [美] 阿恩海姆著,郭小平等译:《艺术心理学新论》,商务印书馆,1994 年,第 201 页。

参 考 文 献

［1］北京大学哲学系编:《十六—十八世纪西欧各国哲学》,三联书店,1958 年。

［2］北京大学哲学系西方哲学史教研室主编:《西方哲学原著选读(上卷)》,商务印书馆,1981 年。

［3］王坤庆著:《教育哲学——一种哲学价值论视角的研究》,华中师范大学出版社,2006 年。

［4］吴式颖著:《外国教育史教程》,人民教育出版社,2009 年。

［5］王玉生著:《中国教育思想研究》,中国社会科学出版社,2006 年。

［6］郭齐家著:《中国教育思想史》,教育科学出版社,1987 年。

［7］刘晓东著:《儿童教育新论》,江苏教育出版社,2008 年。

［8］杨汉麟、周采著:《外国幼儿教育史》,广西教育出版社,1998 年。

［9］唐淑、钟昭华著:《中国学前教育史》,人民教育出版社,1993 年。

［10］刘晓东著:《儿童精神哲学》,南京师范大学出版社,2003 年。

［11］冯建军著:《教育哲学》,武汉大学出版社,2011 年。

［12］高玉祥著:《个性心理学》,北京师范大学出版社,1988 年。

［13］黄济著:《教育哲学通论》,山西教育出版社,2006 年。

［14］石中英著:《教育哲学》,北京师范大学出版社,2007 年。

［15］秦金亮主编:《儿童发展概论》,高等教育出版社,2007 年。

［16］侯莉敏著:《儿童的生活与教育》,教育科学出版社,2009 年。

［17］刘铁芳著:《走向生活的教育哲学》,湖南师范大学出版社,2005 年。

［18］张云著:《经验·民主·教育:杜威教育哲学》,上海社会科学出版社,2007 年。

［19］陈英和主编:《认知发展心理学》,浙江人民出版社,1996 年。

［20］陈威主编:《小学儿童教育心理学》,中国人民大学出版社,1999 年。

［21］彭冉龄主编:《普通心理学》,北京师范大学出版社,2001 年。

［22］郭亨杰主编:《童年期发展心理学》,南京大学出版社,2000 年。

［23］余文森主编:《发展与教育心理学》,福建教育出版社,2007 年。

［24］章志光主编:《小学教育心理学》,中国人民大学出版社,2009 年。

［25］刘电芝主编:《儿童发展与教育心理学》,人民教育出版社,2003 年。

［26］姚本先主编:《儿童发展与教育心理学》,安徽大学出版社,2002 年。

［27］伍新春主编:《儿童发展与教育心理学》,高等教育出版社,2004 年。

［28］陈琦、刘儒德主编：《当代教育心理学》，北京师范大学出版社，2011 年。

［29］郭德俊主编：《小学儿童教育心理学》，中央广播电视大学出版社，2002 年。

［30］刘金花主编：《儿童发展心理学》，华东师范大学出版社，1996 年。

［31］邹铁军著：《自由的历史建构》，人民出版社，1994 年。

［32］贾高建著：《三维自由论》，中共中央党校出版社，1994 年。

［33］张品兴、乔继堂主编：《人生哲学宝库》，中国广播电视出版社，1992 年。

［34］刘铁芳著：《守望教育》，华东师范大学出版社，2004 年。

［35］朱智贤著：《儿童心理学》，人民教育出版社，2003 年。

［36］卢汉龙主编：《儿童发展与社会责任》，上海社会科学院出版社，2004 年。

［37］郝卫江著：《尊重儿童的权利》，天津教育出版社，1999 年。

［38］管华著：《儿童权利研究——义务教育阶段儿童的权利与保障》，法律出版社，2011 年。

［39］王雪梅著：《儿童权利论：一个初步的比较研究》，社会科学文献出版社，2005 年。

［40］王璐著：《蹲下来和孩子交流》，京华出版社，2004 年。

［41］史秋琴主编：《儿童权益保护与社会责任》，上海文化出版社，2008 年。

［42］孙晓轲著：《儿童德性论》，山东人民出版社，2011 年。

［43］朱晓宏著：《儿童的成长：另一种记忆——学校道德氛围的改造与重建》，江苏教育出版社，2009 年。

［44］王国银著：《德性伦理研究》，吉林人民出版社，2006 年。

［45］刘晓东著：《解放儿童》，江苏教育出版社，2008 年。

［46］钟启泉著：《教育的挑战》，华东师范大学出版社，2008 年。

［47］林琳、朱家雄著：《学前儿童美术教育》，华东师范大学出版社，2006 年。

［48］陈慧玲主编：《审美教育：给孩子发现美的眼睛》，中国时代经济出版社，2003 年。

［49］许卓娅著：《学前儿童艺术教育》，华东师范大学出版社，2008 年。

［50］郑慧英主编：《幼儿教育学》，福建教育出版社，1996 年。

［51］刘晓东著：《儿童教育新论》，江苏教育出版社，2008 年。

［52］孔起英著：《儿童审美心理研究》，江苏教育出版社，2004 年。

［53］李天道著：《美育与美育心理》，中国社会科学出版社，2006 年。

［54］曹利华著：《幼儿美育》，上海科学普及出版社，1991 年。

［55］蔡元培著：《蔡元培美学文选》，北京大学出版社，1983 年。

［56］李丹著：《儿童发展心理学》，华东师范大学出版社，1987 年。

［57］朱光潜著：《西方美学史（下册）》，人民文学出版社，1979 年。

［58］楼昔勇著：《幼儿美育》，华东师范大学出版社，1992 年。

［59］丁海东著：《学前游戏论》，山东人民出版社，2001 年。

［60］林玉体著：《西方教育思想史》，九州出版社，2006 年。

［61］詹栋梁著：《儿童哲学》，广东教育出版社，2005 年。

［62］［德］黑格尔著,朱光潜译:《美学(第一卷)》,商务印书馆,1979年。

［63］［德］格罗塞著,蔡慕晖译:《艺术的起源》,商务印书馆,1984年。

［64］［美］加登纳著,兰金仁译:《艺术与人的发展》,光明日报出版社,1988年。

［65］［德］席勒著,徐恒醇译:《美育书简》,中国文联出版公司,1984年。

［66］［美］阿恩海姆著,滕守尧等译:《艺术与视知觉》,中国社会科学出版社,1984年。

［67］［美］麦金泰尔著,龚群、戴杨毅等译:《德性之后》,社会科学出版社,1995年。

［68］［美］李普曼著,张爱琳、张爱维编译:《教室里的哲学》,山西教育出版社,1997年。

［69］［美］阿克顿著,侯健、范亚峰译:《自由与权力》,商务印书馆,2001年。

［70］［英］约翰·密尔著,程崇华译:《论自由》,商务印书馆,1996年。

［71］［德］黑格尔著,贺麟译:《小逻辑》,商务印书馆,1980年。

［72］［德］黑格尔著,王造时译:《历史哲学》,三联书店,1956年。

［73］［法］福柯著,刘北成、杨远婴译:《规训与惩罚》,三联书店,1999年。

［74］［美］约翰·杜威著,王承绪译:《民主主义与教育》,人民教育出版社,2008年。

［75］［德］胡塞尔著,李幼蒸译:《纯粹现象学通论》,商务印书馆,1992年。

［76］［法］卢梭著,李平沤译:《爱弥尔(上卷)》,商务印书馆,1999年。

［77］［德］福禄倍尔著,孙祖复译:《人的教育》,人民教育出版社,2001年。

［78］［美］杜威著,王承绪译:《民主主义与教育》,人民教育出版社,2001年。

［79］［美］杜威著,姜文闵译:《我们怎样思维:经验与教育》,人民教育出版社,2004年。

［80］［德］哈贝马斯著,郭官义、李黎译:《认识与兴趣》,学林出版社,1999年。

［81］［意］蒙台梭利著,蒙台梭利教育研究组编译:《蒙台梭利幼儿教育法》,兰州大学出版社,2002年。

［82］［德］雅斯贝尔斯著,邹进译:《什么是教育》,三联书店,1991年。

［83］ Barihes: Introduction to the structural Analysis of Narrative, *Image-Music-Text*, New York: Hill Wang Belsey, 1980.

［84］ Yehudit Silverman: The Story Within-myth and fairy tale in therapy, *The Arts in Psychotherapy*, 2004.

［85］ Beth Franks & Danielle Fraenkel: Fairy tales and dance/movement therapy: Catalysts of change for eating-disordered individuals, *The Arts in Psychotherapy*, 1991.

［86］ Williams, Nancy: *Children's Literature Selections and Strategies for Students with Reading Difficulties: A Resource for Teachers*, 2000.

［87］ Cashdan, S: *The Witch Must Die: How Fairy Tales Shape Our Lives*, New York: Basic Books, 1999.

［88］ Everette E Dennis Edward C: *Pease Children And The Media*, Transaction Publishers, 1996.

［89］ W. Shramm, & W. B. Parker: *Television in the Lives of Our Children*, San Francisco: Stanford University Press, 1993.

［90］Stephen Mark Dobbs：Learning and through art：a guide to discipline-based art education，*The Getty Education Institude for the Arts*，1997.

［91］Lall，G. R. ，Lall，B. M：*Comparative Early Childhood Education*，Charles C Thomas Publisher，1996.

［92］Cahn，Claude：*Rights of the Child*，European Roma Rights Center，2000.

［93］James Murry：*A New English Dictionary on Historical Principles*，Oxford University Press，1901.